此书经由
中共陕西省委党校资助出版

● 国家社会科学基金项目（10BJY065）

● 此书经由陕西省委党校资助出版

黄土高原退耕区农村经济发展评价及路径选择

—— 基于延安市的实证分析

姚蓉 著

中国社会科学出版社

图书在版编目（CIP）数据

黄土高原退耕区农村经济发展评价及路径选择：基于延安市的实证分析 /
姚蓉著 . —北京：中国社会科学出版社，2015.5
ISBN 978 - 7 - 5161 - 5355 - 0

Ⅰ.①黄…　Ⅱ.①姚…　Ⅲ.①黄土高原 – 农业经济 – 经济发展 – 研究
Ⅳ.①F327.4

中国版本图书馆 CIP 数据核字（2014）第 308897 号

出 版 人	赵剑英	
责任编辑	任　明	
特约编辑	乔继堂	
责任校对	季　静	
责任印制	何　艳	

出　　　版	中国社会科学出版社	
社　　　址	北京鼓楼西大街甲 158 号	
邮　　　编	100720	
网　　　址	http：//www. csspw. cn	
发 行 部	010 - 84083685	
门 市 部	010 - 84029450	
经　　　销	新华书店及其他书店	

印刷装订	北京市兴怀印刷厂	
版　　　次	2015 年 5 月第 1 版	
印　　　次	2015 年 5 月第 1 次印刷	

开　　　本	710 × 1000　1/16	
印　　　张	14.25	
插　　　页	2	
字　　　数	241 千字	
定　　　价	55.00 元	

摘　　要

　　黄土高原地区水土流失严重，生态环境脆弱，是我国重点生态治理区。1999年，国家在四川、陕西、甘肃3省开展了退耕还林（草）工程试点，拉开了黄土高原退耕还林工程建设的序幕。陕西延安市1999年在全国率先大规模实施退耕还林（草）工程，并成为全国唯一的退耕还林（草）试点市，全市所辖县区均为退耕还林试点县。退耕还林（草）工程建设将生态建设融于农村经济发展中，取得了明显的生态效应，促进了退耕区农村经济的发展。退耕至今十年有余，巩固退耕成果是当前退耕还林工作的重点，而退耕农户长远生计问题的解决与否直接关系到退耕成效的稳固。因此，退耕区农村经济发展是退耕还林（草）工程建设中的焦点问题。

　　作为国家首批退耕还林（草）试点区，延安市已经进入新一轮退耕补助阶段，面临着农村经济可持续发展等问题，如何巩固退耕成果并解决退耕农民今后的生计备受关注。无论从退耕年限，退耕面积，或退耕的人口而言，延安市的退耕还林（草）工程建设都是非常特殊的，具有典型意义。同时，延安曾经是陕甘宁边区政府所在地，革命历史悠久，是中国革命从失败走向胜利的"红都"，延安市的"红色背景"决定了延安市生态环境改善和区域经济发展具有深远的政治意义。及时研究总结延安市生态建设和经济发展的经验、问题，对于巩固退耕还林（草）成果、完善退耕还林（草）政策体系具有现实指导意义。因此，本书《黄土高原退耕区农村经济发展评价及路径选择——基于延安市的实证分析》通过对延安农村经济的研究，探寻黄土高原退耕区农村经济发展的对策思路，为退耕区生态建设和经济发展提供借鉴。

　　本书理论分析与实证调研结合，通过对延安市区域发展相关数据、文献资料的收集，对延安、榆林、甘肃、宁夏、山西退耕农户的问卷调查，采用最小人均耕地面积与耕地压力指数模型、层次分析法等定量研究方法与专家咨询的定性研究方法相结合，分析了延安市退耕还林（草）工程实施状况，揭示了退耕还林（草）工程对农村经济发展的影响机理及结果；评价了延安市农村经济可持续发展态势；进行了延安市农村生态经济分区；分析了延安市农村生态经济发展模式的运行机制；结合黄土高原退耕区农村经济发展实际，提出了黄土高原退耕还林区农村经济发展理念、发展模式、发展机制及发展的对策建议。

本书主要研究结论为：

（1）延安市通过实施退耕还林（草）工程建设，使80%以上的农民直接受益；1999—2004年间，退耕还林（草）的强度大，2004年以后，退耕还林（草）规模变小；延安北部的县区是退耕还林（草）工程建设的重点区，退耕强度大于南部县区；目前，退耕还林（草）工程缺乏科学合理的长期规划，工程的配套经费不足，补偿机制不健全，林（草）经营管理政策缺乏效率，退耕农户的权益受损，地方政府退耕的执行成本加大，影响退耕成果稳固。针对退耕还林工程建设存在的问题，应从以下5方面予以调整、完善：①建立基于碳汇交易的退耕还林补偿机制，完善补偿体系；②通过退耕林草地的流转，建立退耕区生态养老制度；③完善技术投入体系，调整改造林分结构；④健全后续产业培育机制，中央和地方政府应在市场、资金、技术、农村基础设施上给予支持，降低农户产业发展的成本；⑤建立草畜转化新机制，在遵循自然规律和生态保护的原则下，适当调整封山禁牧政策，试行封山"放牧"政策，用科学的轮封轮牧替代"偷牧"，实现草资源的合理利用，推进畜牧业发展。

（2）退耕还林（草）对延安市农村经济的影响分析表明：退耕还林（草）减少了延安市的耕地面积与农作物播种总面积，同期人均耕地面积也呈现出下降趋势，由1997年的0.16公顷/人降为2009年的0.10公顷/人，人均耕地面积减少，致使农村劳动力剩余，农户家庭农业经营规模变小，规模不经济问题日渐突出，农村土地制度创新成为农村经济发展的必然要求；根据最小人均耕地面积与耕地压力指数模型计算表明，1997—2009年，延安市实际人均耕地面积平均为0.123公顷，最小人均耕地面积平均为0.126公顷。耕地压力指数平均值为1.028。总体上，延安市区域粮食安全问题不容忽视，粮食供需矛盾依然存在；退耕还林（草）改变了延安市土地利用结构和农村产业结构，农村劳动力就业结构表现出以农业为主向非农产业转移的特点。退耕还林（草）前的1998年，全市农村劳动力就业结构中，农业劳动力占87.37%，非农业劳动力比重为12.63%，2009年，农业劳动力比重减少到75.16%，非农业劳动力比重为24.84%。农村劳动力就业结构的变化改变了农户的家庭收入结构，退耕还林（草）前，延安市农民人均纯收入中，农户家庭经营性收入的比例达75%以上，其中农业经营性收入为家庭经营性收入的主体，一般占家庭经营性收入的90%左右。退耕还林（草）后，家庭经营性收入下降，但不失主体地位，外出务工收入增加，退耕还林（草）补贴成为延安市退耕还林（草）农户新的收入来源。2009年，延安市农民家庭经营性纯收入比重为64.5%，打工收入比例近22%，转移性收入11%。

（3）退耕还林（草）背景下延安市农村经济可持续发展程度逐步提高：在延安市农村经济可持续发展系统中，资源环境子系统对农村经济可持续发展的影响最大，其次为经济子系统，最小的是社会子系统。在确定的指标中，对延安市农村经济可持续发展影响最大的因素分别为水保治理率、农田旱涝保收率、降水量、人均耕地面积和人均GDP。1998年至2009年，延安市农村经济可持续发展程度逐步提高，社会子系统的可持续发展值由1998年的0.1290变化为2009年的0.1495，经济子系统的可持续发展值由1998年的0.1361升为2009年的0.1943，资源环境系统的可持续发展值由1998年的0.2642提高到2009年的0.3004，可持续发展综合值由1998年的0.5293提高到2009年的0.6442，延安市农村经济可持续发展能力逐步提高，从一般可持续状态逐步向较高可持续状态靠拢。

（4）由于延安市各县区资源基础的差异，主导产业发展程度的不等，以及退耕规模的影响，各县区农村生态经济在发展过程中形成了较为明显的地域差异。根据延安市农村生态经济区划结果和区划原则，延安市可以划分为三类农村生态经济区，分别是中部旅游业高效农业生态经济区，北部农林（草）牧能源生态经济区，南部农林果牧生态经济区。

（5）延安市农村生态经济模式本质上是通过对区域资源优势的合理开发利用而实现生态与经济共赢的经济形式，有明显的地域差异性。延安市中部为旅游业高效农业生态经济模式，延安市北部为农林（草）牧型生态农业模式，延安市南部为农林果牧高效型综合农业生态经济模式，并对吴起模式和纪丰模式进行了实证分析。实践表明，动力机制、生产要素投入机制、产业发展机制、土地流转机制是延安市农村生态经济经济发展模式运行的保障，也是制定农村经济发展对策的基础。

（6）黄土高原退耕区农村经济发展路径：黄土高原退耕区农村经济发展面临着多重约束，主要表现为干旱缺水，农村劳动力不足，人力资本存量有限，产业发展资金不足、林（草）经营管理政策缺乏效率等问题。针对这些问题，在发展理念上，黄土高原退耕区要坚持面向国家生态需求、生态与经济互动、统筹城乡、现代农业的发展理念；在发展模式上，由于区域的差异，黄土高原退耕区农村经济发展模式表现出多样性：高效型生态农业建设模式、农果复合型生态农业模式、林（草）牧型生态农业模式、庭院经济模式、立体开发利用模式、农林复合型生态农业模式、农林果牧高效型综合生态农业模式、旅游业带动型模式、生态移民模式、劳务经济增收模式；在发展机制上，需建立生态建设长效激励机制，农村后续产业发展机制，农村劳动力转移机制，农村社会保障机制，农村土地流转机制；在以上发展理念、发展机制的引导下，黄土高原退耕区农村经济发展对策建议主要如下：适时调整、完善退耕还林管理政策体系；健全农村社会保障服务体系，为农民提供免费实用技能培训；加强农田基础设施建设；封山"放牧"，合理利用草地资源；严格控制人口增长；建立政府引导下的黄土高原农村发展基金等。

本书的独特之处体现在：

（1）在理论层面上，提出基于退耕地流转的生态养老制度，及建立以碳汇交易为基础的生态建设补偿机制，构建了黄土高原退耕区农村经济发展的理论框架。

（2）以延安市为例，探讨退耕还林（草）工程建设对农村经济的影响机理。

（3）利用层次分析法评估了退耕还林（草）背景下延安市农村经济可持续发展程度。

目　　录

图表索引

第一章　绪论

第一节　研究背景及意义

一　背景

黄土高原位处黄河上中游和海河上游地区，地跨山西、宁夏、陕西、甘肃、内蒙古、河南及青海7省区，区内水土流失严重、沙尘暴频发、干旱灾害时有发生、水资源日趋紧张，生态环境十分脆弱。该区水土流失面积 $47.2 \times 10^4 km^2$，占黄土高原总面积的 72.77%[①]，严重流失面积占流失总面积的 64.19%，黄土高原年平均土壤侵蚀模数 5000t/ km^2，在丘陵沟壑区，则高达 $3 \times 10^4 t/km^2$。黄土高原每年流入黄河的泥沙量达 $16 \times 10^8 t$，其中 $4 \times 10^8 t$ 淤积在河床上，每年河床升高 10cm，使得黄河成为有名的地上河，晋陕一带输入黄河的泥沙占到输沙总量的 60% 以上，多于 $9 \times 10^8 t$，严重制约农业生产快速发展和下游地区的安全。对此，1997 年 8 月，时任国家主席江泽民就西北地区治理水土流失，退耕还林（草），改善生态环境的调查报告做出重要批示：西北地区历史遗留下来的这种恶劣的生态环境，要靠我们发挥社会主义制度的优越性，发扬艰苦创业的精神，齐心协力地大抓植树造林，绿化荒漠，建设生态农业去加以根本的改观，经过一代又一代人长期地持续地奋斗，再造一个山川秀美的西北地区，应该是可以实现的。1999 年，按照"退耕还林（草）、封山绿化、以粮代赈、个体承包"的政策措施，国家在四川、陕西、甘肃 3 省开展了退耕还林（草）工程试点。陕西延安市 1999 年在全国率先大规模实施退耕还林（草）工程，并成为全国唯一的退耕还林（草）试点市，全市所

---

① 中国科学院黄土高原综合科学考察队：《黄土高原地区环境治理与资源开发研究》，中国环境科学出版社 1995 年版。

辖县区均为退耕还林试点县。

延安市是中国革命走向胜利的红都，位于陕西北部黄土高原丘陵沟壑区，是陕北黄土高原的主体部分，区内地貌以丘陵沟壑为主，绝大部分地表为黄土覆盖，塬、梁、峁和沟壑的侵蚀剥蚀作用强烈[①]，属于黄河中游地区[②]，是黄河上中游水土流失最严重的地区之一[③][④]。由于自然和历史的原因，该区处于生态脆弱和经济落后中，水土流失严重，生态环境较差，所辖13县区曾全部为贫困县区，农村贫困人口占乡村总人口的1/3，农业低水平发展，农业生产和生态建设长期处于两难抉择中。治理水土流失、改善生态环境、改善人民群众生产、生活条件是历届政府一项长期艰巨的任务。新中国成立后，国家通过多项生态工程建设治理黄土高原的水土流失，但该区仍长期处于"治理—破坏—治理，贫困、落后的生态经济恶性循环"之中[⑤]，农村经济发展长期处于较低水平。20世纪80年代末，能矿资源的开发又引发新的生态环境问题。1999年，退耕还林（草）工程实施后，延安市改变了单纯发展经济或治理生态的思路，将生态建设融于农村经济发展中，坚持生态效益与经济效益相结合的综合治理和资源合理开发利用思路[⑥][⑦][⑧]，通过农村产业结构调整，发展生态经济，促进了地方经济的发展。

随着全国退耕还林（草）第一轮补助逐渐到期，国务院在2007年8月9日出台了《国务院关于完善退耕还林政策的通知》，国家决定继续对退耕农户进行补助。这在一定程度上可以缓解退耕还林（草）补助到期后退耕农户的生活来源问题，但并不能彻底解决退耕农户的长远生计问题，而退耕农户长远生计问题的解决关系到退耕成效的稳固。因此，退耕

①　中国科学院黄土高原综合科学考察队：《黄土高原地区环境治理与资源开发研究》，中国环境科学出版社1995年版。

②　陕西师范大学地理系：《陕西省延安地区地理志》，陕西人民出版社1983年版。

③　徐建华、吕光圻、张胜利：《黄河中游多沙粗沙区区域界定及产沙输沙规律研究》，黄河水利出版社2000年版。

④　中国科学院黄土高原综合科学考察队：《黄土高原地区综合治理开发分区研究》，中国经济出版社1990年版。

⑤　王青：《黄土高原丘陵沟壑区农业结构调整的思考》，《中国农业资源与区划》2001年第5期。

⑥　同上。

⑦　景可：《加快黄土高原生态环境建设的战略思考》，《水土保持通报》2001年第1期。

⑧　白志礼、穆养民、李兴鑫：《黄土高原生态环境的特征与建设对策》，《西北农业学报》2003年第3期。

区农村经济发展是退耕还林（草）工程建设中的焦点问题。退耕还林工程是一项生态重建工程，在实施过程中涉及生态系统和经济系统等多个方面。退耕还林工程实质是生态经济系统工程，是以生态建设和环境保护作为区域发展的重要内容和出发点，并把当前利益和长远利益、整体利益和局部利益综合考虑，实现生态和经济的可持续发展，而生态经济发展模式是实现退耕区可持续发展的有效路径，关系到退耕成效的稳固。作为国家首批退耕还林（草）试点区，延安市已经进入新一轮退耕补助阶段，如何巩固退耕成果并解决退耕农民今后的生计备受关注。

二 意义

（1）现实指导意义

延安市是我国第一批退耕还林（草）工程建设区，也是全国唯一的退耕还林（草）工程建设试点市。位于延安西北部的吴起县，1998 年 5 月即作出实施封山禁牧、大力发展舍饲养羊的决定。1999 年吴起县将坡度在 25° 以上的坡耕地 $10.33 \times 10^4 hm^2$ 一次退耕到位，成为全国一次性退耕面积最大的县，被国家林业局命名为"全国退耕还林示范县"。截至 2009 年底，延安市共完成国家计划内退耕还林面积 $59.29 \times 10^4 hm^2$，退耕面积占全省的 27%，全国的 2.5%。十年退耕还林，延安争取到国家补助资金 117.7×10^8 元，至 2009 年底，已兑现给退耕户 64.77×10^8 元，涉及农户 28.6×10^4 户，农民 124.8×10^4 人。全市 80% 以上农民都是退耕还林（草）工程建设的直接参与者。无论从退耕年限，退耕面积，或退耕的人口而言，延安市的退耕还林（草）工程建设都是非常特殊的，具有典型意义。

作为国家首批退耕还林（草）试点区，延安市已经进入新一轮退耕补助阶段，退耕成果的巩固、区域经济的出路是延安市面临的重大问题。因此，以延安市为典型区，研究退耕后延安市生态建设和经济发展的成功经验，为今后退耕还林（草）政策调整和其他退耕区的发展提供依据。

（2）深远的政治意义

延安曾经是陕甘宁老区政府所在地，革命历史悠久，是中国革命从失败走向胜利的"红都"，为了中国革命倾其所有，做出了不可替代的巨大贡献。因此，党和国家给予了大量关注与支持[①]。长期以来，由于自然和

---

① 延军平、刘加坤：《陕甘宁老区实施生态购买工程必要性的初步分析》，《西北大学学报》（自然科学版）2002 年第 6 期。

人为因素的多重影响，延安市社会经济总体水平曾经远落后于陕西中部和南部地区，农民温饱都难以解决。

2001 年 5 月 25 日江泽民同志在中央扶贫开发工作会议上指出："新阶段扶贫开发的主要力量，应放在西部地区，放在少数民族地区、革命老区、边疆地区和特别贫困的地区。切实帮助这些地区发展起来，对于实现西部大开发的战略目标，对于加强民族团结、巩固边疆，对于维护国家的长治久安，都是至关重要的。尤其要帮助仍然处在贫困状态的革命老区尽快发展起来。革命老区在战争年代为党和人民的事业做出了巨大贡献，付出了巨大牺牲。我们有责任帮助老区群众尽快脱贫致富，否则我们就难以向烈士交代，向人民交代，向历史交代。应该集中一些财力、物力和人力，尽快地解决好这些地区的问题。"延安市的"红色背景"决定了延安市生态环境改善和区域经济发展具有深远的政治意义。

作为生态环境重点治理建设区，退耕还林（草）后，延安市农村经济发展成效明显，但也面临着持续发展等问题。及时研究总结退耕还林（草）中延安市生态建设和经济发展的经验、问题，科学评价延安市农村经济发展态势，探寻延安市农村经济可持续发展模式，对于巩固退耕还林（草）成果，完善退耕还林（草）政策体系具有现实意义。有鉴于此，本书"退耕还林（草）背景下黄土高原农村经济发展态势评价及路径选择——基于延安市的实证分析"以生态学、生态经济学、区域经济学、发展经济学等学科为理论基础，以 1998—2009 年为时间尺度，研究分析了退耕还林（草）对延安市农村经济发展的影响、延安市农村生态经济发展模式及其运行机制。通过研究，探寻黄土高原退耕区农村经济发展的对策思路，为退耕区生态建设和经济发展提供借鉴。

第二节　相关研究综述

一　关于退耕还林（草）

（1）国外退耕还林（草）实践

农、林、牧三者之间的用地矛盾所引发的生态环境问题是发展中国家农村普遍遇到的问题。一些发达国家在其发展的早、中期也曾遇到过类似的问题。著名的案例有美国西进运动后大面积垦荒所引发的"黑风暴"，以及苏联为解决粮食危机在中亚草原进行大规模垦殖而引发的"黑风暴"。面对惨痛的损失，美国和苏联政府都开始了大规模的生态环境建设。到目前为止，国外进行退耕还林（草）的国家主要有美国和欧洲的英国、法国、德国等发达国家①。其中，大型退耕工程的实践始于美国。

美国自1776年独立到20世纪30年代初的150年间，土地政策的主要内容是通过出售和无偿分配，开发利用丰富的土地资源，建立了大批农场，粮食生产逐步得到满足并开始出现过剩，同时大面积森林遭到严重破坏，导致水土流失、土壤贫瘠、自然灾害频繁发生。20世纪20年代，面对生态环境严重恶化局面和经济危机的社会现实，政府意识到调整产业结构、改善生态环境的迫切性，纽约州制定了《休伊特法案》②，该法案的主要内容是：由政府投资，收购破产的农场，在荒芜的耕地上植树造林、封山育林，建立产权属于政府的林场，创造就业机会，将失业的农民吸纳为林场工人。按照这一法案，当时政府购买了 $40 \times 10^4 hm^2$ 多耕地，进行退耕还林（草），建立了林场，恢复了森林植被③。

20世纪50—60年代，美国政府开始推行一种自愿退耕计划（Land Retirement or Acreage Division），即引导农场主把一部分耕地退出生产用于土壤保护④⑤。第一个土地退耕计划是1956年农业法规定的土壤银行计划（Soil Bank Program），即鼓励农场主短期或长期退耕一部分土地，"存入"土壤银行，银行付给一定的补助，对按照计划退耕的农场主给予农产品价格补贴。1961年又制订了紧急饲料谷物计划，为减少饲料谷物的库存和产量，要求农场主在停耕至少20%耕地的情况下，才能从政府取得停耕土地正常产量50%的现金或实物补助，如果停耕土地超过20%，政府可以把补偿的比例提高到60%。1965年又实施了有偿转耕计划，即要求政府计划的参加者以无偿停耕一定比例的土地为条件，换取计划的各种好处，同时要求农场主停耕额外的一部分耕地，政府付给一定的补贴。据统计，1959—1968年的十年间，仅仅土壤计划退耕的耕地每年就有445— $1174 \times 10^4 hm^2$ 。在20世纪七八十年代，美国政府制订实施了保护计划、

---

① 李世东：《中外退耕还林还草之比较及启示》，《世界林业研究》2002年第2期。
② 龙花楼、李秀彬：《美国土地资源政策演变及启示》，《中国土地科学》2000年第3期。
③ 陈继海：《纽约州历史上的退耕还林》，《云南林业》2001年第1期。
④ 龙花楼、李秀彬：《美国土地资源政策演变及启示》，《中国土地科学》2000年第3期。
⑤ Sampson R. N.，"Forestry opportunities in the United States to mitigate the effects of globe warning"，*Water*，*Air and Soil Pollution*，Vol. 64，No. 1 - 2，1992.

植树计划、土壤保持计划，这些计划的重点之一便是在容易发生土壤侵蚀的地区，将边缘农地实行有计划的退耕还林（草）及休耕。1985 年美国政府制订实施了"保护与储备计划"（Conservation Reserve Program，简称 CRP）的土地政策，主要内容是：针对农业生产给资源、环境带来的破坏，在易发生土壤侵蚀的地区，实行有计划的退耕还林（草）及休耕。该政策旨在通过压缩耕地面积，控制粮食生产和发展林业及改善生态环境。凡是参加该计划并同政府签订为期 10 年合同的农场主或土地经营者，必须停止在规定土地上进行商业耕作，对易发生土壤侵蚀的耕地实行为期 10 年的休耕和永久性退耕还林（草），同时可以从政府那里获取补贴，其数额相当于全部地租及土壤保护性措施成本的一半[1][2][3]。到 1990 年，美国农业部对 $4777 \times 10^4 hm^2$ 的耕地全部实行了退耕还林（草）及休耕[4]。

　　欧洲退耕还林（草）是以无计划的自发方式出现的，主要集中在一些经济比较发达的国家。退耕的原因主要是由于在工业化的进程中，农产品过剩、农业比较效益低下、耕地弃耕现象严重。面对这样的状况，政府尽管没有明确的退耕还林（草）目标，但也不同程度地出台了一些鼓励措施，如在英国，凡愿意实施退耕还林（草）的，在与政府签订了农业协议后，政府每年给予农民一定的补助（一般 $1hm^2$ 不超过 125 英镑），一般补助期是 30 年[5][6]；在德国，政府允许农民自主选择在耕地上造林，同时通过协议等方式确定责任和义务，政府也给予一定的经济补偿。但这种在耕地上造林的根本目的不是为了生态需要，而是为了培育商品用材。此外，荷兰的 FACE 组织（Forests Absorbing Carbon Dioxide Emission）影响较为突出，基金会支持在荷兰、中欧、非洲等的造林和森林保护等项目，主要工作是营造森林以减缓温室效应。鼓励种植树木以改善本地区的

① 龙花楼、李秀彬：《美国土地资源政策演变及启示》，《中国土地科学》2000 年第 3 期。

② Sampson R. N.，"Forestry opportunities in the United States to mitigate the effects of globe warning"，*Water*，*Air and Soil Pollution*，Vol. 64，No. 1 - 2，1992.

③ 李世东：《中国退耕还林研究》，科学出版社 2004 年版。

④ 陈大夫：《美国的西部开发与"退耕还林，退耕还草，农田休耕"》，《林业工作研究》2001 年第 2 期。

⑤ 支玲：《从中外退耕还林背景看我国以粮代赈目标的多样性》，《林业经济》2001 年第 7 期。

⑥ Chamber B. J.，Cross R. B.，Pakeman R. J.，"Recreation Lowland Heath on Ex-arable Land in the Breakland Environmentally Sensitive Area"，*Aspects of Applied Biology*，Vol. 44，1996.

生活和工作环境，为农民提供将低效益的农田转为可持续森林的可能性①。

（2）国外退耕还林（草）研究综述

退耕还林（草）工程涉及自然、经济、社会三个子系统，在各个子系统内，分别与相应的基础理论与技术体系形成彼此联系的理论与技术体系，复杂的系统理论与可持续发展理论是指导制定退耕还林（草）工程目标和政策的基础②。国外的退耕还林（草）多数是在粮食过剩情况下对土地进行休耕，或完全是为了解决水土流失问题，退耕的目的：一是为了遏制农产品过剩、价格下跌、农场主利益受损；二是为了防止大面积的开垦或弃耕而造成的生态环境破坏。尽管各国实施退耕还林（草）的背景、目的、政策措施等各不相同，但也有其共同之处：都是在一定的历史条件下，为了生存而破坏了环境；在社会发展到一定时期，为了更好地生存又必须改善环境。美国等发达国家退耕还林（草）时的经济基础较为雄厚，农业科技含量高，劳动生产率高，粮食生产过剩，农村人口比重低，土地对农民的束缚力小③，农民不存在吃饭、花钱和生活能源的问题。这些国家退耕还林（草）的实施主要是通过政府投资换取生态环境的改善，在追求生态效益的同时，确保农民的经济收益和区域经济的持续发展，面临着不同职能部门之间、长期利益和短期利益之间、局部利益和整体利益之间的协调与合作问题④，如何协调好政府、农民和生态环境效益之间的关系是研究的主要内容。

美国是退耕还林（草）实施历史长、规模大的国家。由于大规模的土地开发造成严重的土壤侵蚀和生态环境退化，美国自20世纪30年代以来，逐步开始实施一系列保护土地和环境资源的政策，其中影响最大的一

① Caldwell L. K., "Political aspects of ecologically sustainable development." *Environment Conservation*, Vol. 11, No. 4, 1984.

② Andy P. Dobson, Bradshaw, A. D., Baker, A. J. M., "Hopes for the future: restoration ecology and conservation biology." *Science*, Vol. 277, No. 5325, 1997.

③ Costanza, R., "Visions, Values, valuation, and the need for an ecological economics", *Bioscience*, Vol. 51, No. 6, 2001.

④ Pimentel D., Harvey C., Resosudarmo P., Sinclair K., et al., "Environmental and economic costs of soil erosion and conservation benefits", *Science*, Vol. 267, No. 5201, 1995.

个项目就是"保护与储备计划"（Conservation Reserve Program，CRP）[1]。美国的"保护与储备计划"（CRP）经过十几年的发展，才逐渐走上了规范化、量化和动态化管理的轨道，其有关研究非常丰富也最具有代表性。美国 CRP 的相关研究包括项目管理与评价研究、项目影响与评价研究，以及退耕规模与补助标准的基础研究等内容。项目影响与评价的研究内容涉及项目实施对环境的影响和对农业农村经济的影响。

　　由于土壤侵蚀和生态环境退化是美国实施退耕还林（草）的根本原因，因此，退耕还林（草）相关项目的实施对环境的影响是美国研究的重点[2]。就 CRP 项目的而言，CRP 实施早期对环境的影响主要采用水土流失的减少量来评价[3]。随着社会对环境多方面的关注，评价范围也逐渐扩展。D. H. Johnso 等评价了 CRP 对生物多样性的影响，研究了如何利用 CRP 增强生物多样性以及怎样影响政策等[4]，Marc O. Ribaudo 研究了 CRP 对水质量的影响[5]，Barker J. 等研究了 CRP 对二氧化碳吸收的影响，预测了不同地区间 CRP 面积分配和二氧化碳吸收的关系及其相应的成本[6]，Barker J. 等研究了 CRP 实施对湿地的恢复[7]，A. C. Herry 等研究了 CRP 对农区走廊带保护的重要性[8]，Jerry Johson 等研究表明，CRP 使农村耕地用于开发的速度减慢了一半，也保护了农业景观的完整性[9]。

---

①　Marc O. Ribaudo, "Targeting the conservation reserve program to maximize water quality benefits", *Land Econnomics*, Vol. 65, No. 4, 1989. Frederick Steiner, "The evolution of federal agricultural land use policy in the United States", *Rural Studies*, Vol. 4, No. 4, 1988.

②　朱芬萌、冯永忠、杨改河：《美国退耕还林工程及其启示》，《世界林业研究》2004 年第 3 期。

③　S. R. Crutchfield, "Federal farm policy and water quality", *Soil and Water Conservation*, Vol. 43, 1989.

④　Johnso, D. H., M. D. Schwartz, "The Conservation Reserve Program and Grassland birds", *Conservation Biology*, No. 7, 1993.

⑤　Marc O. Ribaudo, Dana L. Hoag, Mark E. Smith, et al., "Environmental indices and the politics of the Conservation Reserve Program", *Ecological Indicators*, Vol. 1, No. 1, 2001.

⑥　Barker J. R., Baumgardner, G. A., Turner, D. P., et al., "Carbon dynamics of the conservation reserve and wetland reserve programs", *Soil and Water Conservation*, Vol. 51, 1996.

⑦　Peter J. Parks, James P. Schorr, "Sustaining Open Space Benefits in the Northwest: An Evaluation of the Conservation Reserve Program", *Environmental Economics and Management*, Vol. 32, No. 1, 1997.

⑧　Henry, A. C., D. A. Hosack, C. W. Johnson, et al., "Conservation corridors in the United States: benefits and planning guidelines", *Soil and Water Conservation*, Vol. 54, 1999.

⑨　Jerry Johnson, Bruce Maxwell, "The role of the Conservation Reserve Program in Controlling rural residential development", *Rural Studies*, Vol. 17, No. 3, 2001.

　　CRP 项目的实施在改善环境的同时，也改变着农业结构，并反过来对农业环境产生影响。CRP 实施对农村经济结构的影响表现在很多方面①②，其补助水平有所差异③④。P. B. Siegel 等运用盈亏平衡分析研究了CRP 对经济的综合影响，有利影响如娱乐经济活动增加，不利影响是服务类企业减少和农业就业率降低，并给出了盈亏平衡点所对应的补助水平和休闲消费水平⑤。R. J. Beck 等运用 IMPLAN 投入产出模型评价了 CRP带给农村经济的得与失，说明项目实施增强了经济活力⑥。Saltiel 等研究认为，一些经济负面影响不是因为 CRP 实施，而是农业经济本身特性的变化⑦。但有些研究对 CRP 持反对态度，Daniels 和 Parks 等认为，CRP 是一个成本高而持续期相对较短的项目，其他同类项目却比 CRP 更加有效⑧⑨。

　　（3）国内退耕还林（草）实践

　　我国早在 1949 年 4 月，晋西北行政公署发布的《保护与发展林木林业暂行条例（草案）》就规定：已开垦而又荒芜了的林地应该还林。森林附近已开林地，如易于造林，应停止耕种而造林，林中小块农田应停耕还

---

①　Roy Boyd, Kazim Konyar, Noel D. Uri. , "Measuring aggregate impacts: The case of the conservation reserve program", *Agricultural Systems*, Vol. 38, No. 1, 1992.

②　Dean A. Bangsund, Nancy M. Hodur, F. Larry Leistritz, "Agricultural and recreational impacts of the conservation reserve program in rural North Dakota, USA. " *Environmental Management*, Vol. 71, No. 4, 2004.

③　Paul B. Siegel, Thomas G. Johnson, "Break-even analysis of the CRP: the Virginia case", *Land Economics*, Vol. 67, No. 4, 1991.

④　Stefan Hajkowicz, Andrew Higgins, Craig Miller, et al. , "Targeting conservation payment to achieve multiple outcomes", *Biological Conservation*, Vol. 141, No. 9, 2008.

⑤　Paul B. Siegel, Thomas G. Johnson, "Break-even analysis of the CRP: the Virginia case", *Land Economics*, Vol. 67, No. 4, 1991.

⑥　R. J. Beck, S. E. Kraft, J. H. Burde, "Is the conservation of land from agricultural production to a bioreserve boon or bane for economic development?", *Soil and Water Conservation*, Vol. 54, No. 1, 1999.

⑦　J. Saltiel, "Controversy over CRP in Montana: implications for the future", *Soil and Water Conservation*, Vol. 49, 1994.

⑧　P. J. Parks, R. A. Kramer, "A policy simulation of the Wetland Reserve Program", *Environmental Economics and Management*, Vol. 28, No. 2, 1995.

⑨　Thomas L. Daniels, "America's Conservation Reserve Program: Rural planning or just another subsidy?" *Rural Studies*, Vol. 4, No. 4, 1988.

林①。这是我国第 1 次正式提到退耕还林（草）。1952 年 12 月周总理又签发了《关于发动群众继续开展防旱抗旱运动并大力推行水土保持工作的指示》又指出禁开陡坡，1957 年 5 月，国务院第 24 次全体代表大会通过《中华人民共和水土保持暂行纲要》中规定：原有陡坡应逐年停耕进行造林种草。以后 1984 年、1991 年国家分别明文表现了此类意思。

　　1997 年，黄河断流累计 267 天，创历史最高纪录②③，给下游的山东省造成了严重的经济损失，许多学者提出应把退耕坡地作为黄土高原水土流失控制和生态环境恢复的关键着力点④⑤⑥；1997 年 8 月，时任国家主席江泽民就西北地区治理水土流失，退耕还林（草），改善生态环境的调查报告做出重要批示；第二年，长江又发生罕见洪水，造成了巨大的损失。接连发生的巨大恶性生态事件迫使国家重视起了生态建设的作用，将生态重建工作提上了议事日程。1999 年朱镕基总理在其政府工作报告中提出"退耕还林（草）、封山绿化、以粮代赈、个体承包"的 16 字方针，四川、陕西、甘肃 3 省率先启动了退耕还林试点工作。2000 年 1 月，中央 2 号文件和国务院西部地区开发会议将退耕还林（草）列为西部大开发的重要内容，3 月，经国务院批准，国家林业局、国家计委、财政部联合发出《关于开展 2000 年长江上游、黄河上中游地区退耕还林（草）试点示范工作的通知》（林计发［2000］111 号），退耕还林（草）试点工作正式启动，范围涉及 17 个省（区、市）和新疆生产建设兵团。2002 年国务院进一步根据退耕还林（草）工程的实施状况，下发了《关于进一步完善退耕还林政策措施的若干意见》（国发［2002］10 号），更加明确地指导和推动了我国退耕还林（草）工作，退耕还林（草）的省份增至24 个。至此，退耕还林（草）工程在我国全面启动。2002 年 12 月 14 日

---

　　① 秦建明、陈程：《我国退耕还林还草历史发展阶段及其政策演变》，《农业技术经济》2005 年第 1 期。

　　② 钱征寒、倪晋仁、薛安：《黄河断流严重程度分级与判别方法》，《地理学报》2001 年第6 期。

　　③ 刘昌明、成立：《黄河干流下游的断流序列分析》，《地理学报》2000 年第 5 期。

　　④ 王飞、李锐、温仲明：《退耕工程生态环境效益发挥的影响因素调查研究：以安塞县退耕还林（草）试点为例》，《水土保持通报》2002 年第 3 期。

　　⑤ Li Xiaojian, Jim Peterson, Liu Gangjun, "Assessing regional sustainability: the case of land use and land cover change in the middle Yiluo catchment of the Yellow River Basin", *China Applied Geography*, Vol. 21, No. 1, 2001.

　　⑥ 许炯心：《黄土高原生态环境建设的若干问题与研究需求》，《水土保持研究》2000 年第2 期。

国家颁布了《退耕还林条例》，对退耕还林的实施原则、规划和计划编制、造林和管护及检查验收、资金和粮食补助、保障措施、法律责任等作了规定，有力地推进了退耕还林还草工程建设。我国退耕还林（草）的目标就是要将长江上游、黄河中上游地区水土流失严重的坡耕地上的农业生产停止下来，代之以林草植被的恢复，以实现西部地区生态环境的改善，农业经济结构的调整和全社会的可持续发展。

从 2007 年开始，国家停止了新的退耕地造林计划下达，但仍保留了荒山荒地造林任务。随着全国退耕还林（草）补助逐渐到期，国务院在 2007 年 8 月 9 日出台了《国务院关于完善退耕还林政策的通知》，国家决定继续对退耕农户进行补助。该文件规定：黄河流域及北方地区 $1hm^2$ 退耕地每年补助现金 1050 元，此外 $1hm^2$ 退耕地每年还有 300 元生活补助费；补助期限为还生态林补助 8 年，还经济林补助 5 年，还草补助 2 年[①]。与原有退耕补助政策相比，黄河流域补助的时间维持不变，但补助的额度却减少了 44%，由 2400 元/hm^2 下降到了 1350 元/hm^2。这在一定程度上可以缓解退耕还林（草）补助到期后退耕农户的生活来源问题，但其中仍然存在着许多问题，因为补助并非长久之计，它只能暂时缓解农户的生活来源，并不能彻底解决农户的生计问题。

《国务院关于完善退耕还林政策的通知》标志着我国退耕还林工作开始了由退耕地造林与荒山荒地造林并举向荒山荒地造林的转变，开始了由大规模造林向成果巩固的转变。2010 年，党中央、国务院在《关于加大统筹城乡发展力度进一步夯实农业农村发展基础的若干意见》（中发〔2010〕1 号）和《关于深入实施西部大开发战略的若干意见》（中发〔2010〕11 号）中都明确提出，要巩固和发展退耕还林成果，在重点生态脆弱区和重要生态区位，结合扶贫开发和库区移民，适当增加退耕还林任务。随后，国务院在《关于切实加强中小河流治理和山洪地质灾害防治的若干意见》（国发〔2010〕31 号）也提出："在巩固退耕还林成果的同时，新增退耕还林任务要有重点地安排在江河源头、湖库周围，25 度以上陡坡耕地要逐步实现退耕还林。"2011 年 3 月 14 日，第十一届全国人大第四次会议通过了《国民经济和社会发展第十二个五年规划纲要》，其中明确提出，"十二五"期间要巩固和扩大退耕还林成果，在重点生态脆

①　国务院：《国务院关于完善退耕还林政策的通知》，国发〔2007〕25 号。

弱区和重要生态区位继续实施退耕还林还草，重点治理坡度25°以上的坡耕地，这充分表明我国退耕还林工作的长期性和重要性。2012年11月，党的十八大报告将生态文明建设作为我国社会主义事业总体布局的重要部分，明确指出要加大自然生态系统和环境保护力度，要实施重大生态修复工程，增强生态产品生产能力，进一步凸显我国退耕还林工程建设情况，该工程可划分为三个阶段①：

（1）试点阶段（1999—2001年）。由于洪涝灾害的频繁发生，人们提高了对生态环境的认识，中央政府对退耕还林（草）作用和地位的认识上升到空前高度。1997年8月，江泽民总书记做出"再造一个山川秀美的西北地区"的重要批示。1999年6月又进一步指出"改善生态环境，是西部地区的开发建设必须首先研究和解决的一个重大课题"。1999年8月，朱镕基总理先后视察了西南、西北6省（区），从防灾减灾的角度出发，提出"退耕还林（草）、封山绿化、以粮代赈、个体承包"的综合措施。随后，四川、陕西、甘肃3省于1999年率先启动了退耕还林（草）试点工作，当年即完成退耕地造林 $38.15 \times 10^4 \text{hm}^2$，宜林荒山荒地造林 $6.65 \times 10^4 \text{hm}^2$。退耕还林（草）主要以营造生态林为主，实施的对象为坡度25°以上的陡坡耕地，退耕还林（草）工程目标是基于生态角度，主要是恢复森林植被，改善生态环境，减少水土流失。2000年1月，中央2号文件和国务院西部地区开发会议将退耕还林（草）列为西部大开发的重要内容。2001年3月，九届人大四次会议正式将退耕还林（草）列入我国国民经济和社会发展"十五"计划。为了推进退耕还林（草）工程的推进，国家出台了系列政策，这些政策表现出政府推动、计划控制、经济激励、生态优先等特点。

（2）全面启动阶段（2002—2006年）。2002年4月《国务院关于进一步完善退耕还林政策措施的若干意见》下发；2002年12月国务院颁布《退耕还林条例》。此外，国务院有关部门下发关于工程管理实绩检查、林权登记发证、作业设计技术规定、工程档案管理办法、现金补助资金管理办法、进一步做好退耕还林（草）粮食供应工作等的通知。随着退耕还林（草）工程建设的推进，退耕还林（草）在全国范围内大规模开展。在试点基础上，2002年全面启动退耕还林（草）工程，

---

① 李育材：《中国的退耕还林工程》，中国林业出版社2005年版。

2003 年工程范围扩大到 30 个省区市的 1600 多个县。截至 2007 年 6 月
30 日完成退耕地造林 268.6 万公顷，完成荒山荒地造林 240.47 万公
顷。至此，退耕还林（草）由中西部地区的试点转变为在水土流失严
重、沙化盐碱化石漠化严重、粮食产量低而不稳的地区进行，全国
1600 多个县大规模地展开。中国退耕还林（草）工作达到高潮，并走
上制度化、规范化的道路。由于退耕规模的急剧扩大，退耕区农民耕地
减少，农村后续产业发展滞后，退耕补贴不能及时兑现，影响当地农民
生活和退耕还林（草）成果的巩固。因此，在退耕还林（草）工程建
设中当地经济发展逐渐成为退耕还林（草）工程的新内容。其中 2004
年是退耕还林（草）工程从扩大规模、扩大范围到稳步推进的转折点。
针对前一阶段工程建设中存在的问题以及 2003 年我国开始出现的粮食
紧缺征兆，国家及时对退耕还林（草）工程进行结构性、适应性调整，
对退耕任务进行较大幅度调减。

　　（3）成果巩固阶段（2007 年以来）。国务院在 2007 年 8 月 9 日出台
的《国务院关于完善退耕还林（草）政策的通知》是我国退耕还林工作
由退耕地造林与荒山荒地造林并举向荒山荒地造林转变的标志，国家将基
本农田建设、农村产业结构调整、农村能源、生态移民、封山禁牧相结
合，以解决退耕区农民的生计问题，进而巩固退耕还林（草）成果。可
以看出，退耕还林（草）不仅要改善生态环境，而且还要与当地经济发
展相结合，重视农村经济的发展，实现生态效益与经济效益"双赢"
目标[1]。

　　（4）国内退耕还林（草）研究综述

　　与国外发达国家相比，我国的退耕还林（草）区主要分布在生态与
经济双重贫困的地区，即"老、少、边、穷"地区，当地的生态建设与
经济发展长期处于两难的抉择中，退耕还林（草）工程建设面临多方面
的问题[2]，研究的内容更为广泛，国内学者从多个角度对退耕还林（草）
工程建设进行了研究。从退耕还林（草）技术体系，退耕还林（草）项
目评估，退耕还林（草）对农民收入、农村发展以及粮食的影响，退耕

---

　　①　马爱国：《我国的林业政策过程：由单政策过程向多主体政策过程的转变》，中国林业出
版社 2003 年版。
　　②　王飞、李锐、谢永生：《历史时期黄土高原生态环境建设分析研究》，《水土保持研究》
2001 年第 1 期。

还林（草）项目的经济补偿等方面，研究分析了退耕还林（草）政策实施情况、存在的问题并提出改进建议。

从土地利用的角度而言，退耕还林（草）本质上是农耕地的用途改变，将一些水土流失严重的农耕地转为林业、草业生产用地，是以耕地的减少来换取生态的重建。关于退耕地的选择，唐克丽认为坡耕地的浅沟侵蚀是导致土壤侵蚀量剧增的主要因素，浅沟的临界坡度为 15°—20°，据此界定了黄土丘陵区退耕地的坡度上限[1]，徐勇等人通过黄土高原坡耕地水土流失地形分异模拟进一步论证了退耕地的坡度选择标准，指出黄土高原退耕地合理的坡度在 20°—25°之间[2]，胡世雄通过实验研究了坡面土壤临界坡度，实验结果表明坡度 20°—22°之间是黄土高原坡耕地发生土壤侵蚀的高值区间[3]。在退耕地的生态重建上，朱红春探讨了植被的选择[4]，还有学者基于黄土高原生物气候分区等因素对黄土高原的生态恢复与技术体系进行了论证[5]。这些研究完善了退耕还林（草）的技术体系，为科学退耕、生态重建提供了依据。

退耕还林（草）工程是新中国成立以来实施规模最大，涉及面最广的生态建设工程项目，工程的管护问题在工程建设中比较突出，李世东、师文朴、姚顺波等学者分别就退耕还林（草）工程管护问题进行了研究[6]。生态退耕改变了农业生态环境，对农村经济发展的影响显著、直接，退耕后的生态经济社会效应成为研究的热点。李中魁系统评估了黄土

① 唐克丽、张科利、雷阿林：《黄土丘陵区退耕上限坡度的研究论证》，《科学通报》1998年第2期。

② 徐勇、田均良、刘普灵等：《黄土高原坡耕地水土流失地形分异模拟》，《水土保持学报》2005年第5期。

③ 胡世雄、靳长兴：《坡面土壤侵蚀临界坡度问题的理论与实验研究》，《地理学报》1999年第4期。

④ 朱红春、张友顺：《黄土高原坡耕地生态退耕的植被建设研究》，《西北大学学报》（自然科学版）2003年第3期。

⑤ 张厚华、黄占斌：《黄土高原生物气候分区与该区生态系统的恢复》，《干旱区资源与环境》2001年第1期。季志平、苏印泉、刘建军：《黄土高原的生态恢复与支撑体系初探》，《西北林学院学报》2005年第4期。

⑥ 李世东：《中外退耕还林还草之比较及启示》，《世界林业研究》2002年第2期。师文朴、吴天安、张莲英：《对天水市退耕还林（草）实施情况的调查与思考》，《林业资源管理》2002年第1期。姚顺波、张雅丽、杨文杰：《陕西退耕还林（草）对策研究》，《林业经济问题》2001年第5期。路民生：《甘肃省退耕还林还草调查报告》，《甘肃农业》2002年第9期。

高原小流域治理效益①，李智广等探讨了小流域治理综合效益评价的方法②，周红等以贵州省为例，评价了该省在退耕还林（草）工程试点阶段的社会经济效益③，吴钢等研究评价了三峡库区农林复合生态系统的效益④，刘黎明等论述了生态退耕效益的内容，并将生态效益经济价值化法和综合评价法引入到西部地区生态退耕的效益评价中⑤。陶然等基于农户调查结果，分析了退耕还林（草）的可持续性⑥⑦，徐晋涛等通过倍差法对西部三省农户退耕前后收入进行了对比分析⑧，得出研究期内退耕还林（草）工程在促进农民增收和结构调整方面作用甚微的论断。

　　黄土高原地区因其脆弱的生态环境长期受到国内外学者的关注，该区生态退耕效应也成为众多学者研究的内容。温仲明调查了延安市安塞县农户对退耕还林（草）的认知状况⑨；朱红春、张友顺分析评价了陕北黄土高原坡耕地生态退耕经济效益⑩；从退耕还林（草）效果看，陕北地区退耕还林（草）项目实施后，陕北地区的地表植被覆盖率由 1998 年的34.6% 提高到 2005 年的 49.2%，但是干旱半干旱生态脆弱区大规模人工造林可诱发严重的水资源短缺，封山禁牧对生态脆弱区的植被修复效果最

---

①　李中魁：《黄土高原小流域治理效益评价与系统评估研究》，《生态学报》1998 年第3 期。

②　李智广、李锐：《小流域治理综合效益评价方法刍议》，《水土保持通报》1998 年第5 期。

③　周红、缪杰、安和平：《贵州省退耕还林工程试点阶段社会经济效益初步评价》，《林业经济》2003 年第 4 期。

④　吴钢、魏晶、张萍、赵景柱：《三峡库区农林复合生态系统的效益评价》，《生态学报》2002 年第 2 期。

⑤　刘黎明、李蕾、赖敏：《西部地区生态退耕的"效益问题"及其评价方法探讨》，《生态环境》2005 年第 5 期。

⑥　陶然、徐志刚、徐晋涛：《退耕还林，粮食政策与可持续发展》，《中国社会科学》2004 年第 6 期。

⑦　徐晋涛、陶然、徐志刚：《退耕还林：成本有效性、结构调整效应与经济可持续性：基于西部三省农户调查的实证分析》，《经济学季刊》2004 年第 4 期。

⑧　同上。

⑨　温仲明、王飞、李锐：《黄土丘陵区退耕还林（草）农户认知调查——以安塞县为例》，《水土保持通报》2003 年第 3 期。

⑩　朱红春、张友顺：《陕北黄土高原坡耕地生态退耕经济效益评价与分析》，《水土保持研究》2003 年第 2 期。

好①；退耕还林（草）效应是多方面的综合效应，生态退耕不仅改善了黄土高原的生态环境，同时也带来了明显的社会经济效应，因此，退耕还林（草）效益评价指标是由多指标组成的指标体系，如宋富强等的由生态效益、社会效益 2 个制约层，8 个要素，28 个指标构成的退耕还林（草）综合效益评价指标体系能够较全面地反映出黄土高原不同生态类型区的退耕效果②。杨艳昭等探讨了黄土高原地区的生态退耕对粮食生产的影响③。

　　退耕还林（草）工程建设是通过退耕农户将农耕地转变为生态建设用地为国家提供生态公共产品，满足人们的生态需求。生态公共产品具有正外部性效应，该产品的生态效益及他人的成本为零，无法排除他人参与共享④，而退耕区、退耕农户在生态公共产品生产过程中则会损失相当大的机会成本，包括农业生产、地方税收、产业结构等多方面。由于生态公共产品的外部性，在市场失灵的情况，退耕区、退耕农户的这部分损失的补偿不能通过市场自动得以实现，国家需建立相应的补偿机制以解决这一问题。对此，国内学者做了大量的研究⑤，很多学者都提出了按照"谁受益，谁付费"原则，即由长江、黄河中下游地区提供部分补偿资金，进行跨区域补偿，实现长江上中下游、黄河上中下游在生态建设上进行分工协作——下游地区得到生态安全，上游得到经济上的实惠，既有利于建立

　　①　曹世雄、陈军、陈莉、高旺盛：《退耕还林项目对陕北地区自然与社会的影响》，《中国农业科学》2007 年第 5 期。

　　②　宋富强、杨改河、冯永忠：《黄土高原不同生态类型区退耕还林（草）综合效益评价指标体系构建研究》，《干旱地区农业研究》2007 年第 3 期。

　　③　杨艳昭、封志明、张蓬涛：《黄土高原地区的可能退耕规模及其减产效应》，《北京林业大学学报》（社会科学版）2005 年第 1 期。

　　④　[美] 保罗·萨缪尔森、威廉·诺德豪斯：《宏观经济学》，萧琛译，人民邮电出版社2008 年版。

　　⑤　罗荣桂、丁正平：《外部性校正与长江上游退耕还林还草补偿机制》，《武汉理工大学学报》2003 年第 7 期；黄富祥、康慕谊、张新时：《退耕还林还草过程中的经济补偿问题探讨》，《生态学报》2002 年第 4 期；支玲、李怒云、王娟等：《西部退耕还林经济补偿机制研究》，《林业科学》2004 年第 2 期；于贵瑞、谢高地、王秋凤等：《西部地区植被恢复重建中几个问题的思考》，《自然资源学报》2002 年第 2 期；李明阳、郑阿宝：《我国公益林生态效益补偿政策与法规问题探讨》，《南京林业大学学报》（人文社会科学版）2003 年第 2 期；毛显强、钟瑜、张胜：《生态补偿的理论探讨》，《中国人口·资源与环境》2002 年第 4 期；钟瑜、张胜、毛显强：《退田还湖生态补偿机制研究——以鄱阳湖区为案例》，《中国人口·资源与环境》2002 年第 4 期；张军连、陆诗雷：《退耕还林工程中补贴政策的经济学分析及相关建议》，《林业经济》2002 年第 7 期；张俊飚、周国洋《对"一退两还"补偿制度的建立与完善问题的思考》，《林业经济问题》2003 年第 5 期；陈源泉、董孝斌、高旺盛：《黄土高原农业生态补偿的探讨》，《农业系统科学与综合研究》2006 年第 2 期。

长期有效的激励机制，又有利于缩小差距，实现共同富裕①。其中，罗荣桂通过外部性模型分析了庇古等人的利益调整和科斯等人的改变利益调整初始条件这 2 种相对立的解决问题的观点；黄富祥等用 Logistic 增长曲线分析了在退耕还林（草）还草不同时期农民收入的变化情况②。支玲等通过再生产理论和需求理论对农民在退耕还林（草）不同时期的收入变化分析，提出建立经济补偿机制③。这些研究表明了建立退耕还林（草）还草补偿机制的必要性。从研究的内容看，大多是通过对退耕农民在不同时期收入变化的分析预测，提出针对农民个体的跨地区经济补偿机制，在这些研究中并没有一套全面评估这一政策给地区经济带来全面影响定量分析的办法，也没有涉及退耕区域在退耕不同阶段经济收入变化的研究，没有考虑到退耕还林（草）所带来的大面积土地覆盖变化对区域经济中其他生产部门和区域整体经济发展水平的影响。在退耕还林（草）的补偿中，以地区为补偿主体的补偿方式是一种可操作性强的体现公平和责权结合的形式和途径，也是在维护生态效益的同时拉动地区整体经济发展水平，缩小东西部差距的最佳方式。

我国退耕还林（草）实践及相关研究表明，我国退耕还林（草）工程建设目标是生态与经济双重目标，工程建设的核心问题是农业和农村经济的发展，这也是我国退耕还林（草）工程建设的难点和关键。退耕还林（草）成果的稳固问题本质上就是农业、农村经济的持续发展问题。退耕还林（草）项目改变了农村土地的利用结构，而土地是农村经济活动的空间载体和生产要素，土地利用结构的剧烈变动引发了农村经济结构的调整，农村经济结构调整成为热点。退耕还林（草）工程的实施应着眼于农村经济结构、劳力结构、产业结构、区域布局的调整，使其成为推动农村经济发展、改善群众生产生活条件的重要途径和手段，成为农村产业结构调整的新契机、农民增收的新支柱④。通过农业内部资源的重新配置与有效利用，减少某些过剩农产品的生产，增加短缺农产品的生产，使农林牧业用地比例得到改善，通过合理投资与经营，提高农村产业结构调

---

① 罗荣桂、丁正平：《外部性校正与长江上游退耕还林还草补偿机制》，《武汉理工大学学报》2003 年第 7 期。

② 同上。

③ 支玲、李怒云、王娟等：《西部退耕还林经济补偿机制研究》，《林业科学》2004 年第 2 期。

④ 刘晓洪：《关于退耕还林若干重大问题的思考》，《湖北林业科技》2003 年第 2 期。

整的效率①。耕地数量的减少是退耕还林（草）的主要表现，耕地数量的变化影响着退耕区粮食生产与粮食安全问题。退耕还林（草）区域必须在保证粮食安全的前提下，以退耕还林（草）为契机，全面调整大农业空间布局，将劣质、低产、以破坏生态环境为代价的边际农田，有计划地退耕还林（草），增加农村地区的林草面积，针对农产品结构性过剩问题，允许在低产耕地上，按照林工一体化模式，大力培育工业原料林、经济林等②。在产业结构调整的实证分析中，魏爱青等人分别用灰色关联度分析法、主成分分析法、指标评价法等对退耕还林（草）区域产业结构调整进行了实证分析③④，魏爱青针对国家退耕还林（草）、草原禁牧政策的实施对尚义县农业结构的变化造成的影响，运用层次分析法（AHP）对尚义县农业主导产业的选择进行量化分析，得出尚义县农业主导产业选择的优先顺序，结合尚义县农业发展的实际情况，确定出尚义县现阶段的农业主导产业⑤；南秋菊采用灰色关联分析方法⑥，计算农业总产值与农、林、牧、渔四大产业的关联度并得出关联序，结合定性分析来了解各产业对全县经济及人均收入的影响，运用 AHP 分析方法得出各决策因素重要性程度的权重，为农业产业结构调整最佳方案的选择提供依据。退耕还林（草）工程建设推进了退耕还林（草）区域农村产业结构调整的力度，农村产业结构调整须与土地利用结合起来，农业产业发展必须以土地为依托，产业结构调整最终要落实到土地上来，以土地资源的优化配置为前提。退耕还林（草）工程实施中，区域产业结构调整效应主要体现在土地利用结构比例的变化，并且这一变化随着退耕规模加大而放大⑦。由于退耕区自然、经济、社会条件的地带性差异，在退耕还林（草）工程建设中要坚持因地制宜的原则，选择配置适当的林种、树种，大力发展生态

———————

　　① 李应中：《落实后续产业建设是退耕还林成功的关键》，《中国农业资源与区划》2004 年第 3 期。

　　② 中国可持续发展林业战略研究项目组：《中国可持续发展林业战略研究总论》，中国林业出版社 2002 年版。

　　③ 魏爱青：《新阶段尚义县农业结构调整研究》，博士学位论文，首都师范大学，2006 年。

　　④ 南秋菊：《沽源县退耕还林还草与农业产业结构调整研究》，博士学位论文，首都师范大学，2005 年。

　　⑤ 魏爱青：《新阶段尚义县农业结构调整研究》，博士学位论文，首都师范大学，2006 年。

　　⑥ 南秋菊：《沽源县退耕还林还草与农业产业结构调整研究》，博士学位论文，首都师范大学，2005 年。

　　⑦ 毛留喜：《北方农牧交错带土地可持续利用研究》，气象出版社 2002 年版。

与经济兼用林①②，同时提高农民自主发展的意识和能力，拓宽农民增收致富渠道③。退耕还林（草）区在农村经济发展中应加快农业产业化进程，通过扶优扶强，形成农业产业结构链式服务，加快龙头企业建设，建立支柱企业，实施产业扶贫④。

综合国内外学者的相关研究可以看出：退耕还林（草）是研究的一个热点，国外学者对退耕还林（草）政策的研究集中在退耕土地选择标准、评估方法以及成本收益研究分析方面。国内学者从不同的角度对退耕还林（草）政策实施情况、存在的问题和完善政策进行了详细深入的研究。

二　关于生态经济

（1）国外生态经济的相关研究

从 20 世纪 60 年代起，发达国家不断加剧的生态退化和环境污染问题，使生态经济学的概念和可持续发展的思想应运而生。20 世纪 60 年代初，美国海洋生物学家蕾切尔·卡逊的《寂静的春天》揭示了现代工业对自然生态的影响，给人们敲响了警钟，人们开始重视所面临的生态环境问题。1966 年美国经济学家肯尼斯·鲍尔丁（Kenneth Boulding）在他的一篇重要论文《一门科学：生态经济学》中正式提出了"生态经济学"的概念，标志着生态经济学的诞生。从此很多生态学家、经济学家和社会学家开始了对生态经济的研究⑤。1987 年世界环境与发展委员会又提出了

---

① 刘晓洪：《关于退耕还林若干重大问题的思考》，《湖北林业科技》2003 年第 2 期。

② 陈登、蔡晓玲：《贵州退耕还林与林业产业结构调整对策》，《林业调查规划》2002 年第 3 期。

③ 张强、杨明洪、潘久艳：《退耕还林（草）地区农户自我发展模式研究》，《生态经济》2005 年第 10 期。

④ 陈登、蔡晓玲：《贵州退耕还林与林业产业结构调整对策》，《林业调查规划》2002 年第 3 期。

⑤ Changwoo Ahn, William J. Mitsch, "Evaluating the use of recycled coal combustion products in constructed wetlands: an ecologic-economic modeling approach", *Ecological Modelling*, Vol. 150, No. 1, 2002. Malte Faber, Thomas Petersen, Johannes Schiller, "Homo oeconomicus and homo politicus in Ecological Economics", *Ecological Economics*, Vol. 40, No. 3, 2002. Baumgartner Stefan, Dyckhoff Harald, Faber Malte, et al., "The concept of joint production and ecological economics", *Ecological Economics*, Vol. 36, No. 3, 2001. Robert Costanza, Ralph d'Arge, Rudolf de Groot, et al., "The value of the world's ecosystem services and natural capital", *Nature*, Vol. 387, No. 6630, 1997. Young, P., "Data-based mechanistic modelling of environmental, ecological, economic and engineering systems", *Environmental Modelling and Software*, Vol. 13, No. 2, 1998.

可持续发展概念，随着环境与可持续发展问题成为国际科学界研究的热点，生态经济研究进入全面发展时期，研究成果丰硕：Grossman 和 Krueger 分析了许多统计资料后[1]，发现经济发展和资源、环境的关系的变化很可能是从互竞互斥逐步走向互补互适，即在经济增长、产业结构和技术结构演进的过程中，资源与环境问题先出现逐步加剧的特征，然后再逐渐减少直至消失。美国佛罗里达大学的 Howard T. Odum 教授于 20 世纪 80 年代建立了能值理论与分析方法[2]，将生态经济系统内流动和储存的各种不同类别的能量和物质转换为同一标准的能值，进行定量分析研究。Shanshin 和 Joseph J. Delfino、Elisabeth C. 等人以能值理论为基础进行了一系列的研究[3]。N. V. Solovjova[4] 从生态环境安全的角度对生态经济系统进行分析。Van den Bergh 和 Peter Nijkamp 等从综合的角度[5]，而不是单一的过程、单一的变量观察生态经济整合，试图从动态模型观点阐明生态可持续的经济发展概念，认为生态系统和经济子系统之间的相互作用和反馈机制的研究至关重要。Common M. 和 Perrings C. 围绕可持续性这个研究核心建立了资源配置的分析模型[6]，模型同时包含了可持续性的经济与生态概念。John C. Woodwell 运用系统动力生产模型阐明经济增长和资源损耗之

① Gene M. Grossman, Alan B. Krueger, "Economic Growth and the Environment", *Quarterly Journal of Economics*, Vol. 110, No. 2, 1995.

② Odum, H. T., "Self-organization, transformity and information", *Science*, Vol. 242, No. 4882, 1988. Howard T. Odum, *Ecological and General Systems*, Boulder: University of Colorado Press, 1994.

③ Shanshin Ton, Howard T. Odum, Joseph J. Delfino, "*Ecological-econonmic evaluation of wetland management alternatives*", Ecological Engineering, Vol. 11, 1998. Howard T. Odum, Elisabeth C. Odum, *Modeling for All Scales: An Introduction system Simulation*, San Diego: Academic Press, 2000.

④ Solovjova, N. V., "Synthesis of ecosystemic and ecosreeming modelling in solving problems of ecological safety", *Ecological Modelling*, Vol. 124, No. 1, 1999.

⑤ Peter Nijkamp, Jeroen C. J. M. Van den Bergh, "Operationalizing sustainable development: dynamic ecological economic models", *Ecological Economics*, Vol. 4, No. 1, 1991. Jeroen C. J. M van den Bergh, Ada Ferrer-i-Carbonell, Giuseppe Munda, "Alternative models of individual behaviour and implications for environmental policy", *Ecological Economics*, Vol. 32, No. 1, 2000. Jeroen C. J. M. van den Bergh, "Ecological economics: themes, approaches, and differences with environmental economics", *Regional Environmental Change*, Vol. 2, No. 1, 2001.

⑥ Mick Common, Charles Perrings, "Towards an ecological economics of sustainability." *Ecological Economics*, Vol. 6, No. 1, 1992.

间的反馈关系①。

随着生态经济学研究的不断深化，生态经济学研究形成了鲜明的特色：从现实问题的研究入手，实证分析和理论研究相结合，以生态学和经济学为理论基础，以定量研究为特色，以微观的分析见长，注重新方法新理论的引入。当前国际上关于生态经济研究的前沿和热点问题主要有：①可持续发展的定量评估；②环境物品价值的估算；③资源的可持续利用；④环境和经济整合账户的建立。

（2）国内生态经济的相关研究

我国生态经济学的研究始于 1980 年，由我国著名经济学家许涤新先生于 1980 年 8 月提出建立的。经过 20 多年的发展，建立并完善了生态经济的理论体系，明确了生态与经济协调发展的基本方向。这一阶段无论是在生态经济理论和实践方面，还是在国际交流与合作方面，我国生态经济学的发展十分活跃。我国生态经济研究方向主要为生态农业问题、山区生态经济开发与水土流失治理问题、黄土高原生态经济综合开发治理问题、少数民族地区生态经济开发问题、草原牧区生态经济合理经营问题、城市生态经济问题、半干旱地区沙化治理问题、森林旅游问题等方面②，形成了大量的研究成果。如蓝盛芳、隋春花和张耀军③等人以能值理论为基础进行了一系列的研究。陈仲新等对我国天然草地进行了价值评估，总面积 4349844km²，其价值达到 8697.68 亿元人民币，即 1hm² 约折合人民币 2000 元④。蒋延玲等⑤测算，我国森林生态系统服务的总价值为 11714×10^8 美元。张志强等计算了西部一些省区的生态足迹⑥。肖笃宁等对生态

①　John C. Woodwell, "A simulation model to illustrate feedbacks among resource consumption, production, and facts of production in ecological-economic system", *Ecological Modelling*, Vol. 112, No. 2, 1998.

②　陈德昌主编：《生态经济学》，上海科学技术文献出版社 2003 年版；王松霈：《生态经济学》，陕西人民教育出版社 2000 年版。

③　蓝盛芳、钦佩、陆宏芳：《生态经济系统能值分析》，化学工业出版社 2002 年版；隋春花、蓝盛芳：《广州城市生态系统能值分析研究》，《重庆环境科学》2001 年第 10 期；张耀军、成升魁、闵庆文等：《资源型城市生态经济系统的能值分析》，《长江流域资源与环境》2004 年第 3 期。

④　陈仲新、张新时：《中国生态系统效益的价值》，《科学通报》2000 年第 1 期。

⑤　蒋延玲、周广胜：《中国主要森林生态系统公益的评估》，《植物生态学》1999 年第 5 期。

⑥　张志强、徐中民：《中国西部 12 省（区市）的生态足迹》，《地理学报》2001 年第 5 期。

安全的基本概念和研究内容进行了综述①。任志远定量分析了陕北黄土高原生态安全的动态变化②。曲格平、彭盛华和胡鞍钢等也从生态环境安全的角度对生态经济系统进行分析③，认为人类正遭受着严重的环境安全、生物安全和生态系统安全的威胁，这种威胁和危害关系到当今人类的健康、生存与发展。延军平、刘彦随等人则对生态经济发展模式进行了实证研究④。

总体而言，在发展及应用方面，我国生态经济学有了很大提高。研究的空间层次、产业范围、内容、目的等都逐步扩展，但与国际上的研究相比，我国的生态经济学在理论与概念的创新，研究领域的拓展，研究方法和决策影响的评价等方面与西方国家都存在比较大的差距。

三　关于农业和农村可持续发展

可持续发展是人类的共识⑤，农业和农村的可持续发展是可持续发展的基础。1981 年，美国农业科学家莱斯特 R. 布朗在其出版的 *Building a Sustainable Society* 中⑥对 "可持续发展观" 进行了系统的阐述，从此奠定了农业可持续发展的理论基础。1984 年，戈登 G. 道格拉斯在其编辑出版的 *Agricultural Sustainability in a Changing World Order* 提出并分析了农业的可持续性⑦。1985 年，美国加州议会通过了《可持续农业教育法》中明确提出了 "可持续农业" 这一新的农业发展战略的模式。1987 年，世界环境与发展委员会（WCED）在促进全球性可持续农业发展方面发表了《2000 年粮食：转向可持续农业的全球政策》报告，1988 年联合国粮农

---

① 肖笃宁、陈文波：《论生态安全的基本概念和研究内容》，《应用生态学报》2002 年第 3 期。

② 任志远：《陕北黄土高原生态安全动态变化定量分析》，《干旱区地理》2005 年第 5 期。

③ 曲格平：《依法防治水土流失 确保长江流域生态安全》，《中国水土保持》2001 年第 9 期；彭盛华、翁立达、赵俊琳：《汉水流域水环境安全管理对策探讨》，《长江流域资源与环境》2001 年第 6 期；胡鞍钢、王亚华：《从生态赤字到生态建设：全球化条件下中国资源和环境政策》，《中国软科学》2000 年第 1 期。

④ 延军平、田祥利、宋保平：《黄土高原生态与经济互动发展实证研究》，《西北大学学报》（自然科学版）2008 年第 4 期；刘彦随、靳晓燕、胡业翠：《黄土丘陵沟壑区农村特色生态经济模式探讨——以陕西绥德县为例》，《自然资源学报》2006 年第 5 期。

⑤ WCED, *Our Common Future*, Oxford：Oxford University Press, 1987.

⑥ Lester R. Brown, *Building A Sustainable Society*, New York：W. W. Norton & Co, 1981.

⑦ Gordon K. Douglass, *Agricultural Sustainability in a Changing World Order*, Boulder, Colorado：Westview Press, 1984.

组织（FAO）发布了《可持续农业生产：对国际农业研究的要求》的文件，并于次年的第 25 届大会上通过了有关可持续农业发展活动的第 389 号决议。

随着可持续农业理论与实践的深入，无论是政府组织还是学者专家都越来越感到，现代经济社会系统的复杂性决定了农业并非农村发展的唯一问题，而农村各个方面又都与农业有着错综复杂的联系，仅研究农业内部的可持续发展就有很大的局限性。没有农业的可持续发展，农村的可持续发展就失去基础，而没有农村经济的全面发展，农业可持续发展就难以为继。在理论与实践上，农业与农村可持续发展应该结合起来。1991 年 4 月，联合国粮农组织（FAO）在荷兰召开国际农业与环境问题大会，通过了《关于可持续农业和农村发展的丹波斯宣言和行动纲领》，给予可持续农业完整的定义，提出了发展中国家"可持续农业与农村发展"（Sustainable Agriculture and Rural Development——SARD）新战略，把持续农业（SAD）和农村发展（SRD）结合在一起，而且发布了涉及面很广且具体措施明确的全球 SARD 基本框架[①]。1992 年 6 月，世界环境与发展委员会（WCED）在巴西召开的联合国"环境与发展"大会上通过的《21 世纪议程》，把农业与农村可持续发展作为可持续发展的根本保证和优先领域写入了议程的第 14 章，充分体现了当今农业可持续发展新思想的全球共识和最高级别的政治承诺，从而使农业可持续发展思想逐步转向世界各国的实践[②]。我国政府认识到农业与农村可持续发展问题在我国的特殊性，在《中国 21 世纪议程》将农业与农村的可持续发展确定为中国可持续发展的根本保证和优先领域[③]。

农业与农村可持续发展涉及生态持续性、社会持续性和经济持续性三

---

① FAO, *Den Burg Manifesto and Agenda on Sustainable Agriculture and Rural Development*, Netherlands：Congress of Agriculture and Envirornnent Den Burg, 1991.

② 黄秉维、陈传康、蔡运龙等：《区域持续发展的理论基础——陆地科学系统》，《地理学报》1996 年第 5 期；卢良恕：《中国农业加入 WTO 的基础与挑战》，《中国软科学》2000 年第 11 期；刘彦随、吴传钧、鲁奇：《21 世纪中国农业与农村可持续发展方向和策略》，《地理科学》2002 年第 4 期；陈厚基：《持续农业和农村发展——SARD 的理论与实践》，中国农业科技出版社 1994 年版；刘巽浩、高旺盛：《中国农业、农村持续发展与科技对策》，《资源科学》1996 年第 1 期；蔡运龙：《农业与农村可持续发展的地理学研究》，《地球科学进展》1999 年第 6 期；吴传钧：《中国农业与农村经济可持续发展问题》，中国环境科学出版社 2001 年版。

③ 国家计委、国家科委：《中国 21 世纪议程——中国 21 世纪人口·环境与发展白皮书》，中国环境科学出版社 1994 年版。

个方面①，由于各国农业资源状况和发展水平不同，农村经济、社会形态各异，不同发展水平的国家在对可持续农业的认识上及其发展模式选择上存在较大的差异②。对发达国家而言，由于农业已经实现了现代化，农业生产力水平已相当高，农业已不仅仅是为了满足生存的需要，且更重视食物生产的营养和安全性等领域，所以，这些国家可持续农业的实施目标侧重于农业资源、生态和环境的保护，是一种农业现代化后的持续发展③。如美国以生态环境保护为主要目标的"低投入持续农业（LISA）和高效率持续农业（HESA)"④，日本以合理利用资源和保护环境为重点的"环境保全型农业"⑤，而对于大多数发展中国家，由于农业生产力尚处于较低水平，农业生产从数量上还不能完全满足人民的需要，农业首要的任务是发展。因而，这些国家可持续农业的实施重点是发展农业生产力，追求农业和农村经济发展的可持续性，在此基础上兼顾农业生态和环境的保护，是一种农业现代化进程中以发展生产为主要目标的持续农业⑥。

我国幅员辽阔，环境问题突出、农业技术落后、生产力水平低，区域自然与经济条件差异显著，农业与农村社会经济系统在国民经济中占有特殊的地位，对不同地区农业与农村可持续发展进行系统研究具有十分重要的理论和实践意义⑦。结合我国实际，我国学者对农业可持续发展模式进行了卓有成效的探索，提出了"中国生态农业""集约持续农业"等具有

---

①　刘彦随、吴传钧、鲁奇：《21 世纪中国农业与农村可持续发展方向和策略》，《地理科学》2002 年第 4 期；陈厚基：《持续农业和农村发展——SARD 的理论与实践》，中国农业科技出版社 1994 年版；刘巽浩、高旺盛：《中国农业、农村持续发展与科技对策》，《资源科学》1996年第 1 期；蔡运龙：《农业与农村可持续发展的地理学研究》，《地球科学进展》1999 年第 6 期；吴传钧：《中国农业与农村经济可持续发展问题》，中国环境科学出版社 2001 年版；国家计委、国家科委：《中国 21 世纪议程——中国 21 世纪人口·环境与发展白皮书》，中国环境科学出版社1994 年版。

②　吴传钧：《中国农业与农村经济可持续发展问题》，中国环境科学出版社 2001 年版；卢良恕：《论中国现代集约持续农业》，《中国软科学》1995 年第 10 期。

③　刘彦随、吴传钧：《农业可持续发展研究进展及其理论》，《经济地理》2000 年第 1 期。

④　NRC U. S. ，*Alternative Agriculture*，Washington D. C. ：National Academy Press. 1989.

⑤　李春慧：《持续农业研究的国际动向》，《世界农业》1996 年第 6 期。

⑥　刘彦随、吴传钧：《农业可持续发展研究进展及其理论》，《经济地理》2000 年第 1 期。

⑦　曾尊固、熊宁、沈思保：《 较发达地区农业产业化地域模式研究》，《地理研究》2000年第 2 期。

中国特色的农业可持续发展道路 [1][2]，其中生态农业模式从 1981 年提出，
经过近 20 年的实践示范与不断完善，如今已发展成为中国可持续农业的
典型模式[3]。

不同区域由于资源和社会背景等条件的差异，农业发展模式各异。我
国幅员辽阔，资源环境条件复杂多样，社会经济发展很不平衡，形成了丰
富多彩的农业发展模式。对区域农业发展模式的研究是农业研究中比较活
跃的领域。刘德纶、牟子平等分别对郊区、山地等不同地貌类型的农业生
态系统模式进行了研究[4]。韩文健以海南省的资源优势和制约因素为依
据，因地制宜，设计出了行之有效、独具特色的热带生态农业发展模
式[5]。王玲玲等根据重庆市三峡库区人多地少、资源缺乏、生态系统脆
弱、环境污染严重等资源环境特点，构建了以林为主，农、牧、渔复合经
营的"生态复合食物链模式"，建立了适合该区域特征的可持续发展新型
山地生态农业模式[6]。该模式合理和有效地利用光、热、气、土以及动
物、植物、微生物等环境资源和条件，能够减轻三峡库区因人多地少、资
源短缺所造成的供需矛盾压力，提高环境人口容量，为库区社会经济可持
续发展找到了有效途径。张壬午等则立足县域经济发展[7]，对县域层次的

① Liu Yansui, Wu Chuanjun, "Sustainable Agricultural Progress and Tasks in Recent Studies in China", *The Journal of Chinese Geography*, Vol.9, No.3, 1999.

② 朱新民、朱斌：《可持续发展的农业与农村现代化》，《农业现代化研究》1998 年第 4 期；刘巽浩：《集约持续农业——中国与发展中国家的重要抉择》，《农业现代化研究》1993 年第 5 期；王克林：《我国农业高新技术产业化的若干策略问题》，《中国科学院院刊》1998 年第 6 期。Wang Qinming, "Sustainable Agriculture in China's Agenda 21. Reports of the Sustainable Agriculture Working Group (SAWG) (eds.). *Challenges and Opportunities for Sustainable agriculture in China*", China Environment Science Press, 1998.

③ Wang Qinming, "Sustainable Agriculture in China's Agenda 21. Reports of the Sustainable Agriculture Working Group (SAWG) (eds.). *Challenges and Opportunities for Sustainable agriculture in China*", China Environment Science Press, 1998.

④ 刘德纶：《京郊农业产业化经营模式的选择》，《中国农村经济》1998 年第 6 期。牟子平、雷红梅、骆世明、蔡昆争：《梅县小庄园模式能流分析及综合效益评价》，《山地学报》1999 年第 2 期。

⑤ 韩文健：《海南热带生态农业模式及其发展前景》，《热带林业》1997 年第 3 期。

⑥ 王玲玲、何丙辉、龚清朝、田绍斌、费红：《三峡库区砾石坡耕地农林复合经营效益研究》，《水土保持学报》2002 年第 2 期。

⑦ 曾尊固、熊宁、沈思保：《较发达地区农业产业化地域模式研究》，《地理研究》2000 年第 2 期；张壬午、计文瑛、张彤等：《我国农业可持续发展技术体系的特征与构成分析》，《农业现代化研究》1995 年第 3 期；段德云：《山区集雨种草圈养畜禽高效生态农业模式及综合配套技术》，《农业科技通讯》2002 年第 1 期。

农业发展模式进行了有效的研究。王贵宸等从产业结构、资金结构、所有制结构、市场结构、经济运行方式及其机制等方面来研究我国农村经济发展模式①，并将其分为城郊工业带动型农村经济发展模式、外资开拓型农村经济发展模式、市场先导型农村经济发展模式、县域经济协调型农村发展模式和组织启动型农村发展模式等。刘彦随根据沿海地区农村发展特点，提出四类农业发展模式②。罗守贵等通过对乡镇工业发达、人地矛盾突出的苏南地区可持续农业与农村发展实践的深入研究③，概括出三个区域亚模式，并在对三个亚模式抽象的基础上，概括出苏南可持续农业与农村发展的总体模式，即"高效集约可持续农业与农村经济发展"模式。蒋和平根据我国不同区域经济发展和生产力水平，从理论和实践上，总结了不同区域利用高新技术改造传统农业的六种运行模式④。

在农业可持续发展评价的研究方面，研究内容涉及评价目标、评价方法、评价指标体系、评价模型等，研究对象为县、市、省（自治区）等不同区域。段红霞在分析资源、环境、经济三大县域农业可持续发展基本支持要素的基础上⑤，建立了简单量化三大要素对可持续发展支持能力的评价模型，用环境指数、资源指数、经济指数来测量它们对可持续发展的影响，评价县域农业可持续发展的综合水平，并应用评价模型分析大足县生态农业可持续发展状况。徐梦洁从区域系统构成出发⑥，提出区域农业可持续发展的五项基本内容，即食物安全保障度、经济发展、环境保护与治理、人口控制与发展以及社会进步，并以五项基本内容为基础，构建了区域农业可持续发展的评价指标体系。周海林、姜文来等也运用多种方法

　　① 王贵宸、张留征：《农村经济发展模式比较研究》，经济管理出版社 1992 年版。谢自奋、凌耀初：《中国县域经济发展的理论与实践》，上海社会科学院出版社 1996 年版。

　　② 刘彦随：《市场经济条件下沿海农业可持续发展模式探讨》，《人文地理》1997 年第 4 期。

　　③ 罗守贵、曾尊固、王伟伦：《苏南地区可持续农业与农村发展模式探索》，《地理研究》2001 年第 2 期。

　　④ 蒋和平：《高新技术改造传统农业的运行模式》，《农业现代化研究》2002 年第 4 期。

　　⑤ 段红霞、王华东：《县域农业可持续发展评价方法探讨》，《北京师范大学学报》（自然科学版）1996 年第 4 期。

　　⑥ 徐梦洁、赵其国：《区域农业可持续发展研究》，《资源开发与市场》1999 年第 4 期。

对不同区域农业可持续发展进行了评价①。

第三节　研究的理论基础

一　农业区位理论

区位选择与区域经济发展是西方区域经济理论的两大主题，最早可以追溯到 19 世纪初，德国经济学家杜能（Thunen，1826）从区域地租出发探索因地价不同而引起的农业分带现象，创立了农业区位理论②，奠定了区域经济理论的学科基础。19 世纪初，德国普鲁士进行了农业制度改革，取缔了所有依附于土地所有者的隶属关系，所有的国民都可拥有动产，并可自由分割及买卖。由于土地的自由买卖关系，在这一时期出现了大量独立的农业企业家和农业劳动者，并产生了农业企业式经营，杜能试图研究和解答企业型农业建立时代的合理农业生产方式。他从一个假想空间（孤立国）出发，以城市（市场）为中心，采用单因子"孤立化"的分析方法，只考察在一个均质的假想空间里，农业生产方式的配置与城市距离的关系。根据其提出的七大假设，给出了一般地租收入公式：

$$R = PQ - CQ - KtQ = (P - C - Kt) Q$$

R 地租收入，P 农产品的市场价格，C 农产品的单位生产费用，Q 农产品的生产量（等同于销售量），K 距城市（市场）的距离，t 农产品的运费率。因地租收入 R 对同样的作物而言，P、C 不变，R 随距市场距离增加而减少，地租收入公式可变形为：

$$r = \alpha - Kt, \quad (r = R/Q \text{ 为地租率}, \alpha = (P - C) \text{ 为常数})$$

当地租收入为零时，即使耕作技术可能，经济上也不合理，而成为某种作物的耕作极限，两种作物分布圈的实际界限取决于在同一地点种植不同作物的比较利益。在市场（运费为零）点的地租收入和耕作极限连接

---

① 周海林：《可持续发展评价指标（体系）及其确定方法的探讨》，《中国环境科学》1999年第 4 期；姜文来、罗其友：《区域农业资源可持续利用系统评价模型》，《经济地理》2000 年第 3 期；吴国庆：《区域农业可持续发展的生态安全及其评价研究》，《自然资源学报》2001 年第 3 期；赵莹雪：《山区县域农业可持续发展综合评价研究——以五华县为例》，《地理科学》2003 年第 2 期。

② ［德］约翰·冯·杜能：《孤立国同农业和国民经济的关系》，吴衡康译，商务印书馆1986 年版。

的曲线被称为地租曲线，每种作物的地租曲线，其斜率大小由运费率所决定。对所有农业生产方式的土地利用进行计算，得出各种方式地租曲线的高度及斜率。因农场主选择最大地租收入的农作物进行生产，从而形成了以城市为中心的农业土地利用的杜能圈结构。

杜能的农业区位理论不仅阐明了市场距离对于农业生产集约程度和土地利用类型的影响，更重要的是它首次确立了对于农业地理学和农业经济学都很重要的两个基本范畴：土地利用方式（或农业类型）的区位存在着客观规律性和优势区位的相对性。该理论抓住了问题的本质，可以用来解释许多现实的土地利用问题，在其以后一百多年里，有一大批农业经济学家先后多次论证、应用和修订杜能的农业区位学说。

二　比较优势理论与要素禀赋理论

从理论上分析，农业结构调整所依赖的主要是比较优势理论和要素禀赋理论[①]。比较优势理论又称比较成本学说[②]，是大卫·李嘉图在亚当·斯密绝对优势理论的基础上提出来的一种对外贸易理论[③]。比较优势理论认为：一国集中生产那些国内生产成本较国外最低的产品来出口，以换取那些虽比国外生产成本低但在国内并非成本最低的产品进口最为有利。在承认比较利益的基础上，瑞典经济学家伊莱·赫克歇尔和伯蒂尔·奥林从各国间生产要素禀赋有不同程度的差异角度提出了对比较利益理论的另一种说法，称为要素享赋理论[④]。其基本含义是：一国将出口较密集地使用其富裕的生产要素的产品，进口较密集地使用其稀缺的生产要素的产品。比较利益理论和要素禀赋理论同样适用于农业结构调整。由于国内各区域之间和各国之间客观上存在着农业生产所依赖的农业自然资源和社会经济资源的差异性，存在着农产品的生产成本上的差异性，因而也就存在着用比较利益理论和要素享赋理论指导农业生产和结构调整的合理性和

---

① ［英］大卫·李嘉图：《政治经济学及赋税原理》，周洁译，华夏出版社2005年版；高鸿业：《西方经济学》，中国人民大学出版社2011年版；吴易风、刘凤良、吴汉洪：《西方经济学》，中国人民大学出版社1999年版；陶文达：《发展经济学》，四川人民出版社1992年版。

② ［英］大卫·李嘉图：《政治经济学及赋税原理》，周洁译，华夏出版社2005年版。

③ ［英］亚当·斯密《国民财富的性质和原因的研究》，郭大力、王亚南译，商务印书馆2008年版。

④ 高鸿业：《西方经济学》，中国人民大学出版社2011年版；吴易风、刘凤良、吴汉洪：《西方经济学》，中国人民大学出版社1999年版。

必要性。

三　生态经济理论

从 20 世纪 60 年代起，发达国家不断加剧的生态退化和环境污染问题，使生态经济学的概念和可持续发展的思想应运而生。20 世纪 60 年代后期，美国经济学家 Kenneth Boulding 在他的一篇重要论文《一门科学：生态经济学》中正式提出了"生态经济学"的概念。从此，关于生态经济的研究在全球范围内迅速展开。生态经济学的概念被提出以后，它作为一个新兴领域开始逐渐成为研究的热点，Robert Costanza 给出的定义：生态经济学是一门由最广泛的领域阐述经济系统和生态系统之间关系的学科，重点在于探讨人类社会的经济行为与其所引起的资源和环境嬗变之间的关系，是一门由生态学和经济学相互渗透、有机结合形成的具有边缘性质的学科。生态经济学所关心的问题是当前世界面临的一系列最紧迫问题[1]，如可持续性、酸雨、全球变暖和物种灭绝等。

生态经济就是在经济和环境协调发展思想指导下，按照生态学原理、市场经济理论和系统工程方法，运用现代科学技术，形成生态上和经济上的两个良性循环，实现经济、社会、资源环境协调发展的现代经济体系。其本质就是把经济发展建立在生态可承受的基础上，在保证自然再生产的前提下扩大经济的再生产，形成产业结构优化，经济布局合理，资源更新和环境承载能力不断提高，经济实力不断增强，集约、高效、持续、健康的社会－经济－自然生态系统，其组成要素包括四个方面。一是人口要素。这是构成生产力要素和体现经济关系与社会关系的生命实体，属于主体地位。二是环境要素。包括除人以外的，包含各种有生命和无生命物质的空间。三是资源要素。包括自然资源、经济资源和社会资源。四是科技要素。这四个要素的合理配置和组合，最终达到经济社会的可持续发展。

生态经济作为一种实现可持续发展的经济类型，其内涵应该包括 3 个方面：生态经济作为一种新型的经济类型，首先应该保证经济增长可持续性；经济增长应该在生态系统的承载力范围内，即保证生态环境的可持续性；生态系统和经济系统之间通过物质、能量和信息的流动，转化而构成一个生态经济复合系统，生态经济学正是从这一复合系统的角度来研究和

---

① ［美］莱斯特·R. 布朗：《生态经济：有利于地球的构想》，林自新等译，东方出版社 2002 年版。

解决当前的生态经济问题。

四　公共物品理论

1950 年，新古典经济学家萨缪尔森最先提出公共物品的定义并解决了一些相关的核心问题。微观经济学认为公共物品是相对于私人物品而言的，私人物品是指在普通市场上常见的物品，它具有两个鲜明的特点：第一是排他性，即只有对商品支付价格的人才能够使用该商品；第二是竞用性，即如果某人已经使用了某个商品，则其他人就不能再同时使用该商品。只有在同时具备排他性和竞用性的私人物品的情况下，市场机制才真正起作用、才有效率。通常来说，经济学将既不具有排他性也不具有竞用性的物品称为公共物品。但事实上，部分商品只具备其中的一个特点，一般将具有非排他性但却具有竞用性的物品称为公共资源①。在市场经济条件下，市场主体肆意开发、利用甚至破坏公共资源，污染生态环境，造成公共物品的损害，生态补偿机制正是为解决这样的问题而产生。目前，我国实施的退耕还林（草）工程中对退耕农户的经济补偿就是政府为保护生态环境、解决其公共物品性而采取的一项行之有效的政策措施。

五　可持续发展理论

20 世纪 60 年代以来，随着人类社会人口的增长、经济的发展和需求的扩张，资源破坏和环境污染问题日益突出，人们开始重新审视人类社会的经济发展，提出了可持续发展观点。1978 年，国际环境与发展委员会首次在文件中使用可持续发展概念，并将其定义为：在不牺牲未来几代人需要的情况下，满足我们这代人的需要。1987 年，布伦特兰等人在《我们共同的未来》中将可持续发展表述为：既满足当代人的需要，又不致损害子孙后代满足其需要之能力的发展②。1992 年 6 月，联合国又在巴西里约热内卢召开了"环境与发展大会"，明确把人类社会发展与资源环境保护利用相联系，可持续发展观点开始被国际社会普遍接受。

可持续发展是人类的共识，农业和农村的可持续发展是可持续发展的基础。随着可持续农业理论与实践的深入，无论是政府组织还是学者专家都越来越感到现代经济社会系统的复杂性，决定了农业并非农村发展的唯

---

① 高鸿业：《西方经济学》，中国人民大学出版社 2011 年版。

② WCED, *Our Common Future*, Oxford：Oxford University Press, 1987.

一问题，而农村各个方面又都与农业有着错综复杂的联系，仅研究农业内部的可持续发展有很大局限性。没有农业的可持续发展，农村的可持续发展就失去基础，而没有农村经济的全面发展，农业可持续发展就难以为继。在理论与实践上，农业与农村可持续发展应该结合起来。我国政府认识到农业与农村可持续发展问题在我国的特殊性，在《中国 21 世纪议程》将农业与农村的可持续发展确定为中国可持续发展的根本保证和优先领域。

六　制度经济学理论

制度是人类社会的基本社会行为规范之一，与人类的社会发展相关，是一个社会的游戏规则，更规范地说，它们是为决定人们的相互关系而人为设定的一些制约。制度构造了人们在政治、社会或经济方面发生交换的激励结构。就其本质而言，制度无非就是人们在社会政治、经济和思想文化生活中所遵循的规则与习惯的总和。具体地说，制度可以分为两个层次，第一个层次可称之为立宪秩序，是一个社会赖以建立并显示其特征的基本准则和要素，它涉及文化、意识形态、基本政治经济体制等诸方面；第二个层次则是具体的政治、市场制度安排，如选举制度、产权制度、生产制度、交易制度等，它既是社会、政治、经济和思想文化生活运行的载体，也是立宪秩序借以体现自身的载体①。制度是为经济服务的，它通过建立一个人们相互作用的稳定结构来减少不确定性，它确定和限制了人们的选择集合。人类社会的发展过程是专业化与分工不断深化的过程，专业化和分工是知识积累进而是经济发展、收益递增的重要的源泉，而专业化与分工的深化，意味着复杂的、具有高度不确定性的非人际交换的不断增加，人们为交易的收益而付出的费用也必然大大增加。制度由于其安全和经济功能，它通过对交易成本以及相关的生产成本的影响而决定经济发展的绩效②，经济增长就是在制度结构的持续变迁之中实现的。

农业、农村可持续发展是一个渐进的、长期的过程，要从传统的、可持续能力较弱的发展模式走向可持续发展道路，取决于众多因素的相互作用与配合。其中，制度及其创新无疑是诸因素中最为特殊也最为根本的决

①　郭熙保、黄敬斌：《制度分析与发展经济学的重构》，《财经科学》1999 年第 2 期。
②　［美］道格拉斯·C. 诺斯：《制度、制度变迁与经济绩效》，刘守英译，上海三联书店1994 年版。

定因素。退耕还林（草）区域多为我国经济发展水平落后的地区，当地农业农村经济多处于从传统农业向现代农业转型的过程中，退耕还林（草）工程的实施又加快了这一进程。在农村转型发展中，农业产业化、农村工业化、农村城镇化等进程相互交织在一起，原有的制度安排以及制度结构已无法解决发展中出现的新问题，农村社会经济发展实践对制度及其变迁提出了更多的需求，增加了有效制度安排的稀缺性。基于此，退耕区农业农村发展的制度创新对于推进该区农业农村经济的转型与可持续发展就尤为重要。

第四节　研究内容与研究资料

一　研究内容

（1）分析了延安市退耕还林（草）工程建设规模、时空分布特点，揭示了工程建设面临的主要问题，提出了退耕还林（草）工程建设的保障机制；

（2）从农村经济发展的角度，评价分析了延安市退耕还林（草）工程对区域经济发展的影响，揭示了退耕还林（草）工程对农村经济发展的影响机理；

（3）选用层次分析法对退耕还林（草）背景下延安市农村经济可持续发展态势进行评价，探讨了延安市农村经济发展的影响因素；

（4）运用主成分分析法和聚类分析法对延安市农村生态经济进行区划研究；

（5）探讨了延安市农村生态经济发展模及运行机制；

（6）通过对延安市农村经济发展态势的实证研究，结合对甘肃、宁夏、山西部分退耕区农户的入户问卷调查情况，提出了黄土高原退耕区农村经济发展的相关机制及对策建议。

本书研究内容结构如图 1 - 1 所示：

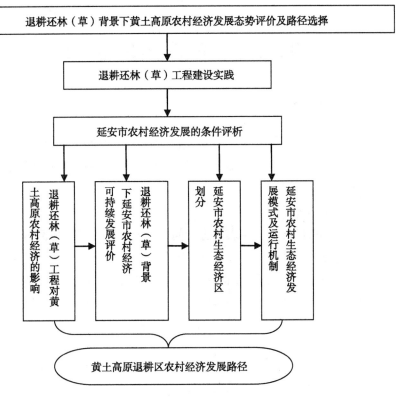

图 1-1 研究内容

二 研究资料

本书在撰写中所用的研究资料包括：

（1）相关统计资料及发展规划

该类资料有陕西省"十一五"规划基本思路、延安市国民经济和社会发展"十一五"规划、延安市县（区）气象资料、延安市水资源年报、中国统计年鉴、甘肃统计年鉴、宁夏统计年鉴、山西统计年鉴、陕西统计年鉴、延安统计年鉴、陕西省土地利用现状数据集等。

（2）实地调查资料

包括赴延安、榆林、甘肃、宁夏、山西实地考察时，所获取的各类相关资料、入户问卷调查表、入户访查的资料等。

（3）文献资料

包括与本研究相关的各类学术论文、学术著作，以及部分历史文献资料。

第五节　研究方法与技术路线

一　研究方法

综合采用实地调研与多学科综合会诊的方法对研究区进行归纳分析评价，理论研究与实证研究相结合，采用定性与定量相结合的方法对退耕区农村经济进行评价研究。

（1）实地考察

通过实地随机选取退耕农户进行问卷访查，获得书稿研究分析所需的第一手研究资料。本书相关成员与陕西师范大学旅环院、商学院部分研究生在延安市委党校有关教师的协作下于 2010 年 10 月上中旬到延安市宝塔、吴起、安塞、甘泉等 9 个县区（图 1-2），以及榆林市清涧县进行实地入户问卷访查，投放问卷 810 份，其中吴起 150 份，洛川、清涧各 50 份，其余县区各 80 份，收回问卷 784 份，问卷回收率 96.79%，筛选出有效问卷 708 份，问卷有效率 90.31%。2011 年 1—2 月寒假期间通过西北师范大学地理与环境科学学院的研究生和陕西师范大学本科生的帮助笔者完成了对甘肃（秦安、庄浪、泾川、环县、镇原、静宁、会宁）、宁夏（同心、彭阳）退耕农户的问卷调查，并由太原师范学院城市与旅游学院部分研究生协作完成了对山西（临县、柳林、静乐、吕梁）退耕农户的入户问卷调查，三省区共发放问卷 290 份，收回问卷 228 份，回收率 78.62%，有效问卷 213 份，有效率 93.42%。课题组两次共计发放问卷 1100 份，回收问卷 1012 份，回收率 92%，有效问卷 921 份，有效率 91.01%。农户入户调查问卷内容涉及退耕农户个人及其家庭基本情况，退耕农户对退耕还林（草）工程及其相关政策的态度取向，退耕农户土地流转意愿，退耕区农村产业发展等方面（见附件 1）。问卷完成，收回集中，筛选有效问卷，采用描述性统计分析方法对有效问卷描述性特征进行统计分析。

（2）定量分析方法

根据获取的相关数据资料，通过对数据的分析，对延安市农村经济结构调整效应进行回归分析；利用已有的数学模型对延安市粮食生产、粮食

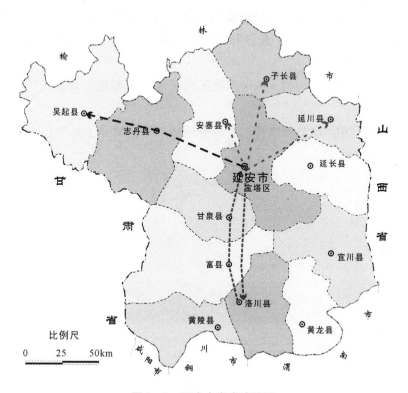

图 1-2　延安市考察路线图

安全问题进行评估；利用层次分析法（AHP）进行了延安市农村经济可持续发展评价；运用主成分分析法和聚类分析法对延安市农村生态经济进行区划研究。

二　研究的技术路线

多学科综合研究→确定研究内容→资料收集与实地调研→资料汇总、分析→理论研究与实证分析结合→黄土高原退耕还林（草）实践→延安市农村经济发展条件分析→退耕还林（草）工程对延安市农村经济的影响→退耕还林（草）背景下延安市农村经济可持续发展评价→延安市农村生态经济模式及运行机制→黄土高原退耕区农村经济发展路径。

第六节　本书的独特之处

本书的独特之处体现在：

（1）在理论层面上，提出基于退耕地流转的生态养老制度，及建立以碳汇交易为基础的生态建设补偿机制，构建了黄土高原退耕区农村经济发展的理论框架；

（2）以延安市为例，探讨退耕还林（草）工程建设对农村经济的影响机理；

（3）利用层次分析法评估了退耕还林（草）背景下延安市农村经济可持续发展程度。

第二章 黄土高原退耕还林（草）工程建设实践

　　退耕还林（草）工程是新中国成立以来我国生态建设中的大事件。退耕还林工程将生态建设和农村经济发展、农民长远生计相结合，自1999年实施至今，已取得了显著成效，为保障国家生态安全、全面推进我国经济社会可持续发展奠定了良好基础。截至2009年底，退耕还林工程共完成退耕地造林 $926.67 \times 10^4 hm^2$，荒山荒地造林和封山育林 $1840 \times 10^4 hm^2$，累计造林 $2766.67 \times 10^4 hm^2$。中央累计投入 2332×10^8 元，工程覆盖25个省（区、市）和新疆生产建设兵团的2279个县，涉及 3200×10^4 农户、1.24×10^8 农民，人均获得中央财政补助约2000元。

　　黄土高原属于退耕还林（草）的核心区域，大部分位于我国农业生态环境最为脆弱的半干旱气候区——农牧业交错地带，水土流失严重，农村贫困面积大，多数严重流失区属于老、少、边、穷地区。通过实施退耕还林（草）工程，该地区的植被覆盖度得到了显著提升，水土流失得到了有效控制，群众生活有了明显改善。2011年3月14日，第十一届全国人大第四次会议通过了《国民经济和社会发展第十二个五年规划纲要》，其中明确提出，"十二五"期间要巩固和扩大退耕还林成果，在重点生态脆弱区和重要生态区位继续实施退耕还林还草，重点治理坡度25°以上的坡耕地。其中，黄土高原水土流失区是工程重点建设的区域之一，充分表明了黄土高原退耕还林工作的长期性和重要性。2012年11月，党的十八大报告将生态文明建设作为我国社会主义事业总体布局的重要部分，明确指出要加大自然生态系统和环境保护力度，要实施重大生态修复工程，增强生态产品生产能力，进一步突显我国退耕还林工作在美丽中国建设中的地位。

第一节　黄土高原概况

一　自然概况

黄土高原位于中国中部偏北，介于北纬 32°—41°，东经 107°—114° 之间，地处黄河上中游和海河上游地区，是我国四大高原之一，东起太行山，西至青海日月山，南靠秦岭，北抵阴山，包括山西省、宁夏回族自治区全部，陕西省的陕北和关中地区，甘肃省的陇中和陇东地区，内蒙古自治区西南部，河南省的西北部以及青海省的东部地区，共有 341 个县（市）[①]。黄土高原地区总面积 $64.87 \times 10^4 km^2$，占全国土地总面积的 6.76%，占世界黄土分布面积的 70%，为世界上最大的黄土堆积区。黄土高原地区总的地势是西北高，东南低，由一系列的山岭和盆地构成，地貌类型有丘陵、高塬、阶地、平原、沙漠、干旱草原、高地草原、土石山地等，其中山区、丘陵区、高塬区占黄土高原总面积的 2/3 以上。黄土高原水土流失严重，年平均土壤侵蚀模数为 $5000t/km^2$，在丘陵沟壑区，高达 $3 \times 10^4 t/km^2$，水土流失面积 $47.2 \times 10^4 km^2$，占总面积的 72.77%，年均输入黄河的泥沙达 $16 \times 10^8 t$。在黄土高原地区每年流入黄河的泥沙中，约有 $4 \times 10^8 t$ 淤积在下游河道。为了减轻黄河下游河床淤积，平均每年需用 $150 \times 10^8 m^3$ 左右的水量冲沙入海，使本已紧缺的黄河水资源更趋紧张[②]。

黄土高原地区属大陆性季风气候，是我国东西部之间半湿润区向半干旱区过渡地带，冬春季寒冷干燥多风沙，夏秋季炎热多暴雨，全年 ≥10℃ 的积温 2300℃—4500℃，无霜期 120—250d，日照时数 1900—3200h，均高于同纬度的华北平原，是我国光热资源丰富的地区之一。黄土高原地区年降水量少，年降水量为 300—600mm，降水时空分布不均。汛期降雨量占年降水量的 70%—80%，且以暴雨形式为主，可利用的降水不足其中的 30%；降水年变率大，丰水年和干旱年降水量相差 2—5 倍，"十年九旱"，干旱发生概率高，农业生产靠天吃饭。在降水的空间地域分布上，

① 中国科学院黄土高原综合科学考察队：《黄土高原地区环境治理与资源开发研究》，中国环境科学出版社 1995 年版。

② 同上。

黄土高原地区降水量呈现由东南向西北递减的趋势，东南部自沁河与汾河的分水岭沿渭河干流，到洮河、大夏河，过积石山至吉迈一线以南，为年降水量≥600mm的半湿润气候区；中部黄土丘陵沟壑地区，年降水量400—600mm，属于半湿润半干旱气候区；西北部地区，年降水量150—250mm，为半干旱地区。

由于气候的地带性差异，黄土高原地区天然植被也呈现出自东南向西北的水平地带性分布，并形成不同的植被组合类型，依次为为森林（年降水量≥500mm）、森林草原（年降水量500—400mm）、草原（年降水量≤500mm）三个植被带。由于黄土高原地区大部分处于水分补偿失调和土壤强烈干旱区，天然植被主要是以旱生的草本、半灌木和灌木植物为主的植被类型。

黄土高原地区河流年径流总量为 $580 \times 10^8 m^3$，其中年径流量超过 $30 \times 10^8 m^3$ 的河流有渭河、洮河、湟水、伊洛河。黄土高原千沟万壑，且80%以上是干沟，常在暴雨期间形成山洪。黄土高原径流量小，水资源短缺，人均河川地表径流水量（不含过境水）仅相当于全国平均水平的1/5，耕地亩均径流量不足全国平均水平的1/8，是全国水资源贫乏的地区。从人均水资源分布而言，宁夏和山西最少，人均只有200—400m^3。宁夏黄河基本贯穿全境，北部地势相对平坦引水比较方便，有利于当地农业生产，宁南山区干旱缺水；山西黄河流经西部和南部边界，但受吕梁山脉的阻隔，引水困难，缺水比较严重；甘肃定西地区、陇东黄土高原区、渭北旱塬和陕北黄土丘陵区缺水也属严重缺水地区。

二　社会经济发展状况

黄土高原地区曾长期是我国政治、经济、文化的中心地区，同时，又是我国多民族交会地带，是陕甘宁边区所在地，经济发展长期滞后，农村贫困面集中连片。在2001年国务院批准的新时期国家扶贫开发工作592个重点县中，黄土高原地区占到115个。目前，黄土高原地区总人口 1.08×10^8 人，农业人口 7333×10^4 人，占总人口70%以上。2008年国民总收入 1.85×10^{12} 元，农民人均纯收入3196元。人口密度为167人/ km^2，为同期全国平均水平的122.9%。

黄土高原地区土地总面积 $64.87 \times 10^4 km^2$，其中耕地面积 $14.58 \times 10^4 km^2$，占土地总面积的22.48%；园地面积 $1.22 \times 10^4 km^2$，占土地总面

积的 1.88%；林地面积 16.67 万 ×10^4km^2，占土地总面积的 25.69%；牧草地面积 16.50 ×10^4km^2，占土地总面积的 25.44%；未利用土地面积 11.07 ×10^4km^2，占土地总面积的 17.07%；其他土地面积 4.83 ×10^4km^2，占土地总面积的 7.44%。水土流失和以干旱、风沙为主的自然灾害频繁，威胁和制约着该区农村经济的可持续发展。

黄土高原地区煤炭、电力、石油和天然气等能源资源丰富，铅、锌、铝、铜、钼、钨、金等矿产资源、稀土资源蕴藏量大，为区域工业经济的发展奠定了基础。以煤炭、石油、天然气资源开采为代表的能源化工业是黄土高原地区突出优势。

黄土高原地区光照资源丰富，昼夜温差大，有利于干物质和糖分的积累，农作物产品品质优良，是世界上温带水果的优生区，以苹果为主的果业生产是当地农民的主要收入来源。退耕还林以来，通过分区域综合治理，昔日水土流失严重而失去生态平衡的黄土高原已成为中国重要的无公害农产品生产基地。黄土高原地区林果业、草畜产业、特色种植业发展快，苹果、梨、红枣、核桃、花椒、小杂粮、马铃薯、中药材等成了当地特色产业，成为我国苹果、优质梨、优质枣、马铃薯等的集中产区和主要的中药材种植区。如宁夏彭阳县、原州区等地的杏产业，六盘山外围阴湿地区的隆德等县柴胡、板蓝根等中药材生产基地，洛川苹果，晋陕黄河流域的红枣产业等的发展壮大，就地转移了大量农村富余劳动力。

第二节　黄土高原地区退耕还林（草）工程建设的意义

一　退耕还林（草）工程建设推进了农村经济结构调整

退耕还林（草）实际就是在改善生态环境的基础上顺应市场经济规律，提高土地利用率，建设高产稳产农田，促进龙头企业的兴起，发展主导产业和支柱产业，促进地区经济发展。退耕还林（草）工程扩大了退耕区林草种植面积，直接推动了当地林业畜牧业的发展，调整了农业产业结构，优化了农村经济结构[①]。在农林牧三元结构比例重新调整中，退耕

---

① 黄东、李保玉、于百川、姜喜麟：《2008 年退耕还林工程县社会经济效益监测报告》，《林业经济》2009 年第 9 期。

区加大农业科学技术推广力度，发展生态农业，加快草畜转化，农业综合效益得以提升，增强了农村经济发展后劲，农民生活质量和生活水平不断提高，全面推进了农村脱贫致富奔小康步伐。退耕还林（草）工程的实施，为农业结构调整带来了新的机遇，要遵循自然规律和经济规律，加快农业产业结构调整的步伐，实现产业结构优化配置，同时退耕还林（草）是顺应自然规律，优化大农业内部结构的必然选择，也是变革传统农业经营方式的前提条件。

在黄土高原退耕区，退耕农户利用补助资金投入果品草畜产业开发，促进产业持续发展，形成新的经济增长点。如地处黄土高原沟壑区的甘肃省泾川县，1999 年开始实施退耕还林（草）工程建设以来，减少了水土流失严重的坡耕地面积，退耕农户把更多的精力投入到精耕细作和增加复种上，有效提高粮食单产，粮食生产稳定供给得到有效保障。同时，退耕还林（草）工程建设带动了果品等产业的发展，形成新的农村经济发展优势。一是带动果品产业发展。在营造生态林的同时，大力发展苹果、梨等果树及核桃、柿子、山枣、软枣、花椒等生态经济兼用型树种。二是带动种草养畜产业发展。退耕种草 486.67hm^2，林草、果草间作 3733.33hm^2，新发展种草养畜重点乡 6 个，专业村 26 个，专业户 459 个，牛存栏量 7.29 ×10^4 头，每年增收 164 ×10^4 元多。三是带动育苗产业发展。四是带动旅游产业发展。建成了田家沟生态风景区等绿化美化工程，官山青少年生态教育基地等旅游景点，为发展森林旅游产业奠定基础。

二　退耕还林（草）工程推进了农村生态文明建设

黄土高原地区的坡耕地实施退耕还林（草），农村产业结构和生产方式发生了根本性的转变，已由传统的以粮食生产为主，突出经济效益的生产结构逐步向以植树造林种草为主，强调生态效益的生产结构转变，改善了当地的生态环境，为农村经济发展构建了环境基础。在退耕背景下，退耕区生态建设是与农村产业结构调整有机地结合在一起，生态经济发展理念引领着退耕区农村产业发展，提高了农户的生态环境保护意识（表 2 - 1），促进农村社会经济全面发展。

退耕至今，黄土高原的生态建设成效显著。如延安市绿化率由 37% 提高到 46%，有林地面积增加了 9 个百分点，林草覆盖率由退耕前 1999 年的 42.9% 提高到 57.9%，提高了 15 个百分点，降雨量由"九五"期间的平均 480mm 多增加到"十一五"期间的 500mm 以上，扬尘天气由年均 5—6 天减少到 3 天，全市主要河流多年平均含沙量较 1999 年下降了 8 个百分点；年径流量增加了 $1000 \times 104\text{m}^3$；水土流失综合治理率达到 45.5%，比 1999 年前提高了 25 个百分点。据北京林业大学在吴起、安塞两县监测的结果显示，土壤年侵蚀摸数由退耕前的 $1.53 \times 104\text{t}/\text{km}^2$，下降到目前的 $0.54 \times 104\text{t}/\text{km}^2$，下降了 $1 \times 104\text{t}$。目前陕北黄土高原区年均输入黄河泥沙量由原来的 8.3 亿吨减少到 4 亿吨。卫星遥感监测显示，2009 年和 2000 年相比，陕西省的绿色版图已经向北推进了 400 公里。同时，土壤的保肥、保水、保土能力大大增强，黄土高原重点治理区基本实现了泥土不下山、洪水不出沟，干旱、洪水等自然灾害大幅减少，一些多年罕见的野生动物又频繁出现[1]。

表 2 – 1　黄土高原退耕农户对退耕还林（草）政策和工程建设的态度

内容	态度描述	户数 / 户	占受查农户总数的比重 / %
农户对退耕还林（草）政策所持态度	拥护	890	96.63
	反对	18	1.95
退耕还林（草）工程建设生态效果	无所谓	13	1.41
	明显	906	98.37
	一般	15	1.63
退耕补助停止后农户巩固退耕成果的意愿	非常愿意	178	19.33
	愿意	551	59.83
	不愿意	192	20.85

＊表中数据源于入户问卷调查。

三　退耕还林（草）工程建设优化了土地利用结构

退耕还林（草）工程建设是一项综合性的系统工程，它关系到土地利用结构，农业和农村经济结构的调整，具有特殊的重要性、复杂性和艰巨性。从目前的农、林、牧用地情况分析，在用地上存在着只注重经济效益，忽视生态效益的问题。土地退化、水土流失、荒漠化和次生盐渍化等生态问题的加剧，使调整土地利用结构的工作变得更为重要。通过推进退

---

① 李奇睿、王继军：《退耕还林工程实施后安塞县商品型生态农业建设成效》，《干旱地区农业研究》2011 年第 1 期。

耕还林（草）工作，可以合理地进行土地利用结构调整，加速农村经济发展步伐。调整用地结构是发展农业经济的基础，利用退耕还林（草）工程的大好时机，在生态环境不断恶化的严峻形势下，在优良耕地数量减少的现实下，要转变原有传统的农业生产方式，要精耕细作，发展精准农业，加强小城镇建设，建镇、并乡，积极开展退耕还林（草）工作，合理地开发和利用每一块土地，在保证一定数量耕地的前提下，有计划、有步骤地扩大林草面积，提高土地利用率。

四　退耕还林（草）工程建设促进了农村社会经济发展

退耕还林（草）工程通过农村产业结构的调整，实现了农业资源的合理配置，提高了农业的产出。退耕还林工程建设使水土流失严重的坡耕地面积减少，节约了农业生产资料和劳动力，农民把更多的精力投入到精耕细作和增加复种上，有效提高粮食单产。退耕还林（草）工程的实施，不仅直接将部分土地和劳动力资源从农业经营中转移到林业经营上来，同时使更多的农村劳动力从经营农业转向其他产业和带动相关产业的发展，从而逐步调整了农村产业结构和经济结构，加快了农村经济发展。随着农村基础设施的完善和城镇化步伐的加快，农村人均可享受的教育、科技扶贫、医疗卫生、公共服务等资源的份额逐年上升。

退耕还林以来，延安市各县区因地制宜发展苹果、草畜、棚栽、红枣、核桃、花椒等特色主导产业，实现生产方式由以粮为主向发展特色主导产业转变，在特色产业发展中，实行规模化种植、标准化生产、集约化经营，群众收入逐年提高。延安市以退耕还林为契机，根据当地气候与资源优势，稳步扩大苹果种植规模，全面推行苹果标准化生产。目前延安市苹果种植面积占陕西省的33%，占全国的7%。2009年，全市苹果总产量196.91×10^4t，比2008年增加34.7×10^4t，果品贮藏库达到11586个，总贮藏能力达到49.7×10^4t，共认定省级果业龙头企业4家、市级16家，获得自营出口权企业14家，果汁加工企业3家，发展注册的果业专业合作经济组织172家。苹果产业的发展，全面促进了延安市农村经济社会的发展水平，苹果收入已成为延安农民增收致富的重要途径，苹果收入在全市农民人均收入中的比重达到40%以上。尤其在南部洛川、黄陵、宜川、富县、宝塔等县区，果区农民人均纯收入普遍超过5000元，苹果收入占农民人均纯收入的比重更高，普遍超过60%，其中洛川县更是形成了以苹果为主的发展局面，

全县苹果面积超过 $3.33 \times 10^4 hm^2$。2009 年洛川县苹果种植面积达到 $3.39 \times 10^4 hm^2$，人均种植苹果 $0.21 hm^2$，全县苹果总产量达到 $68.5 \times 10^4 t$，优果率达 85%，苹果总收入 18.2×10^8 元，全县农民人均苹果纯收入达到 5014 元，占农民人均纯收入 5450 元的 92%。农民消费能力大大提高。同时，随着产业链条的延伸，与苹果产业相关衍生的果品营销、果品加工、果品储藏、果袋包装物销售等行业都成为农民增收的新途径，苹果产业吸引了全国各地的客商前来贸易，带动了洛川服务业的发展。

第三节　延安市退耕还林（草）工程建设规模及分布

延安市属黄土高原丘陵沟壑区，是黄河中游水土流失最严重的地区之一，水土流失面积 $2.88 \times 10^4 km^2$，占总面积的 77.8%，年平均土壤侵蚀模数 $9000 t/km^2$，年入黄泥沙 $2.58 \times 10^8 t$，年平均降雨量只有 500mm，生态环境较差，所辖 13 县区曾全部为贫困县区，农村人口 155×10^4 人，贫困人口达到 51.06×10^4 人，占乡村总人口的 1/3。严重的水土流失造成当地农业生产条件差，导致农村经济发展水平低，当地群众生活长期贫困，同时也制约着经济社会可持续发展。治理水土流失、改善生态环境，改善人民群众生产、生活条件是历届政府的一项长期艰巨的任务。新中国成立后，国家通过多项生态工程建设治理黄土高原的水土流失，但该区仍长期处于"治理—破坏—治理，贫困、落后的生态经济恶性循环"之中[①]。1999 年，延安市退耕还林（草）工程的实施，有力地促进了农业和农村经济结构的调整，促进了农业生产方式和农民生活方式的巨大转变，对农业和农村经济的持续发展起到了巨大推动作用。

一　退耕还林（草）工程建设规模

1999 年，按照"退耕还林（草）、封山绿化、以粮代赈、个体承包"的政策措施，国家在四川、陕西、甘肃 3 省开展了退耕还林（草）工程试点，延安市率先大规模实施退耕还林（草）工程，并成为全国唯一的退耕还林（草）试点市。经过 10 年的实施，延安市退耕还林（草）工程建设取得了显著成效（表 2 - 2）。

---

① 王青：《黄土高原丘陵沟壑区农业结构调整的思考》，《中国农业资源与区划》2001 年第 5 期。

表 2 - 2　　延安市退耕还林（草）面积

（单位：hm²）

	1999年	2000年	1999—2000年补充确认	2001年	2002年	2003年	2004年	2005年	2006年	2007年	2008年	2009年	1999—2009年合计
宝塔区	9746.67	3800	2673.33	4000	10666.66	16666.67	8666.67	5320	933.33	333.33	466.67	333.33	63606.67
延长县	7186.67	0	3180	3000	6933.34	15000	8600	5600	866.67	0	0	533.33	50900
延川县	5853.33	2000	3433.34	3333.34	6400	14666.67	8266.67	4933.34	666.67	0	333.33	733.33	50620
子长县	16853.33	2000	9173.33	2000	7333.33	13000	5866.67	4800	666.67	333.33	0	0	63160
安塞县	3060	0	19646.66	3333.33	10666.66	10333.33	11800	5733.34	1800	666.67	333.33	1133.33	77506.67
志丹县	6046.67	0	13573.33	3333.34	10466.66	10333.33	11800	5600	3600	666.67	1066.67	0	75486.67
吴起县	51160	3000	16673.34	2666.66	9546.67	14000	13000	3200	3600	3333.33	1066.67	666.67	121913.33
甘泉县	1853.33	0	586.67	1066.67	4000	7333.34	933.33	2066.67	400	0	266.67	0	18506.67
富　县	1146.67	0	93.33	1333.34	4666.67	3000	1666.66	1333.33	1133.33	0	1333.33	533.33	15240
洛川县	1180	0	0	1600	3000	1000	733.34	213.33	66.67	0	466.67	0	8260
宜川县	4360	0	1613.34	3000	4533.33	8000	4800	3466.67	466.67	0	400	533.33	31173.33
黄龙县	920	0	2073.33	466.66	866.67	666.66	400	1133.33	66.67	0	0	0	6593.33
黄陵县	173.34	0	453.34	1400	2000	1333.34	800	333.33	66.67	0	333.33	333.33	7226.67
市直局	353.33	0	3493.33	0	0	0	0	0	0	0	0	0	3846.67
全市合计	109893.3	10800	76666.67	30533.33	81080	133333.3	77333.33	43733.33	13333.34	5333.33	6066.67	4800	592906.67

资料来源：延安市退耕还林（草）办公室。

　　截至 2009 年底，延安市完成国家计划内退耕还林（草）面积 59.29 $\times 10^4 hm^2$，占全国的 2.5%，全省的 27%，其中退耕地还林还草 33.49 $\times 10^4 hm^2$，宜林荒山荒坡造林 25.06 $\times 10^4 hm^2$，封山育林 0.74 $\times 10^4 hm^2$。截止到 2009 年底，全市已兑现给退耕户补助资金 64.77 $\times 10^8$ 元，涉及农户 28.6 $\times 10^4$ 户，农村人口 124.8 $\times 10^4$ 人，使 80% 以上的农民直接受益，退耕农民人均直接收益 5189.9 元，平均每年 471.8 元。位于延安西北部的吴起县，1998 年 5 月即作出实施封山禁牧、大力发展舍饲养羊的决定。1999 年吴起县将坡度在 25° 以上的坡耕地 10.33 $\times 10^4 hm^2$ 一次退耕到位，成为全国一次性退耕面积最大的县。截至 2009 年底，吴起县累计完成国家计划内退耕面积 12.19 $\times 10^4 hm^2$，全县林草覆盖率达 65% 以上，县域森林覆盖率 38.7%，城镇绿化覆盖率 42.5%，被国家林业局命名为"全国退耕还林示范县"。退耕还林政策实施以来，吴起县退耕农户享受粮食补助、管护费和种苗费累计超过 12.8 $\times 10^8$ 元，农民得到了实惠，退耕农民人均受益 1.2 $\times 10^4$ 元。

　　退耕还林（草）工程是新中国成立以来国家在延安市实施的投资规模最大、覆盖范围最广、农民得到实惠最多的工程。延安市退耕还林（草）总面积中，以退耕地和荒山造林为主，占一半以上（图 2-1）。1999—2004 年间，退耕还林（草）的强度大，2004 年以后，退耕还林（草）规模变小，在退耕初期的三年间，退耕地退耕还林（草）幅度明显大于荒山造林幅度（图 2-2），折射出延安市退耕还林（草）工程未经充分论证即在短期内大范围展开，随着工程的推进，退耕还林（草）地类型和强度都有不同程度的调整。

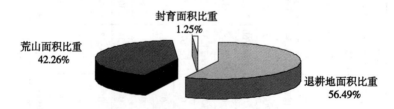

图 2-1　延安市退耕还林（草）构成

二　退耕还林（草）工程分布

　　从退耕还林（草）的地域特点看（图 2-3，图 2-4），延安市所辖各县区都实施了退耕还林（草）工程。从各县区退耕面积占本县区土地

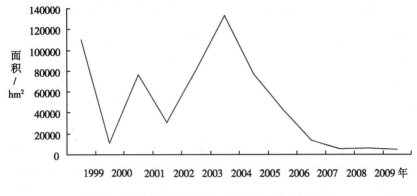

图 2-2　延安市退耕还林（草）面积年度分配图

面积的比重及其占全市退耕总面积的比重不难看出（图 2-4），宝塔区、延长县、延川县、子长县、安塞县、志丹县、吴起县、甘泉县、宜川县的退耕规模、程度相对于富县、洛川县、黄陵县、黄龙县四县较大，说明延安北部的县区是退耕还林（草）工程建设的重点区，退耕还林（草）对于北部地区农业农村经济的影响相对于南部县区更为剧烈。

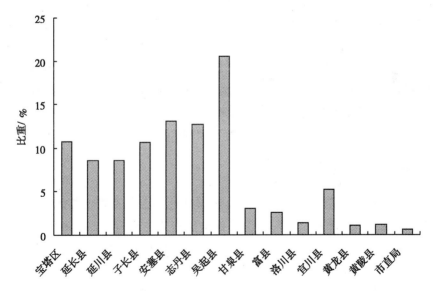

图 2-3　延安市各县区（局）退耕还林（草）面积占全市
退耕还林（草）面积的比重

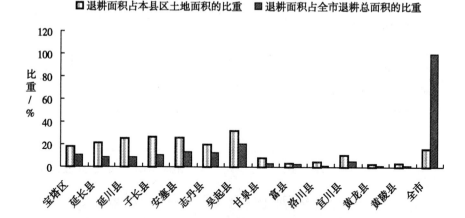

图 2-4　延安市各县区退耕规模

第四节　退耕还林（草）工程的实施模式

与以往黄土高原的生态治理工程相比，1999 年延安市退耕还林（草）工程建设将生态治理与农村经济社会发展紧密结合，以生态效益为主，兼顾经济效益和社会效益。总体而言，生态建设与经济发展是退耕还林（草）工程建设的双重目标，但由于延安市地处黄土高原丘陵沟壑区，各地自然社会经济条件差异大，不同地域退耕目标各有侧重，退耕路径各地不同。根据延安市现有退耕还林（草）工程主要目标及建设路径，延安市退耕还林（草）工程的实施模式可以归结为以下两类。

一　生态保护型模式

生态保护型模式是指在生态极其脆弱的地区，营造以生态林草为主的退耕还林（草）类型。延安市生态保护型模式主要有封山育林治理模式和林草（灌）生态治理模式，通过自然封育或人工林草（灌）建设的路径来达到生态恢复的目标。

延安市封山育林治理模式主要分布在交通不便的偏远山区和水土流失严重的陡坡地区，这些地区人工还林较难，但具有天然更新条件，采取封山育林措施，逐步恢复林草植被，以达到保护生态的目的。封山后一般当年长草，5 年后长灌，10 年后开始有乔木侵入，植被基本恢复。目前，延安市退耕还林（草）结构中，封山育林的比重较低。

林草（灌）生态治理模式是基于长期效益和短期效益相结合的高效模式。退耕后，植树种（牧）草，改变土壤利用结构，恢复植被，减少水土流失，改善生态环境，并通过割草养畜，促进畜牧业的发展，短期获得良好的经济效益。该治理模式关键是合理配置林草（灌）品种和比例，以达到林草（灌）高效性。林种应本着因地制宜、适地适树的原则，当地退耕树种主要有洋槐树、柏树、火炬树等。牧草适宜选择优质的多年生牧草，如黑麦草、紫花苜蓿、红豆草、小冠花、沙打旺等，灌木以保水抗旱性强的紫穗槐、柠条、沙棘、胡枝子等为主。

二　生态经济型模式

生态经济型模式是在立地条件较好，以营造经济林为主的退耕还林（草）类型。生态经济型模式既具有减少水土流失、改善生态环境等生态防护功能，又可获得较高的经济效益，是实现林业资源可持续利用的退耕还林（草）类型。生态经济林是基于生态退耕工程和区域气候资源、植物资源特点所选取的能够满足当地生态环境建设基本生态要求，产出具有市场前景果品的林种，不同于一般意义上的经济林。

生态经济型模式是延安市退耕还林（草）工程建设中既能有效改善生态环境，同时又能提高退耕农民收入的模式。按照生物学特性，世界苹果的适生区和优生区在北纬40℃左右，海拔1000m左右。据中国果树研究所对全国苹果的区划报告，黄土高原区是我国五大苹果产区中唯一符合苹果最适宜生长的5项主要气象指标及2项辅助气候指标要求的生产区。黄土高原是我国多种果树的生态最适区，也是世界落叶果树黄金生产带。目前，延安市在退耕还林（草）工程建设中确定的生态经济林种主要是苹果、红枣、酥梨、山杏、花椒、核桃等。由于延安市降水、气温、土壤肥力等因素的影响，生态经济林树种的分布表现出地带性特点。宝塔区以南是以洛川、富县、黄陵为中心的苹果生产基地，该区海拔高，光照好，热量足，昼夜温差大，空气干燥，污染少，十分利于苹果生产，所产果品香甜、色艳、营养半富，且病虫害少，利于无公害管理，果品品质早已被国内外市场认可，苹果产业是南部塬区的主导优势产业。由于延安市北部县区退耕还林（草）规模大，近年来，北部山地苹果发展较快。枣树喜光、耐旱、耐涝、耐贫瘠、耐冻，抗逆性强，对环境条件要求较低，易于种植，延安市以东黄河沿岸的宜川、延川则是延安市枣树集中分布区。陕北红枣营养丰富，含多种维生素和矿物质，不但可以食用，还可入药，深受人们喜爱。延安市北部县区，如吴起、志丹、安塞是山杏、山桃、仁用杏生产基地。黄龙、宜川、延长等则以核桃、花椒等干果生产为主。果业属于劳动密集型和技术密集型产业，是延安的一个优势产业，也是农民增产增收的有效途径。近年来，苹果是延安市的一项主要产业，在苹果的生产中，延安市不断深化技术普及推广，强力推进苹果产业化建设，使延安市的果业得到了迅速的发展，2009 年全年水果挂果面积 $12.36 \times 10^4 hm^2$，增长 2.58%，其中苹果面积 $16.94 \times 10^4 hm^2$，增长 7.78%；水果产量 $206.98 \times 10^4 t$，较上年增加 $34.48 \times 10^4 hm^2 t$，增长 19.99%，水果产值 41.46×10^8 元，其中苹果产量 $196.91 \times 10^4 t$，增加 $32.63 \times 10^4 t$，增长 19.86%，占到全市水果总产量的95.1%，苹果产值 36.33×10^8 元。

生态经济林属于人工林，其栽培生长迅速、对肥力要求高，有导致地力下降的趋势。延安市位处黄土高原丘陵沟壑区，土壤肥力普遍低下，生态经济林的果品产出会使该区的土壤肥力问题更加突出。此外，有研究表明，土壤干层是延安林草植被下普遍存在的土壤水文现象[1]，由于大气降水是延安市各县区的主要水源，延安市降水资源的南北地带性差异使延安市不同区域的土壤存在程度不等的土壤干层。延安市南部洛川塬的苹果生产基地存在生物利用型土壤干层[2]，人工植被的粗放经营很容易造成土壤干层[3]，土壤干层的形成改变了土壤水循环，一旦形成，在正常降水条件下很难得到恢复。由于退耕还林（草）是强化生态环境建设、改善生态环境的一项根本措施，生态效益优先是其基本原则。发展生态经济林，必须符合当地生态环境建设的要求，有利于生态环境的保护。因此，延安市在建设生态经济林时，应立足生态经济林持续经营的高度，提高土壤肥力，辅以必要的集水造林技术以实现林地的有效永续利用。

---

① 王力、邵明安、侯庆春：《延安试区土壤干层现状分析》，《水土保持通报》2000 年第 3 期。

② 黄明斌、李新民、李玉山：《黄土区渭北旱塬苹果基地对区域水循环的影响》，《地理学报》2001 年第 1 期。

③ 孙长忠、黄宝龙、陈海滨、刘增文、温仲明：《黄土高原人工植被与其水分环境相互作用关系研究》，《北京林业大学学报》1998 年第 3 期。

第五节 退耕还林（草）工程建设存在的问题

一 退耕还林（草）工程缺乏科学合理的长期规划

退耕还林（草）工程是我国林业建设史上投入最大、政策性最强、涉及面最广的一项生态建设工程，但工程的实施缺乏科学规划和前期论证，缺乏试验、规划和政策研究。在地区安排上、退耕地条件上、工程量的设计上、林草的选择上均缺乏详细规定，未经立项，没有相关条例，便以大会战的方式于1999年仓促上马，各地区一哄而上，使该退耕的没有退下来，不该退的却退了，有些地方甚至将基本农田也退了出来，不能保证有重点地推进。在退耕土地利用结构上，生态林比重过高（退耕管理条例第二章第二十三条规定：退耕土地还林营造的生态林面积，以县为单位核算，不得低于退耕土地还林面积的80%），经营管理政策不符合林木生长的自然规律和农户的经济诉求，脱离了黄土高原的环境基础。退耕政策和退耕任务缺乏连续性和稳定性，工程验收标准变化快，对基层政府和农民造成了很强的不确定预期。从2007年开始国家不再下达退耕地造林任务，一些地区已退耕的林（草）区未能纳入国家退耕计划，不能享受退耕补助，影响农民的生产生活，毁林复耕、退草还田风险加大。在退耕初期，为保证所造林木的成活率、合格率，达到验收标准，各地多选择速生、易活的林木品种加以大面积引种，乡土树种少，林分结构单一，林下草灌群落发育差，极易遭受病虫灾害。这些单一的林种急需加以改造调整，否则一旦退耕林自然退化，退耕成果就会被毁。因此，退耕林的改造是工程区面临的紧迫问题。但国家在这方面没有具体明确的指导意见及政策。

二 退耕还林（草）工程的配套经费不足

退耕还林的基本措施是"退耕还林（草）、封山绿化、以粮代赈、个体承包"，国家在第一轮补助到期后，又延长了补助的年限，这一措施只能为退耕农户提供基本的口粮，农民的花钱问题仍没有可靠的解决途径。从区域发展的角度看，退耕区后续产业的发展是确保耕还林（草）"退得下、稳得住、不反弹、能致富"的根本途径。国家大型工程一般都有配套的项目，退耕还林（草）工程是一项庞大复杂的工程，直接关系到农民生活水平的提高和生态环境的改善，也应有一系列配套的工程项目。从陕北延安市退耕还林（草）的经验看，退耕还林（草）应与农田水利等基础设施建设、农村扶贫开发、农村能源建设、农民技能培训等相结合，这样才能解决退耕区农民的基本生活需求，确保退耕还林（草）成果"稳得住、能致富、不反弹"。作为国家工程的配套项目，其项目的实施必须由国家财政给予必要的经费资助和扶持。2007 年 8 月国务院出台了《国务院关于完善退耕还林政策的通知》，对原有补助到期的农户，再延长一个周期进行补助，原有的粮食补助资金分为两部分：一半资金对农户进行直补，另一半资金作为巩固退耕还林成果专项资金，用于农户的基本口粮田建设、农村能源建设、生态移民等方面。至此，退耕还林工程才有了配套资金。目前从专项资金的投向看主要是农田基建、农村能源项目，但在项目建设过程中，地方政府仍需同时投入资金来弥补缺口，无形中增加了地方财政的压力。

在现行退耕政策下，除国家一次性为退耕农户提供种苗费外，工程所需的管护费用和工作经费纳入当地政府财政预算，检查验收、苗木补植抚育、林草防病防火等费用都由退耕农户或地方政府负担，提高了地方政府的执行成本，影响工程建设效果。黄土高原多数退耕县区工作经费，工作手段落后，不利于工程的管理建设。

三　退耕还林（草）补偿机制不健全

退耕还林（草）工程建设是以农民耕地收益的损失以及由此引发的其他利益受损为代价，依据"得失对称"的生态补偿原则[1]，退耕农民在提供生态公共产品时应获得相应对等的补偿，补偿范围涉及退耕区基础设施建设、退耕农民就业技能教育培训、农村产业发展等方面，补偿标准应随社会经济发展而作相应调整。入户问卷调查结果显示，多数农户认为相对于上涨的物价、耕地目前的实际收益，退耕补助不升反降，应有所提高（表 2 - 3）。

---

① 胡晓登、刘娜:《中国生态补偿机制的缺陷与改革》,《贵阳市委党校学报》2011 年第 3 期。

表 2 - 3　　　　　　　黄土高原退耕农户对退耕补助标准的评价

评价分级	户数 / 户	占总户数的比重 / %
基本合理	87	9.12
偏低	252	27.36
明显偏低	582	63.19

*表中数据源于入户问卷整理所得。

　　退耕还林（草）工程建设是惠及全国的生态治理行为，为整个东部地区和国家提供生态公共产品，工程的受益者就成为补偿主体，并对退耕区地方政府、退耕农户进行生态补偿。目前，我国退耕还林补偿是由中央政府承担，补偿资金来源于中央财政的转移支付，工程的受益地区没有支付生态公共产品费用却无偿享用生态产品，违背了受益者付费的市场法则。其结果：一是中央财政不堪重负，只有降低补偿标准，缩短补偿期限，影响退耕成果的稳定；二是不利于生态资源有偿使用观念的形成，不利于生态环境的公共治理；三是不利于缩小地区差距、城乡差距，影响社会和谐。相对于前一轮补助期，现期退耕钱粮补助在农户家庭收入中的比重减少为一成左右[1]，对于低收入农户而言，退耕补助在维持家庭生产生活中的作用不容忽视。受生产资料成本上涨的影响，退耕补助不升反降，政策的激励作用减弱，对巩固退耕还林成果的压力逐年增大[2]。对此，国家应对现有的退耕还林（草）补偿机制进行创新完善，形成多层面参与生态治理，补充退耕补助资金，为退耕区创造更多的发展机会。

　　由于黄土高原地区大部分处于水分补偿失调和土壤强烈干旱区，天然植被主要是以旱生的草本、半灌木和灌木植物为主的植被类型，林木的成活率低。在退耕还林（草）工程建设中，该区要提高苗木的成活率和成林质量，农户的付出远大于长江流域地区的农户，但国家的种苗补贴标准统一，势必挫伤农民的积极性，农民进行退耕的动力不足，"退林还田"的风险加大。

---

　　[1]　黄东、李保玉、于百川、姜喜麟：《2008 年退耕还林工程县社会经济效益监测报告》，《林业经济》2009 年第 9 期。

　　[2]　谢晨、刘建杰、韩岩、袁梅：《2008 年退耕还林农户社会经济效益监测报告》，《林业经济》2009 年第 9 期。

四　林（草）经营管理政策缺乏效率

封山禁牧是退化草场自然修复的有效措施，退化草场一般在封山当年长草，5 年后长灌，10 年后开始有乔木侵入，植被基本恢复到正常状态。退化的天然草场，经过自然修复 10 年左右的封育后可以适度加以利用①。退耕还林后，黄土高原部分县区（如榆林市、盐池县等）的畜牧业有了较快发展，但多数地方仍发展缓慢，牧业产值不足农业总产值的 1/3，低于全国平均水平。在退耕区，舍饲养羊一方面面临人工成本和饲草成本上升，饲草不足的发展困境，"偷牧"现象禁而不止，成为一些退耕农户降低养羊成本的措施之一，另一方面，大量天然草场和人工草场的草资源得不到利用，长期处于闲置状态，草地退化在所难免②。对此，封山禁牧走向封山"放牧"是退耕 10 多年后需考虑的问题。从成本上看，放牧是经济的畜牧业，禁牧是浪费的畜牧业。适当地放牧既有利于牲畜防病健体、提高肉质，也可以帮助草传花授粉、分离根系。封育起来的天然荒坡草地，纯粹不利用，不让牛、羊吃，不仅是资源浪费，对植被也不利。草畜转换（允许牛羊吃草）不仅仅是牛、羊的需要，对牧草、灌木也有好处。只要管理得当，放牧与生态可以实现互相利用的和谐③。

退耕管理条例明确规定了退耕农户对其退耕林地所享有的权益，退耕区也通过集体林权改革、林权证发放等政策确认退耕农户的主体地位，但由于退耕农户对所拥有的林木经营、处置受到相关政策的限制，是严重不完全的林木产权，农户对林木的所有权成为虚无的权利④。在这种制度之下，必将导致退耕农户对林木管护的积极性。

---

① 山仑：《黄土高原：轮封轮牧还是永久禁牧?》，《中国畜牧兽医报》，2011 - 6 - 5（005）。
② 姜志德、王继军、谢永生、卢宗凡：《吴起县退耕还林（草）政策实施情况调查研究》，《水土保持通报》2009 年第 3 期。
③ 韩承伯：《禁牧 6 年，陕北部分禁牧区应适度放牧》，《陕西日报》，2009 年 6 月 1 日第 9 版。
④ 王磊：《不完全产权视角下的退耕还林补偿标准及期限研究》，《生态经济》2009 年第 9 期。

第六节 退耕还林（草）工程建设保障机制

一 建立基于碳汇交易的生态建设补偿机制

生态环境是一种资源性公共产品，而且随着社会的发展，它的稀缺性日益明显，这种稀缺性反映出生态环境的经济价值。黄土高原的退耕还林工程是为全国提供生态公共产品，是需要付出成本的，这就需要建立生态补偿机制。生态补偿从狭义的角度理解就是指对由人类的社会经济活动给生态系统和自然资源造成的破坏及对环境造成的污染的补偿、恢复、综合治理等一系列活动的总称。广义的生态补偿则还应包括对因环境保护丧失发展机会的区域内居民进行的资金、技术、实物上的补偿、政策上的优惠，以及为增进环境保护意识，提高环境保护水平而进行的科研、教育费用的支出[①]。目前，退耕还林（草）补偿的主体不足、补偿标准偏低，使重点生态区位的生态修复与地区开发脱贫的矛盾日益突出，需要从制度层面予以完善。

生态公共产品具有很强的外部性，补偿主体应是该产品的相关受益方，在补偿体系上，必须突出中央政府和受益地区的补偿主体地位，树立生态资源有偿使用的社会观念，引导地方政府、社会资本对生态修复加以支持与关注，形成中央财政纵向转移支付与东西部地区之间、流域上下游之间、社会团体之间的横向转移支付相结合的补偿体系，拓展补偿资金融资渠道，维护生态建设成果。

黄土高原地区降水由东南向西北逐渐减少，受降水差异的影响，黄土高原地区天然植被也呈现出自东南向西北的水平地带性分布，并形成不同的植被组合类型，依次为为森林（年降水量≥500mm）、森林草原（年降水量500—400mm）、草原（年降水量≤500mm）三个植被带。由于黄土高原地区大部分处于水分补偿失调和土壤严重干旱区，天然植被主要是以旱生的草本、半灌木和灌木植物为主的植被类型，决定了黄土高原大部分地区更适宜种植草灌植被，"生态草"应是该区发展重点。但国家退耕补助政策却不利于发展草灌，国家的补助标准低，时间短，影响到当地畜牧

---

① 李爱年、刘旭芳：《对我国生态补偿的立法构想》，《生态环境》2006年第1期。

业的发展。对此，应从黄土高原的自然环境出发，调整国家在黄土高原地区的退耕重点，从畜牧业发展的战略高度进行与退耕还草和封育草场相关的补偿政策的调整。

近年来，通过林业碳汇来减少碳排放，受到了国际社会前所未有的重视。森林、草地等生态系统是重要碳库和二氧化碳吸收器，具有开展碳汇交易的巨大潜力。在退耕区生态补偿机制的建立中，可以利用《京都议定书》所制定的碳交易规则，制定退耕区林草生态系统的碳汇评价指标体系，合理评价不同地区，不同环境下，单位面积退耕还林的碳排放减少量和所形成碳汇，建立中央政府指导下的退耕区碳汇交易平台，由退耕工程受益区地方政府，高排放区等向退耕区购买碳排放指标，交易所得注入退耕补偿资金，用于退耕区的生态修复与经济发展。

二　建立退耕区生态养老制度

退耕还林（草）工程建设是通过土地用途的改变来进行的，土地又是农民最基本的生存资料，退耕还林（草）补偿标准也与土地有关，农村经济的发展脱离不了土地。由于土地的重要性，退耕还林（草）补偿机制的创新研究也应将土地作为根本出发点和落脚点。结合当前我国农村经济发展的趋势和黄土高原退耕还林（草）工程实践，退耕区农民的医疗、养老体系的构建，农村城镇化、农业产业化经营与退耕还林（草）补偿机制的内在联系，可在退耕区（如延安市的县区）试行生态养老制度（图2－5）。

延安市是我国唯一的退耕还林试点市，从退耕规模看，延安市北部县区是重点退耕区，农户人均退耕地面积一般为实有耕地面积的三倍以上，在偏远山区，耕地的比重还低。根据国家统计局陕西调查总队《陕西退耕还林（草）监测调查年鉴》，2007年延安市北部退耕区农户人均累计退耕地面积与年末实有耕地面积之比，宝塔区为5.44：1.45，子长县为5.47：1.13，安塞县为10.59：1.67，志丹县为9.49：3.27，吴起县为8.08：2.40，延川县为5.28：2.19，相应地，以上县区2007年人均退耕补助总收入依次为820.08元、653.96元、872.16元、1291.06元、1261.64元、398.54元；2009年延安市北部退耕区农户人均累计退耕地面积与年末实有耕地面积之比宝塔区为5.04：1.6，子长县为5.78：1.25，安塞县为8.88：3.48，志丹县为9.95：3.45，吴起县为8.15：

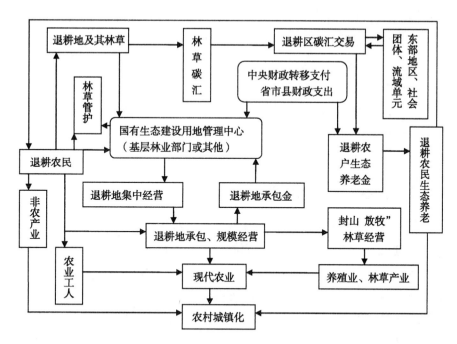

图2-5　生态养老流程图

2.22，延川县为5.94：2.49，相应地，以上县区2009年人均退耕补助总收入依次为579.23元、735.79元、1391.78元、1271.08元、732.32元、714.58元。这些县区农户所拥有的耕地数量小，不利于农业规模经营，农村中老龄人口的不断增多也不利于退耕地的经营管理，农村主导产业规模化经营水平低，现行的补偿政策一旦到期，退耕地的稳固必然受到影响，进而波及退耕成果的巩固。因此，在退耕区，可以土地承包经营权的转让为核心建立生态养老制度。

　　生态养老制度的实施方案可以参照农村现行的社会养老保险，16岁人群都可参保，60岁以上可以领取养老保险金。由于退耕林草地产权的不完全性，农户缺乏经营自主权，对林草地付出劳动的所得有限，影响农户对林草地的投入，不利于成果稳固和农户增收。因此，在尊重退耕农户本人意愿下，退耕区农户可将退耕地的承包经营权一次性转让给国有土地资产管理中心，实现退耕地流转，落实农户林权收益。土地个人能转让的退耕地数量不能多于农户家庭一次性转让的人均退耕地数量，中心根据转让土地的类型、数量为农户建立个人养老专用账户，将转让费打入个人账户，按月领取养老金。60岁以上的老人可按现有退耕标准，分月发放年退耕补助。也可利用农民现有的社会养老保险账户，以转让费冲抵个人应缴费用。养老金的标准应结合当地的社保水平和现有生态补助标准，转让资金通过中央财政、流域补偿、地方政府补贴等途径来筹集，纳入到土地资产管理中心的退耕地也可以集中起来加以流转。生态养老制度通过农民土地的流转保障了农民的利益，提供了退耕农民退出的渠道，利于农村经济的规模经营，从长远看，该制度有利于减轻国家在退耕还林（草）工程建设中的压力。

三　完善技术投入体系

退耕还林（草）工程建设区基本都是自然条件差，交通不便的地区，工程建设和工程管护的难度大。同时，由于退耕还林（草）工程未经论证就在短时间展开，随着时间的推移，一些问题逐渐暴露出来，如植物群落的稳定性，单一种群下病虫害的防治等。因此，必须加大科技的投入，包括科技措施研究、科技推广体系建设、科技监测手段、科技队伍建设等方面的投入，选育当地适生林、草品种，加快林种结构的改造，确保林草群落的稳定。地方政府应结合各地情况，积极引进实用技术，加大对农民的技术培训，加强技术队伍建设。

黄土高原地区干旱缺水、水土流失严重、环境恶化，当地的气候、地貌、水分、温度等自然条件决定了一定的植被地带分异规律和生物群落演替规律，旱地造林、草技术体系是当地植被恢复的强力支撑，这是黄土高原客观条件决定、在退耕中不容回避的现实要求。在不考虑其他影响条件的情况下，退耕后所还林草是否可以适应当地的生态条件而发挥出应有的生态功能，首要的因素是要保证林草要符合生态适应性规律和生态演替规律，能够成活并且生长良好。因此，必须重视林草恢复技术问题的追踪和研究。不管是生态林、经济林，只有植被适宜当地条件，生长良好，才可能更好地发挥林草功能，实现生态和经济效益。在黄土高原地区应大力推广旱地造林（草）技术，形成国家、省、市、县、乡、村协调的技术推广体系，克服干旱缺水、植被恢复困难等难题，选择耗水率小的抗旱节水树种、草种，并考虑树种、草种生物量的大小及单位面积上的种植规模，以满足林木、草地对水分营养的需求，保障林草的正常生长。对于已进入巩固阶段的工程，可借助卫星遥感等手段科学监测林草群落的发育生长情况，避免和减少林业灾害的发生。科技投入体系的建设离不开国家的大力扶持，为确保退耕还林（草）工程质量，国家财政应继续加强对退耕还林（草）中科技工作的经费支持。

四　健全后续产业培育机制

黄土高原地区恶劣的自然条件和突出的人地矛盾是水土流失的主要原因，当地生态建设和农村经济发展长期处于两难抉择中。单纯的生态治理由于不能解决当地农民生活花钱问题而成效低，水土流失未能得到有效控制。因此，农村经济发展是生态建设的重要内容，也是生态建设的基础，必须在退耕的同时，积极调整退耕区农村产业结构，提高农民收入，改善农民经济状况。黄土高原地区十年九旱，生产粮食没有优势，开拓其他的收入渠道势在必行，大力发展后续产业，提高农民收入成为退耕还林（草）工程顺利进行和能够保持住不反弹的重要条件。

发展后续产业是保证退耕还林（草）工程长期不反弹的关键，而国家在后续产业培育方面缺乏有力支持。要确保退耕还林（草）"退得下、稳得住、不反弹、能致富"，生态建设成果得以长期保持，其关键是后续产业的培育。通过后续产业的发展保证农民收入的持续增加，使农民致富，退耕还林（草）不反弹。结合黄土高原退耕区的实践，应从本区地理、气候、经济基础等具体情况出发，选择适合本区发展的后续产业。政府在后续产业培育中，应积极为农民拓展市场，通过政府抓市场，乡镇抓技术推广来引导农民培育发展后续产业，如延安安塞、甘泉的设施蔬菜，延川、清涧的枣业、宁夏彭阳县、原州区等地的杏产业以及六盘山外围阴湿地区的隆德等县中药材种植，陕北土豆、杂粮生产。后续产业的培育必须与生态建设相结合，在确保生态效益的前提下，调整退耕区农村产业结构，开辟新的生产门路，在经济建设中恢复生态，在生态恢复中发展经济，使二者相互促进，相得益彰。国家财政应承担退耕区产业发展所需的农业基础设施建设费用，降低农户产业发展的成本，也可以由下游区域来提供退耕区产业发展方面的基本条件。

五　建立草畜转化新机制

自 1999 年退耕至今，黄土高原多数地方牧荒地已封禁 10 年有余，退化草原得以恢复。考虑到植物生长的自然规律和黄土高原地区草畜产业发展现状，应在遵循自然规律和生态保护的原则下，适当调整封山禁牧政策，试行封山"放牧"政策，用科学的轮封轮牧替代"偷牧"，实现草资源的合理利用，发展草地畜牧业。

由于黄土高原地区不同类型，不同地块草场的生产量差异明显，在封山"放牧"前，必须对草场资源进行划片、分区，测定不同类型、不同区域的草场产草量（只有草场的年产草量超过当地理论载畜量条件下家畜年需草量的 2 倍后才能合理放牧），以草定畜，进行总量控制，合理轮牧。明确规定放牧家畜头数，轮牧周期，每分区放牧时间，禁牧季节。在春季牧草返青和牧草结籽成熟期严禁放牧，休牧一段时间。休牧期间，实行舍饲。黄土高原地区农户的集中连片土地有限，农户可通过土地流转实行轮牧，也可将土地的承包经营权转让给国家获取生态养老资格后，重新租赁土地进行放牧。放牧期间，农户要负责草场的养护，若出现生态受损，或违反放牧的规定，农户应停止放牧经营，修复植被，政府有权取消这类农户的放牧权。在封山"放牧"政策下，地方政府应注意发展人工草地，将牧草纳入种植制度的体系之中，进行牧草轮作，加快饲草料基地建设、草场改良补播等基础设施建设，提高牧业生产能力。

为了保证封山"放牧"政策的科学性，该政策实施前，可选定牧业发展有基础，群众生态意识强的县区，进行小流域先行试点，通过试点，进一步调整完善政策，再大范围推行。

第七节　小结

（1）退耕还林（草）工程建设，促进了退耕区经济结构调整，加快了农村经济发展。退耕还林（草）工程通过农村产业结构的调整，实现了农业资源的合理配置，提高了农业的产出，扩展了农民的增收渠道。

（2）延安市是全国退耕还林（草）试点市，退耕规模大，覆盖面广。截至 2009 年底，延安市完成国家计划内退耕还林（草）面积 $59.29 \times 10^4 hm^2$，占全国的 2.5%，全省的 27%，其中退耕地还林还草 $33.49 \times 10^4 hm^2$，宜林荒山荒坡造林 $25.06 \times 10^4 hm^2$，封山育林 $0.74 \times 10^4 hm^2$。截至 2009 年底，全市已兑现给退耕户补助资金 64.77×10^8 元，涉及农户 28.6×10^4 户，农村人口 124.8×10^4 人，使 80% 以上的农民直接受益，退耕农民人均直接收益 5189.9 元，平均每年 471.8 元。从时间尺度看，1999—2004 年，退耕强度大；从退耕还林（草）的地域特点看，宝塔区、延长县、延川县、子长县、安塞县、志丹县、吴起县、甘泉县、宜川县的退耕规模、程度相对于富县、洛川县、黄陵县、黄龙县四县较大，说明延安北部的县区是退耕还林（草）工程建设的重点区，退耕还林（草）对于北部地区农业农村经济的影响相对于南部县区更为剧烈。

（3）退耕还林（草）工程建设缺乏科学合理的长期规划，工程的配套经费不足，退耕还林（草）补偿机制不健全，林（草）经营管理政策缺乏效率，不利于退耕成果的巩固。

（4）退耕还林（草）工程是一项复杂的系统工程，需要多方面协调才能确保工程的持久与稳定。针对延安市退耕还林（草）工程建设实践，建立基于碳汇交易的生态建设补偿机制，建立退耕区生态养老制度，完善技术投入体系，加快林中结构调整，健全后续产业培育机制，建立草畜转化新机制等方面构建退耕还林（草）工程建设保障机制。

第三章　延安市农村经济发展条件评析

第一节　延安概况

一　自然概况

陕西延安市位于黄河中游陕北黄土高原丘陵沟壑区，介于北纬 35°21′—37°31′，东经 107°41′—110°31′之间。北接榆林市，南连咸阳、铜川、渭南市，东隔黄河与山西省临汾、吕梁地区相望，西依子午岭与甘肃省庆阳地区为邻，东西最大横距 257.85km，南北最大纵距 239.12km，全市总面积 3.7×10⁴km²，占陕西省总面积的 18%，仅次于榆林市，居全省第二位。延安市地势西北高，东南低，为黄土高原丘陵沟壑地貌，地形以塬、梁、峁为主，平均海拔 1200m。延安市水土流失面积 2.88×10⁴km²，占到总面积的 78%，年平均土壤侵蚀模数 9000t/km²，水土流失极为严重，年入黄泥沙 2.58×10⁸t。延安市在地质构造上属于华北陆台的鄂尔多斯地区的一部分，矿产资源主要有煤炭、石油和天然气等，遍及 13 个县区。

延安市位居内陆干旱半干旱地区，四季分明、日照充足、昼夜温差大，年均无霜期 170d，年平均气温 7.7℃—10.6℃，年均日照数 2300—2700h，年均降水量 500mm 左右。受地理和气候等因素的综合影响，降水时空分布不均，从南到北依次递减，南部最高 650mm，北部最低 380mm；年内降水量的 75% 集中在 6—9 月份，多以暴雨形式出现，形成洪水而流失；降水年际变化大，有"十年九旱"之说。灾害性天气有干旱、冻害、冰雹、干热风、雨涝等。

延安市水资源十分贫乏，资源性缺水严重（表 3-1）。据中国水科院调查评价，全市水资源总量为 13.35×10⁸m³，可利用量为 6.81×10⁸m³，

第三章　延安市农村经济发展条件评析

第一节　延安概况

一　自然概况

陕西延安市位于黄河中游陕北黄土高原丘陵沟壑区，介于北纬 35°21′—37°31′，东经 107°41′—110°31′之间。

图3-1 延安市位置示意图

可利用率为51%。全市人均水资源量仅为649m³，占陕西省人均水资源量1160m³的55.9%，占全国人均水资源量2200m³的29.5%，低于国际公认的1000m³的最低需水线。延安市境内河流均属黄河水系，以洛河、延河、清涧河、仕望河及汾川河为骨干，"干流深切，支沟密布"是延安市河流水系分布的主要特点。境内1 km以上的沟道共20889条，其中，按流域面积分：10000 km²以上的河流1条（北洛河），5000—10000 km²的河流2条（延河、清涧河），1000—5000 km²的河流8条，200—1000 km²的河流43条，100—200 km²的河流55条，50—100 km²的河流105条，10—50 km²的河流765条。劳山－黄龙山山脉之东，延河等河流直注黄河；其西，洛河水系南流出境汇入渭河。

表 3 - 1　　　　　　　　　延安市水资源状况

	宝塔	延长	延川	子长	安塞	志丹	吴起
水资源总量/亿 m³	1.15	0.6	0.82	1.11	1.3	1.47	1.16
可利用量/亿 m³	0.573	0.236	0.311	0.439	0.525	0.630	0.434
可利用率/%	49.7	39.2	37.9	39.4	40.4	42.8	37.5
	甘泉	富县	洛川	宜川	黄龙	黄陵	全市
水资源总量/亿 m³	0.57	1.09	0.53	1.04	1.33	1.21	13.35
可利用量/亿 m³	0.272	0.789	0.26	0.586	0.666	1.084	6.81
可利用率/%	47.8	72.5	49.1	49.9	50.4	89.7	51.0

资料来源：延安市农业局。

延安市地带性土壤是黑垆土。其北与干草原栗钙土，南与森林草原褐土毗连。在长期农耕和自然因素共同作用下，所形成的耕作土壤有黄绵土、胶泥土、淤沙土、水稻土、盐碱土、灰褐色森林土和褐土。延安市位于中纬度我国东部季风区湿润区与内陆干旱区的过渡地带，呈现出森林和森林灌丛草原景观，动植物资源丰富。

二　社会经济发展状况

延安市下辖 1 区 12 县，是一个传统和典型的农业市，改革开放以来，延安经济快速增长，产业结构明显改善。尤其是西部大开发和退耕还林（草）工程实施后，能源工业、红色旅游和特色农业成为区域社会经济发展的重要推动力。

（1）人口状况

新中国成立以来，随着社会经济各项事业的发展，延安市医疗卫生手段日益完善，人民生活水平得以提高，延安市人口规模呈现逐年增长的态势（图 3 - 2）。延安市人口总数由 1949 年的 61.79×10^4 人，增加到 2009 年的 227.51×10^4 人，相应地，人口密度由 16.83 人/ km² ，上升为 58.01 人/ km² 。从延安市人口自然增长率变化趋势看，新中国成立初期至 20 世纪 70 年代中期是人口高速增长期，人口自然增长率平均为 20‰，最高达 28.10‰；20 世纪 70 年代末期以来，受计划生育政策的影响，总体上人口增速减缓，人口自然增长率由 1979 年的 15.1‰下降至 2009 年 4.64‰，1999 年至今，延安市人口的自然增长率相对稳定在 5‰左右，人口进入平稳增长期。改革开放以来，延安市人口密度由 39.46 人/ km² 上升为

58.01 人／km² （截至 2009 年底），已远远超出 1978 年联合国规定的干旱、半干旱地区临界人口密度 7 人／km² 和 20 人／km² 的标准，人口超载严重，生态环境负荷过大。

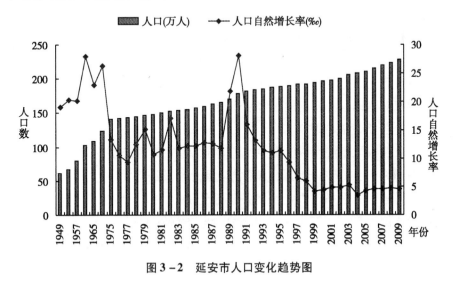

图 3 – 2　延安市人口变化趋势图

近年来，延安市非农产业，尤其是能源化工业、旅游业发展较快，农业人口占总人口的比例逐年有所下降，农业人口数量呈减少态势（图

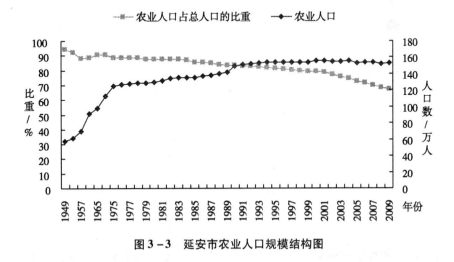

图 3 – 3　延安市农业人口规模结构图

3 – 3）。2009 年农业人口总量为 153.34 × 10⁴ 人，较 2006 年减少 0.13 × 10⁴ 人，较 1999 年减少 0.76 × 10⁴ 人，但农业人口总量减少的幅度微弱，不利于农业生产力水平的提高和农村经济发展。1949—2009 年，延安市

农业人口占总人口比例的变化趋势线方程为：$y = -0.5283x + 93.956$，相关系数 $R^2 = 0.9163$；1978—2009 年，延安市农业人口占总人口比例的变化趋势线方程为：$y = -0.6175x + 91.041$，相关系数 $R^2 = 0.9241$；1999—2009 年，延安市农业人口占总人口比例的变化趋势线方程为：$y = -1.3089x + 81.863$，相关系数 $R^2 = 0.987$。与这三个时段相对应，延安市农业人口占总人口比重的年下降幅度依次平均为 0.53 个百分点、0.62 个百分点和 1.3 个百分点。农业人口比重的下降与延安市非农产业的发展、国家对当地经济发展的政策密切相关。

（2）经济发展状况

在陕西区域经济发展历史中，延安市曾经长期是经济落后地区。以延安、榆林为中心的陕北地区，其经济发展总量及经济发展速度均落后于关中和陕南地区的水平，农业经济是该区经济的主体。1978 年，延安市三次产业比例为 52.6：27.4：20.0，国内生产总值 34394×10^4 元，占全省的 4.24%，工农业总产值占全省 2.59%，工业总产值占全省 1.36%，农林牧渔业总产值为全省的 5.86%，地方财政总收入为全省的 1.27%，全社会固定资产投资占全省 3.03%，人均国内生产总值 238 元。20 世纪 80 年代中后期以来，随着陕北能源化工基地的建设，延安经济快速发展。近年来，延安工业经济优势明显，经济发展总量、经济结构变化显著（图 3-4，图 3-5）。2009 年，延安市三次产业比例为 7.6：70.8：21.6，国内生产总值 7282620×10^4 元，占全省的 8.80%，比上年增长 12.2%，高于全国 3.1 个百分点，低于全省 1.4 个百分点，工业总产值占全省 11.80%，全社会固定资产投资占全省 8.51%，人均国内生产总值 33899 元，为全省的 155.99%，财政总收入 263.14×10^8 元，较 2008 年增长 32.41%，地方财政收入 90.47×10^8 元，较 2008 年增长 13.01%，地方财政收入占全省的 12.33%。

延安市土地资源丰富，地形多样、土层深厚，光照充足，适宜农林牧多样化生产，主要作物有小麦、玉米、谷子、荞麦、薯类、豆类、油菜、烤烟、苹果、红枣、杏、花椒、核桃等。南部塬区是全国著名的苹果适生区，洛川苹果享誉中外，北部是山杏、薯类、羊子的主要生产基地。由于长期不合理的人类活动的影响，尤其是近代的毁林开荒，延安植被遭受到严重破坏，当地生态环境失调，水土流失严重，土地贫瘠，灾害频繁，农业生产能力较弱，长期处于低水平循环之中。粮食产量 1949 年仅为

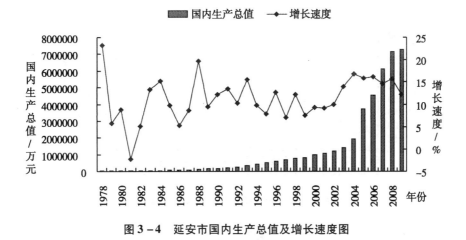

图 3 - 4　延安市国内生产总值及增长速度图

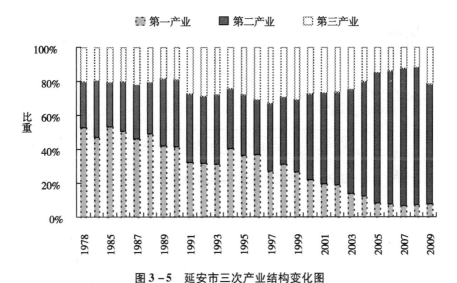

图 3 - 5　延安市三次产业结构变化图

$15.53 \times 10^4 t$，"三年恢复""一五""二五"时期年均产量一直在 $20 \times 10^4 t$ 左右，到 1965 年增加到 $30 \times 10^4 t$。"三五"至"五五" 15 年间粮食生产缓慢增长，三个时期年均产粮均在 $43 \times 10^4 t$ 以下，"六五"以来，粮食产量先后跨越 $50 \times 10^4 t$、$60 \times 10^4 t$、$70 \times 10^4 t$、$80 \times 10^4 t$ 几个台阶，"八五"时期为 $68 \times 10^4 t$。1998 年产粮 $97.7 \times 10^4 t$，达到历史最高水平，较 1952 年增长 4.1 倍。人均产粮从 1978 年的 308kg 提高到 1998 年的 646kg，农民温饱问题基本解决。1999 年以来，受退耕还林（草）工程影响，在退耕还林（草）初期，粮食产量总体呈减少态势。1999 年至 2003 年，粮食

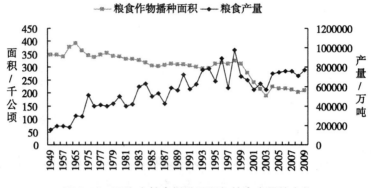

图 3 - 6　延安市粮食播种面积与粮食产量的变化

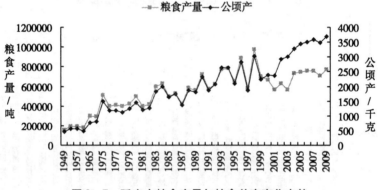

图 3 - 7　延安市粮食产量与粮食单产变化态势

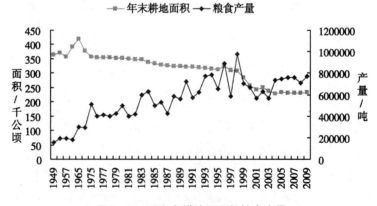

图 3 - 8　延安市耕地面积与粮食产量

产量分别为 70.25 × 10^{4}t、66.6 × 10^{4}t、56.44 × 10^{4}t、62.76 × 10^{4}t、56.8 × 10^{4}t，2003 年后，粮食产量回升，由 2004 年的 73.18 × 10^{4}t 上升为 2009

年的 $77.1 \times 10^4 t$。

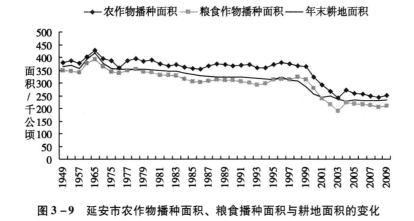

图 3-9　延安市农作物播种面积、粮食播种面积与耕地面积的变化

第二节　延安市农村经济发展历程

新中国成立后，经过近 60 年的发展，延安市农业农村经济面貌发生了巨大变化，农村经济实力增强，农民收入不断提高（表 3-2）。1978年前的 30 年里，延安市农业发展缓慢，农民的温饱难以解决。改革开放以来，延安市大力推广农业生产实用技术，改善农业生产条件，开展水土流失综合治理，结合市场需求和资源条件，发展多种经营，通过烟、果、羊、薯等主导产业的发展带动农村经济的快速发展。1999 年，延安市退耕还林（草）工程实施以来，农村经济发展进入了新阶段。根据延安市农村经济发展轨迹，可以将延安市农村经济发展划分为不同的发展阶段。结合已有学者的相关研究[1]，根据近六十年延安农业生产的发展演变过程和有关统计资料，延安市农村经济发展过程大体可以划分为四个阶段。

一　新中国成立至改革开放前农村经济缓慢发展阶段

新中国成立至 1978 年改革开放前，由于受以粮为纲思想和政策的影响，农村经济的发展本质上表现为农业的发展（表 3-3），农业的发展基本是以粮食的种植为主。在近 30 年的时间里，延安市人口增长了 1.5 倍

---

① 黄东、李保玉、于百川、姜喜麟：《2008 年退耕还林工程县社会经济效益监测报告》，《林业经济》2009 年第 9 期。

（图 3 - 2）。随着人口的快速增长，开荒面积迅速扩大，森林分布向南退缩，农村经济逐渐形成了以粮食生产为主的单一经营和越穷越垦、越垦越穷的恶性循环[①]。该阶段受自然灾害及人为因素的干扰，农业生产能力低而不稳，农村经济波动起伏、停滞不前，农村产业完全局限于农业，而其中又以种植业占绝对优势。该阶段农业发展缓慢，农民的温饱问题始终未能得到有效解决。到 1978 年，农、林、牧、渔业总产值仅为 21245×10^4 元，较 1949 年的 3695×10^4 元增长了 4.7 倍，年均增长 13.7%。相对于 3695×10^4 元这样一个很低的基数而言，这个增长速度应当是极为缓慢的。而且，在农林牧渔业产值结构中，农业占到 74.2%，林、牧、渔三项占 35.8%。需要指出是，因为当时农作物播种面积中粮食为 348620 公顷，占到总面积的 80.0%（图 3 - 10）。所以，无论是就这一时期的农、林、牧、渔业产值还是农业产值而言，粮食生产占了相当大的比重，其他产业基本上还处于传统种植习惯影响下的自发和原始状态。

表 3 - 2　　　　　　　　1949—2009 年延安市生产总值

年份	生产总值/万元	第一产业/万元	第一产业/%	第二产业/万元	第二产业/%	第三产业/万元	第三产业/%	人均生产总值/元
1949	3431							
1952	4793							72
1957	6677							84
1962	8544							83
1965	11085							102
1970	14381							116
1975	22980							212
1978	34394	18904	52.6	9415	27.3	6885	20.1	238
1980	43270	20523	47.49	14419	33.3	8328	20.8	293
1985	69937	37368	53.4	18907	25.8	14472	20.8	447
1990	182014	75226	41.3	72171	39.6	34617	19.1	1039
1995	502769	184345	36.6	180311	35.8	138113	27.6	2269
1998	698192	239600	31.2	303334	39.5	225258	29.3	3998
2000	978192	215235	22.0	494604	50.6	268353	27.4	5010
2001	106.26×10^4	20.93×10^4	19.7	56.98×10^4	53.6	28.35×10^4	26.7	5383

① 徐勇、许炯心、房金福：《黄土高原中部丘陵区（中尺度）农村经济特征制约因素与发展对策》，《水土保持研究》2000 年第 2 期。

续表

年份	生产总值/万元	第一产业/万元	第一产业/%	第二产业/万元	第二产业/%	第三产业/万元	第三产业/%	人均生产总值/元
2002	118.7×10^4	22.84×10^4	19.2	65.15×10^4	54.9	30.77×10^4	25.9	5954
2003	142.76×10^4	20.00×10^4	14.0	87.91×10^4	61.6	34.85×10^4	24.4	7028
2004	191.76×10^4	23.50×10^4	12.3	129.72×10^4	67.6	38.54×10^4	20.1	9255
2005	370.62×10^4	29.47×10^4	8.0	285.19×10^4	77.0	55.96×10^4	15.0	17670
2006	453.11×10^4	35.04×10^4	7.7	356.21×10^4	78.6	61.86×10^4	13.7	21380
2007	610.08×10^4	41.32×10^4	6.8	494.71×10^4	81.1	74.05×10^4	12.1	28675
2008	713.27×10^4	52.15×10^4	7.3	575.61×10^4	80.7	85.51×10^4	12.0	33332
2009	728.26×10^4	55.07×10^4	7.6	515.89×10^4	70.8	157.3×10^4	21.6	33899

资料来源:《新中国五十年（延安卷）》《延安统计年鉴1998—2009》。

表3-3　　　　　　　　　　延安市农业产值变化态势

年份	1949	1957	1965	1970	1975	1980	1985	1990	1995	2001	2005	2009
A	3024	4466	8800	10363	17767	19651	33077	79232	188760	255751	384527	729444
B	3776	7246	13352	16590	30502	44159	78748	248371	688800	1581025	4788213	10825735
C/%	80.08	61.63	65.91	62.47	58.24	44.5	42	31.9	27.4	16.18	8.03	6.74
D	3695	5729	11437	13549	21787	25753	45408	106913	271903	361385	519858	964135
E/%	81.84	77.95	76.94	76.49	81.55	76.31	72.84	74.11	69.42	70.77	73.97	75.66

注:表中A表示农业产值/万元,B表示工农业总产值/万元,C = A/B,D表示农林牧渔业产值/万元,E = A/D。

*资料来源:《新中国五十年（延安卷）》《延安统计年鉴1998—2009》。

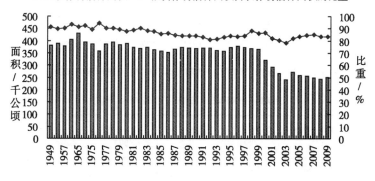

图3-10　1949—2009年延安市农作物播种结构变化图

二　1979 年至 1985 年农村经济稳步增长阶段

该阶段是延安市农村经济发展的一个重要转折期，由于受国家宏观政策驱动，特别是 1979 年农村家庭联产承包责任制的落实和农村经济体制改革的全面推进，极大地调动了农民的生产积极性，解放和发展了农村生产力，粮食产量大幅度增长，初步低水平地解决了农民的温饱问题；同时，在大力发展多种经营的口号下，经济作物的种植面积增大，畜牧和养殖业得到较大发展，农民收入有了较快增长。农村经济发展在经历了 1978—1980 年的飞跃之后，总体状况是稳中有升。农村产业结构中农业份额在下降，二、三产业开始发展。农业结构中种植业的比重在下降，副业的份额有了较大幅度的提高（图 3 - 11）。1985 年，经济和其他作物种植面积达到 34667hm² ，较 1978 年的 24667hm² 增加了 40.5% ，烤烟、蚕茧、水果等主要农产品产量较 1978 年都有了较大幅度增长（表 3 - 4）。

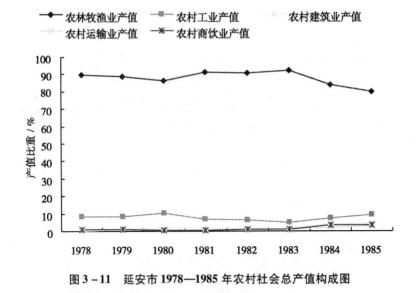

图 3 - 11　延安市 1978—1985 年农村社会总产值构成图

表 3 - 4　　　　　　　　1978—1985 年延安市主要农产品产量

年 份	粮食产量 /吨	油料产量 /吨	烟叶产量 /吨	蚕茧产量 /吨	水果产量/吨	
					总计	苹果
1978	395820	3244	2177	59	17770	8705
1979	425905	5611	812	66	21590	14290
1980	494665	8738	1909	44	18290	17940

续表

年 份	粮食产量 /吨	油料产量 /吨	烟叶产量 /吨	蚕茧产量 /吨	水果产量/吨	
					总计	苹果
1981	397420	14117	4093	61	32080	22315
1982	416090	8810	9667	81	25755	17360
1983	599240	16185	9448	98	34845	22830
1984	628905	16754	16075	121	39987	28010
1985	499020	24182	23495	105	45542	33317

＊资料来源:《新中国五十年（延安卷）》。

三　1986年至1998年农村经济高速发展阶段

该阶段是延安市主导产业大发展的时期，除1991年和1997年由于受干旱影响，农业产出引起农村经济呈现短暂的下降之外，从总体上看，属于农村经济高速发展时期，农业和非农产业均呈现出强劲的增长势头。这一阶段经济体制改革不断深化，社会主义市场经济体制初步建设。在这一大背景下，延安地委、行署提出了"依托资源、面向市场、择优开发、重点突破"的发展战略，这是延安提出并实施的第一个经济发展战略。按照这一战略，全市在农业方面主要抓了烤烟、苹果、羊子、薯类四大主导产业，各项政策及资金、人力、物力、技术等生产要素也重点向这四大产业倾斜。经过全市10多年的艰苦努力，四大产业规模迅速扩张，效益明显，农业内部结构调整发生了根本性变化。仅苹果面积就由1985年的$1 \times 10^4 hm^2$多增加到近$10 \times 10^4 hm^2$，相当于全市耕地总面积的近1/2，产量由$2.69 \times 10^4 t$增加到$35 \times 10^4 t$，成为农民增收的支柱产业，其他产业的开发也取得重大突破，初步形成了特色比较鲜明、优势比较突出的农业主导产业格局。

四　退耕还林（草）农村生态经济发展阶段

该阶段为延安市特色产业发展时期，是我国全面推进小康社会建设的阶段，国家制定并实施了一系列支农、惠农政策。1999年以来，随着退耕还林（草）工程项目在延安市的迅速实施，延安市耕地面积减少，农业产业结构进入大幅度调整时期，实现农民增收成为退耕还林（草）工程建设的重要保障。在退耕还林（草）工程建设初期，即1999—2001年是延安农业产业开发的一个重要的调整期，主要是由于国家对卷烟制造行业实行严格的计划定额管理，并运用经济杠杆推动烤烟生产进一步向优势产区集中，导致烤烟种植大面积萎缩，烟农纷纷转产；而退耕还林（草）工程的全面实施，又使大面积坡耕地退耕，薯类种植面积大幅度下降；加之封山禁牧的推行，导致羊子存栏量锐减，延安农业烟、果、羊、薯四大产业的发展格局受到严峻挑战。延安市委、市政府根据发展变化了的新形势，重新审视市情，及时对经济发展战略作出调整，提出了"面向市场、发挥优势、调整结构、凸显特色"的特色经济发展战略。这是延安经济发展史上的一个重要转折，也是延安农业发展史上的一个重要转折，标志着延安经济进入了适应市场需求、发挥自身优势、发展特色经济、调整优化结构的新阶段。在这一时期，烟、薯两项产业遭受重挫，羊子生产出现下滑，只有苹果产业没有受到太大影响。同时，以大棚果菜、花卉种植为特色的棚栽业成为当地农民增收的新途径。2001年以后，我国正式加入WTO，全球经济一体化趋势日益明显，我国农业农村经济的发展面临着国外农业挑战的压力。面对国内外形势的变化，延安市委、市政府提出了"开放带动、城市带动、产业支撑"的新的发展战略。结合延安市退耕还林（草）生态工程的建设和区域资源环境特点，以区域特色产业为依托，发展生态经济，实现生态建设与农村经济发展的共赢。在这一时期，产业化建设成为发展农业主导产业的一个新目标，标志着延安农业产业发展由过去的规模扩大、基地建设阶段，进入到注重系列化开发和产业化经营的新阶段。

第三节　延安市农村经济发展的自然条件

一　水土流失严重，土地瘠薄

延安市是具有典型特征的陕北黄土丘陵沟壑区，境内丘陵起伏，沟壑密布，地表支离破碎，沟壑密度3—5km/km^2，峁谷相对高度100—200m。特别是延安以北，长期以来垦殖过度，广种薄收，植被破坏严重，土壤侵蚀模数1—3×10^{4}t/km^2·a，是黄河中游和全国水土流失最严重的地区之一，也是全国、全世界罕见的极强度和强度水土流失区。严重的水土流失，导致了该区生态系统功能的严重退化，表现为土地瘠薄，肥力衰减，生态系统的产出水平下降。迫于人口增加对于粮食旺盛需求的压力，长期以来，该区农业经营单一，广种薄收，形成"越垦越贫，越贫越垦"的恶性循环，使原本不甚稳定的生态系统变得更加脆弱。

二　土地资源丰富，开发潜力大

延安市土地资源较广，人均土地资源位居陕西省前列。黄土覆盖深厚，一般50—100m，具有大规模修梯田，打坝淤地，推治小平原的良好基础；区内地貌类型多样，是我国东部季风湿润区与内陆干旱区的过渡地带，生物资源较多，为生物工程防治水土流失、造林种草提供了优良的种质资源，也为当地农业生产、农业资源开发提供了许多优良作物品种。该区属我国雨养农业区，干旱缺水是当地农业生产最大的限制因素。随着旱作农业技术的推广和农业生产条件的改善，延安市土地资源的利用效率大为提高。

三　光热条件较好，自然灾害频繁

延安属干旱半干旱性气候，春季干旱多风，夏季气候温热，秋季温凉多雨，冬季寒冷干燥，昼夜温差大，光照充足，年平均日照时数为2300—2700h，全年太阳辐射总量为 $50.24 \times 10^4 J/cm^2$—$586.2 \times 10^4 J/cm^2$，较同纬度的华北平原为高，是我国辐射能源高值区之一。但由于水、肥俱缺，耕作粗放，光能利用率低于0.5%，不到全国平均数的1/3，潜力很大。全区日平均气温大于等于0℃总积温为3000℃—4000℃，≥10℃的活动积温为2000℃—3400℃，无霜期120—200d。气温日较差大，平均在10℃—16℃之间，积温有效性高，利于光合作用物质形成及糖分积累，因而农作物品质较好，果品着色鲜艳，含糖量高。本区雨热基本同期，气温≥10℃期间降水量达200—400mm（个别地方达到500mm），占年降雨量的80%左右，能较充分地发挥光、温、水等气候资源的生产作用。该区自然灾害频繁，旱灾、冻害、冰雹、大风等灾难频率高，严重影响农业稳产，特别是多发的早春霜冻对果业生产极为不利。

四　水资源较贫乏，干旱威胁严重

延安市水资源十分贫乏，资源性缺水严重①。全市人均水资源量仅为

---

①　延军平、李怀恩：《陕甘宁老区生态贫水化与生态建设》，《水土保持学报》2003年第1期。

649 m³，占陕西省人均水资源量 1160m³ 的 55.9%，占全国人均水资源量 2200m³ 的 29.5%，低于国际公认的 1000m³ 的最低需水线。从降水量看，降雨量偏少，且季节分布不均，年平均降水量 500mm 左右，一般夏秋降雨偏多，并由东南方向向西北方向递减。降水年际分配不均，年变率达 15%—50%，年内变化更大，7—8 月降水变率达 30%—70%。春季、夏季，≤5mm 的无效降水分别占该时期降水总量的 60% 和 13%。夏季，> 25mm 易产生径流的低效降水约占 40%，真正对作物有益的降水，春季、夏季分别不过 30mm 和 120mm 左右。据观测，春季一般有 150mm 的降水方可基本满足作物生长需要，但在延安，春季 > 150mm 降水量的保证率只有 15%。夏季旬农田蒸发力大于旬降水量值在 20mm 以上的年份占 50%—85%，故有 "十年九春旱" "三年两伏旱" 之说，对农业生产威胁很大。由于降水多集中在 6—9 月，这期间的降水量占全年的 60%—75%，且多暴雨，形成地表径流，造成土壤大量被侵蚀。

延安市由于果树种植面积的迅速扩大，已成为重要的苹果产业基地，苹果种植成为当地农民收入的主要来源。大面积苹果的种植，不仅增加了黄土高原植被，也改变了流域下垫面状况，引起水循环的变化。林草植被对水循环的影响，表现为减少径流量和增加蒸腾量。多年生林草植被的蒸散量大于年降水量，其所缺部分依靠吸取土壤深层水分来补充，其结果是在 1—10 m 深度形成干层，干燥程度随树龄草龄增强。土壤干层的形成限制了植物的进一步生长，阻止了水分下渗对地下水的补给，减少地下径流，水资源不足已明显地制约区域的可持续发展①。

第四节　延安市农村经济发展的经济基础

一　区域经济实力不断增强

20 世纪 80 年代中后期以来，随着陕北能源重化工基地的建设，延安经济快速发展。1998 年西部大开发又给延安发展提供了难得的历史机遇，

---

① 王力、邵明安、侯庆春：《延安试区土壤干层现状分析》，《水土保持通报》2000 年第 3 期。黄明斌、李新民、李玉山：《黄土区渭北旱塬苹果基地对区域水循环的影响》，《地理学报》2001 年第 1 期。孙长忠、黄宝龙、陈海滨、刘增文、温仲明：《黄土高原人工植被与其水分环境相互作用关系研究》，《北京林业大学学报》1998 年第 3 期。

延安市通过实施"开放带动、城市带动、产业支撑"的经济发展战略，实现了区域经济的快速增长，工业经济优势明显，经济发展总量、经济结构变化显著（图3-4，图3-5）。"十五"期间，延安市GDP年均增长15.1%，比"九五"期间高出4.7个百分点；2005年人均GDP达到17670元，财政总收入107.29×10^8元，其中地方财政总收入45.08×10^8元，结构调整成效明显，特色产业发展势头强劲，一、二、三产业比重由"九五"末的15∶60∶25调整为8∶77∶15，石油、煤炭为骨干的能源工业成为区域经济的主体和财政支柱，为区域经济的发展提供了资金支持。2009年，延安市三次产业比例为7.6∶70.8∶21.6，国内生产总值728.26$\times 10^8$元，占全省的8.80%，比上年增长12.2%，高于全国3.1个百分点，低于全省1.4个百分点，工业总产值占全省11.80%，全社会固定资产投资占全省8.51%，人均国内生产总值33899元，居陕西省第二位，为全省的155.99%；财政总收入263.14×10^8元，较2008年增长32.41%，地方财政收入90.47×10^8元，较2008年增长13.01%，地方财政收入占全省的12.33%，人均财政收入位居全省首位。

二　农村经济总量上升

改革开放30年来，延安市农业和农村经济高速发展，农业综合生产能力显著提高，农村经济总量总体上呈增长趋势（表3-5）。全市农业总产值由1978年的2.12×10^8元增加到2009年的96.41×10^8元，增长45.38倍；农民人均纯收入由53.4元增加到2009年的4258元，增长79.74倍，农民收入不断增加，农村经济稳定增长。

延安市是典型的雨养农业区，农业生产，尤其是粮食生产受气候的影响较大，粮食产量与降水量的年节变化具有一致性（图3-12），呈波动上升。"六五"以来，粮食产量先后跨越$50 \times 10^4 t$、$60 \times 10^4 t$、$70 \times 10^4 t$、$80 \times 10^4 t$几个台阶，"八五"时期为$68 \times 10^4 t$。1998年产粮$97.7 \times 10^4 t$，达到历史最高水平，较1952年增长4.1倍。人均产粮从1978年的308kg提高到1998年的646kg，农民温饱问题基本解决。1999年以来，受退耕还林（草）工程影响，在退耕还林（草）初期，粮食产量总体呈减少态势。1999年至2003年，粮食产量分别为$70.25 \times 10^4 t$、$66.6 \times 10^4 t$、$56.44 \times 10^4 t$、$62.76 \times 10^4 t$、$56.8 \times 10^4 t$，2003年后，粮食产量稳定上升，2009年粮食产量达$77.1 \times 10^4 t$，农民人均产粮502.80kg。三十年间粮食总产由

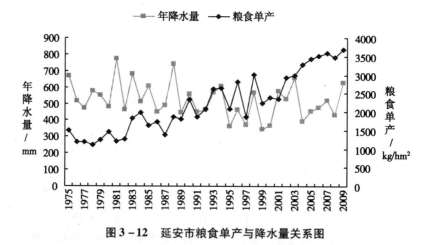

图 3-12　延安市粮食单产与降水量关系图

39.58×10^4 t 增加到 77.1 $\times 10^4$ t，增长 1.95 倍；果品产量由 1.84×10^4 t 增加到 206.98×10^4 t，其中苹果由 0.91×10^4 t 增加到 196.91×10^4 t，土地产出率、劳动生产率有效提高。

表 3-5　　　　　延安市农业总产值及主要农作物产量变化表

年份	农业总产值/亿元	粮食产量/10^4 吨	油料产量/10^4 吨	烟叶产量/10^4 吨	羊子存栏/万只	水果产量/吨	
						总计	苹果
1978	2.12	39.58	0.32	0.22	157.12	1.84	0.91
1979	2.5	42.59	0.56	0.08	163.56	2.06	1.25
1980	2.58	49.47	0.87	0.19	169.09	1.93	1.29
1981	2.82	39.74	1.41	0.4	145.45	3.21	2.23
1982	2.93	41.61	0.88	0.97	144.42	2.58	1.74
1983	3.91	59.92	1.62	0.94	126.59	3.48	2.28
1984	4.45	62.89	1.68	1.61	67.49	4	2.8
1985	4.54	49.90	2.42	2.35	62.88	4.55	3.33
1986	4.78	52.68	1.31	1.5	70.56	3.56	2.70
1987	4.86	42.34	1.28	2.05	83.16	4.61	3.43
1988	7.76	58.27	1.57	3.51	107.07	5.81	4.49
1989	8.42	56.13	1.83	3.59	128.68	6.46	5.11
1990	10.69	72.06	2.11	4.22	141.5	7.39	5.88
1991	10.06	57.07	2.86	4.04	137.91	8.77	7.63
1992	12.14	62.20	2.59	4.26	146.77	11.58	10.06

续表

年份	农业总产值/亿元	粮食产量/10⁴吨	油料产量/10⁴吨	烟叶产量/10⁴吨	羊子存栏/万只	水果产量/吨	
						总计	苹果
1993	16.53	77.15	2.88	3.53	160.88	15.96	13.98
1994	24.42	78.32	3.27	2.84	172.45	19.56	17.76
1995	27.19	65.16	2.24	2.51	181.13	25.92	23.45
1996	32.17	89.17	2.68	3.34	178.16	30.36	27.79
1997	27.52	58.69	2.38	3.44	162.81	28.98	26.99
1998	34.95	97.68	2.22	2.08	151.17	37.5	35.1
1999	34.13	70.25	1.71	2.04	71.08	42.69	39.69
2000	35.23	66.60	1.61	1.95	91.64	43.68	46.79
2001	36.14	56.44	2.46	1.43	94.0	50.07	46.02
2002	40.19	62.76	2.23	0.51	106.8	55.85	52.14
2003	37.26	56.8	1.8	0.54	107.59	59.63	55.41
2004	43.05	73.18	2.02	0.57	95.7	89.35	82.95
2005	51.99	74.48	1.94	0.68	74.46	101.47	95.29
2006	57.44	75.93	1.35	0.7	28.95	122.56	117.82
2007	70.41	76.07	1.48	0.72	29.67	143.31	138.09
2008	90.86	70.86	1.70	0.69	33.55	172.5	164.28
2009	96.41	77.1	2.3	0.54	50.02	206.98	196.91

＊资料来源:《新中国五十年（延安卷）》《延安统计年鉴1998—2009》。

三 农业产业结构调整成效明显

（1）农林牧渔业产值结构的变化

1978年来,延安市不断适应市场经济发展的新变化,大力调整农业产业结构,特别是退耕还林（草）的实施,产业结构调整步伐明显加快,农业和农村经济持续发展。农林牧渔业总产值中,农业、林业、牧业、渔业的产值分别由1978年的 15773×10^4 元、2403×10^4 元、3067×10^4 元、2×10^4 元上升到2009年的 729444×10^4 元、32799×10^4 元、165705×10^4 元、2353×10^4 元,农林牧渔业得到较快增长（图3-13）。1978年农林牧渔业总产值结构中,农业、林业、牧业、渔业各业产值所占比重依次为74.24%、11.31%、14.43%、0.01%,2009年,各业产值所占比重为78.41%、3.53%、17.81%、0.25%,表现为农业、牧业、渔业比重上升,林业比重下降。2005年至今,农业比重稳定在75%左右。农业产值比重的变化说明，农业是始终是延安市农村经济的主体。1978 年来，延安市农林牧渔业产值结构的变化具有明显的时段性：1978—1985 年，农林牧渔业产值结构中各产值比重的变化幅度相对于 1986 年后的比重变化幅度较小，1986—1998 年为大幅调整期，农、林、牧、渔各产业产值比重结构均有不同程度的明显升降，1998 年后，主要受退耕还林（草）等因素的影响，林业产值比重先升后降，农业产值比重降后有升。

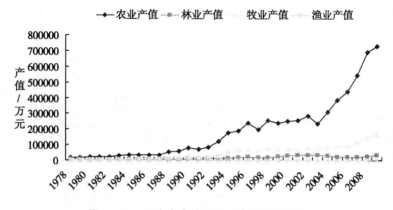

图 3 - 13　延安市农林牧渔业产值变化趋势

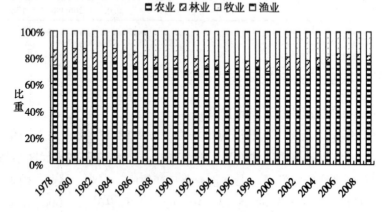

图 3 - 14　延安市农林牧渔业产值结构

（2）农作物播种面积和农业用地结构的变化

1978—2009 年，延安市农业产业结构的调整优化主要体现于农作物播种面积和农业用地结构的变化，可以概括为"两减少""两扩大"。"两减少"：一是以粮油生产为主的农作物种植面积逐年减少，播种面积由 1978 年的 $39.47 \times 10^4 hm^2$ 减少到 2009 年的 $25.10 \times 10^4 hm^2$，减少了 14.37

$\times 10^4 hm^2$；二是粮食作物特别是传统、低值的农产品种植面积大幅减少，由 1978 年的 $35.5 \times 10^4 hm^2$ 减少到 2009 年的 $20.90 \times 10^4 hm^2$，减少 $14.6 \times 10^4 hm^2$，其中小麦由 $10.54 \times 10^4 hm^2$ 减少到 $0.73 \times 10^4 hm^2$，减少了 $9.81 \times 10^4 hm^2$，玉米由 $6.27 \times 10^4 hm^2$ 减少到 $5.72 \times 10^4 hm^2$，减少了 $1.89 \times 10^4 hm^2$。"两扩大"：一是经济作物和玉米的面积不断扩大。蔬菜、薯类为主的经济类作物面积增加，蔬菜由 $0.5 \times 10^4 hm^2$ 增加到 $1.89 \times 10^4 hm^2$，薯类由 $3.01 \times 10^4 hm^2$ 增加到 $5.64 \times 10^4 hm^2$，瓜菜面积由 $3.51 \times 10^4 hm^2$ 增加到 $7.53 \times 10^4 hm^2$，增加了 $4.02 \times 10^4 hm^2$，增长 114.53%，占农作物种植面积的 30.3%。二是农业用地领域扩大。全市以苹果为主的水果面积由 $1.48 \times 10^4 hm^2$ 扩大到 $24.55 \times 10^4 hm^2$，农业资源得到有效利用。

四　农业优势产业开发形成规模

经过几次大的调整，特别是退耕还林（草）工程的实施，明显加快了延安市产业结构调整步伐，以林果、棚栽、草畜业为主导的新的产业结构初步形成，水果产业整体水平全面提升。长期以来作为延安市主导产业之一，水果产业始终保持良好的发展势头，特别是近年来，基地规模继续扩大，商品总量连年大幅增加，果品质量、优质果率显著提高，产业链不断延伸，产业整体效益迅速增加。2009 年，水果面积达 $24.55 \times 10^4 hm^2$，产量 $206.98 \times 10^4 t$，其中苹果 $16.94 \times 10^4 hm^2$，总产 $196.91 \times 10^4 t$，产值达到 36.33×10^8 元，占农业产值的 49.8%；2009 年全市苹果收入占农民人均纯收入的 40% 以上。其中苹果专业县洛川县，苹果总面积达 $3.36 \times 10^4 hm^2$，人均种植苹果 $0.21 hm^2$，居全国之首。2009 年洛川县苹果总产量达到 $68.5 \times 10^4 t$，果业总收入 18.2×10^8 元，农民人均苹果纯收入 5014 元，占农民人均纯收入 5301 元的 95%。全市已建成各类果库 16996 个，果品贮藏库达到 11586 个，总贮藏能力达到 $49.7 \times 10^4 t$，共认定省级果业龙头企业 4 家、市级 16 家，获得自营出口权企业 14 家，果汁加工企业 3 家，发展注册的果业专业合作经济组织 172 家。1996 年以来，先后有洛川、宝塔、黄陵、富县、宜川、延长、安塞、延川 8 县区被省级有管部门认定为省级优质苹果生产基地县，有 137 个 $1623.2 hm^2$ 苹果园被省果业局认定为省级优质苹果标准化示范园；有 $4.33 \times 10^4 hm^2$ 苹果园被国家农业部优农中心认定为绿色苹果生产基地。2002 年延安被农业部划定为全国优势苹果产业带，延安"宝塔山"苹果品牌已在香港和延安两地注册，远销世界二十多个国家和地区，得到了国内外专家和消费者的认可，知名度不断提高。

设施农业是干旱地区农村经济发展的重要途径，延安市在农村经济发展中将设施农业作为发展的重点，结合市场需求，在城镇近郊积极发展大棚瓜菜，形成迅速壮大的另一优势产业——棚栽业。延安市的棚栽业起始于1992年，十多年来，尤其是2001年以来，棚栽业快速发展，2009年底，全市日光温室大棚总数达到8.9×10^4座，弓棚5×10^4多个，蔬菜种植面积$1.89 \times 10^4 hm^2$，总产量$70 \times 10^4 t$，产值过10×10^8元，已形成蔬菜专业村232个，涉及12个县区，80个乡镇，22655户，专业村农民蔬菜收入达2600多元，大棚蔬菜生产规模明显扩大，商品率提高，科技含量加大，名、特、稀、优菜比重增加，以反季节生产为主，周年生产、四季有菜的格局已经形成，丰富了城乡居民的菜篮子，增加了农民收入。如棚栽业大县甘泉县、安塞县、宝塔区，农民来自大棚的纯收入基本占农民人均纯收入的50%。

五　农业科技水平整体提高

改革开放以来，延安市大力推进科教兴农战略，坚持开展农业科技下乡活动，坚持开展先进实用技术的引进、试验与研究，坚持实施种子工程、土壤统测统配工程，认真实施了科技入户和劳动力转移培训阳光工程，狠抓农产品无公害生产、发展生态农业等工作，加速了科技成果的转化，应用水平不断提高，科技进步步伐明显加快。传统的生产技术被日益完善的生态、节水、可持续农业技术所替代，生物肥田、耕作改制、立体种植以及保护地栽培、设施农业等新技术进入田间地头，农业种植科学化、良种化、化学化、机械化等现代农业技术广泛应用，各类作物普遍采用良种生产，主要作物基本实现了良种化，苹果、蔬菜品种基本紧跟国际发展步伐。优质生产、商品生产、无公害生产的理念深入人心，以苹果生产的"巧施肥、大改型、强拉枝、无公害、增套袋"，大棚菜生产的"合理轮作、增温保温、大棚滴灌、厚墙体钢架、嫁接改良、CO_2施肥"，粮食生产的"地膜覆盖和沟垄种植两种节水模式"为主体技术的技术体系得到确立和推广，辅之以日趋科学、合理的配套技术，科技在农业生产的作用更加显露。

第五节　小结

（1）新中国成立至今，延安市农业农村经济面貌发生了巨大变化，农村经济实力增强，农民收入不断提高。根据延安市农村经济发展轨迹，可以将延安市农村经济发展划分为四个阶段：1949—1978 年，延安市农村经济缓慢发展阶段；1979 年至 1985 年农村经济稳步增长阶段；1986 年至 1998 年农村经济高速发展阶段；退耕还林（草）工程建设至今，农村生态经济发展阶段。

（2）延安市是具有典型特征的陕北黄土丘陵沟壑区，该区水土流失严重，生态环境脆弱，自然灾害频繁，水资源贫乏，干旱对当地农业经济发展造成威胁，土层中形成了程度不等的土壤干层。此外，该区光热资源条件好，土地资源丰富，存在一定的开发潜力。

（3）20 世纪 80 年代中后期以来，随着陕北能源重化工基地的建设，延安经济快速发展。1998 年西部大开发又给延安发展提供了难得的历史机遇，区域经济快速增长，工业经济优势明显，经济发展总量、经济结构变化显著，石油、煤炭为骨干的能源工业成为区域经济的主体和财政支柱，为区域经济的发展提供了资金支持。在工业经济发展的同时，延安市立足本地实际，调整农业结构，发展多种经营，大力发展优势产业，通过主导产业的发展带动农村经济的快速发展，农村整体经济实力不断提高。全市农业总产值由 1978 年的 2.12×10^8 元增加到 2009 年的 96.41×10^8 元，增长 45.38 倍；农民人均纯收入由 53.4 元增加到 2009 年的 4258 元，增长 79.74 倍，农民收入不断增加，农村经济稳定增长。

（4）农业优势产业开发形成规模。经过几次大的调整，特别是退耕还林（草）工程的实施，产业结构调整步伐明显加快，以林果、棚栽、草畜业为主导的新的产业结构初步形成。水果产业整体水平全面提升。长期以来作为延安市主导产业之一，水果产业始终保持良好的发展势头，特别是近年来，基地规模继续扩大。

第四章 退耕还林（草）工程对黄土高原农村经济的影响

退耕还林（草）工程是通过农耕地的减少来实现生态的恢复，土地利用格局的变化是退耕还林（草）工程建设最直接最显著的结果。退耕还林（草）工程项目实施后，黄土高原退耕区耕地数量的锐减带来土地利用结构的显著改变，继而加快了农村经济结构的全面调整。从农村经济的结构组成及其相关性看，农业内部结构调整是农村经济结构调整的基础和重点。随着退耕还林（草）工程建设的推进，农村不合理的土地利用结构得到快速调整，农村经济结构随之调整。延安市结合退耕还林（草）工程项目，在改善生态环境的前提下，根据区域农业资源特点、市场条件，发展特色产业，调整农牧林业结构，农村经济发展成效明显。

第一节 退耕还林（草）工程对农村经济的影响机理

一 农耕地数量的减少加快了农村土地利用结构和经济结构调整

退耕还林（草）工程是一项综合性的系统工程，对农村经济的直接影响是耕地数量减少，林草种植面积扩大，土地利用结构发生明显变化。土地利用是农村经济发展的基础，土地利用结构的改变加快了林、草产业的发展，促进了林业、畜牧业的发展，有利于形成农林牧各业互相促进、共同发展的格局。退耕后，农村种植业、林业、牧业结构发生变化，促进了退耕区农村产业结构的调整。退耕还林（草）工程实施后，延安市在耕地数量减少的现实下，改变了原有传统的广种薄收的农业生产方式，加大了对土地的投入，提高了土地利用率。

二 农村剩余劳动力的转移改变了就业结构和收入结构

退耕还林（草）工程的实施改变了部分农耕地的用途，不仅将水土流失严重、生产力较低的陡坡耕地直接转为林草地，加快了林业产业的发展，同时也使农民从低产土地上解放出来，更多的农村劳动力资源从农业经营中转移到林业经营和其他非农产业上来，加快了农村劳动力的合理流转，农村非农业人口比例增加。农村劳动力通过出外务工流向劳动效率更高的产业和地区，增加了家庭现金收入，改变了农民收入结构，农民收入中农业经营性收入下降。农村劳动力的合理流转，给农民带来了较高的经济效益，增加了农民的年均纯收入，改变了农村劳动力就业结构和农民收入结构，增加了农村经济发展的活力和后劲。

三 单位面积耕地投入的增多提高了耕地的产出水平

在退耕还林（草）工程建设中，延安市退耕地主要集中在坡度大于25°以上的陡坡耕地，这些土地水土流失严重，制约了土地生产力水平的提高。长期以来，当地农民在农业生产中对陡坡耕地的投入很低，采用传统的广种薄收的农业生产方式，农作物产量也很低。退耕还林（草）工程在延安市实施后，延安市陡坡耕地退耕还林（草），区域水土流失得到有效控制，农业生态环境明显改善，对基本农田也起到了保护作用，使单位面积产量增加。同时，延安市山高坡陡、水土流失严重、投入产出率低的陡坡耕地的退耕，使农村有更多的人、财、物力投入到基本农田上和农业高新技术的应用中，提高了耕地集约经营水平，增加投入产出率。退耕还林（草）改善了生态环境和耕地的投入结构，提高了耕地的产出水平，为农村产业结构调整提供环境基础，促进了农村经济全面发展。

第二节 退耕还林（草）背景下延安市农村经济结构的变化

治理水土流失是延安市农村经济发展的前提，退耕还林（草）工程建设以来，延安市基于水土保持生态建设目标，将农民增收作为生态建设的基础和动力[①]，发展生态型产业，通过生态经济发展模式，调整农业用地结构，改变了倒山种地、广种薄收的传统生产方式，推动了农村产业结构的快速调整。

1999年，国家开始实施退耕还林（草）工程，延安市在全国率先开展大规模的退耕还林（草）。截至2009年底，延安市完成国家计划内退耕还林（草）面积59.29×10⁴hm²，占全国的2.5%，全省的27%，其中退耕地还林还草33.49×10⁴hm²，宜林荒山荒坡造林25.06×10⁴hm²，封山育林0.74×10⁴hm²。延安市通过实施退耕还林（草）工程建设两轮下来，争取到国家钱粮补助资金加上成果巩固专项资金共计117.7亿元，其中给退耕户的直补资金达到100.5亿元，人均8053元。至2009年底，全市已兑现给退耕户补助资金64.77亿元，涉及28.6万农户，124.8万农村人口，使80%以上的农民直接受益，退耕农民人均直接收益5189.9元，平均每年471.8元。退耕还林政策带来了农业结构上的调整，把广大农民引向了优质、高产、高效的现代化农业道路。在农业结构调整中，针对农耕地减少，林草地扩大的现状，延安市加大基本农田建设力度[②]，提高农田综合生产力，以高效生态农业为发展目标，发展多种经营，形成了林果业、草畜业、棚栽业为主导的农村产业发展格局，实现了"粮下川、林上山、羊进圈"。

一　土地利用结构的调整

（1）延安市耕地数量的变化态势

退耕还林（草）是将已对生态环境造成不利影响或预计将造成不利影响的耕地停止耕种，采取人工种植或自然封育的方式恢复林草植被，使其恢复为原有的状态，以达到改善生态环境的目的。因此，耕地数量变化是退耕还林（草）工程对农村经济影响最直接最明显的结果。耕地是农作物生长的空间载体，农作物的播种面积又可以反映出一个地区实际的农作物种植面积与耕地面积的利用状况，其面积一般大于耕地面积，但二者

---

　　① 景可：《加快黄土高原生态环境建设的战略思考》，《水土保持通报》2001年第1期。

　　② 王青：《黄土高原丘陵沟壑区农业结构调整的思考》，《中国农业资源与区划》2001年第5期。景可：《加快黄土高原生态环境建设的战略思考》，《水土保持通报》2001年第1期。白志礼、穆养民、李兴鑫：《黄土高原生态环境的特征与建设对策》，《西北农业学报》2003年第3期。新华网陕西频道：延安退耕还林面积占陕西近1/3. http// www. sn. xinhuanet. com，2010年9月4日。

数量变化具有同向性。

退耕还林（草）以来，延安市的耕地面积与播种总面积从 1997 年到 2009 年总体趋势是减少的（图 4 - 1），该时段内延安市耕地资源的变化（图 4 - 2，图 4 - 3）呈现出明显的阶段性：第一阶段 1997 年—1998 年，延安市耕地面积相对稳定。1997 年耕地面积为 309030hm^2，1998 年耕地面积为 308450hm^2；第二阶段 1999 年—2004 年为耕地面积减少阶段，耕地面积从 1999 年到 2004 年持续减少，以 1999 年—2002 年的减幅最大，远大于 1994 年—1998 年的减少幅度，此后，耕地面积的减少幅度逐渐变缓，进入了一个相对稳定的减少阶段，延安市耕地面积由 1999 年的 284490hm^2 下降到 2004 年的 228870hm^2；进入 2005 年之后为延安市耕地面积相对稳定的第三阶段，该阶段延安市耕地面积略有增加，2005 年—2009 年延安市耕地面积分别为 233670hm^2、231867hm^2、231360hm^2、231160hm^2、233513hm^2，耕地面积总体稳定在 231.5 × 10^{3}hm^2 上下。

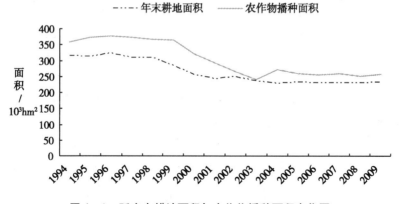

图 4 - 1 延安市耕地面积与农作物播种面积变化图

从延安市耕地变化的阶段可以看出，第一阶段为退耕还林（草）前，由于处于西部大开发初期，延安市城市化及工业化进程缓慢，城乡建设用地并未出现显著增加，延安市耕地面积没有出现大规模减少，1997 年—1998 年全市耕地面积年递减率不足 0.2%，变化甚微，耕地面积保持相对稳定；第二阶段为退耕还林（草）时期，由于延安市地处黄土高原丘陵沟壑区，坡耕地比例大，水土流失严重，不适合农业耕种的土地较多，生态退耕涉及范围大。1999 年，延安市 ≥5° 的坡耕地面积占延安市总耕地面积的 65.24%，≥25° 的坡耕地面积占延安市总耕地面积的 30% 以上。因此，由于退耕还林（草）政策的实施，导致延安市耕地面积迅速下降，

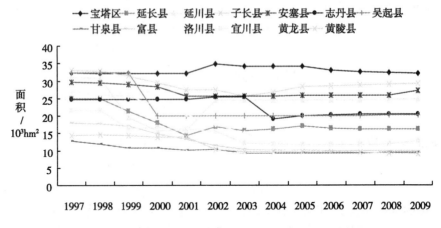

图4-2 1997—2009年延安市各县区耕地面积变化趋势

由退耕前的308450hm² 下降为退耕后的228890hm²。其间，北部延长、延川、吴起等县在2002年大规模退耕还林（草）后，加大力度兴修基本农田，2002年耕地面积出现反弹，2002年后其余县区退耕还林（草）高潮使耕地面积呈现缩减态势。第三阶段为退耕还林（草）进入成果巩固阶段，即延安市退耕还林（草）工程建设后期，延安市符合退耕标准的坡耕地基本都已退耕还林（草）了，退耕不再是影响耕地数量变化的主导因素。这一阶段，由于2003年国内粮食供求格局的变化，国家出于粮食安全的考虑，对土地利用尤其是占用耕地的管理更加严格，致使该区域耕地面积没有出现大的变动，同时延安市由于基本农田的建设，耕地面积不减反增，2005年耕地面积增加到233670hm²，较2004年增长了2.09%，2006年—2009年延安市耕地面积都维持在231.5×10³hm² 上下。

与此同时，延安市农作物总播种面积从1999年到2003年的减幅最大，明显高于1996年到1999年的减幅，也高于耕地面积的减幅。农作物总播种面积在2003年缓慢减少的基础上，到2004年有了一个小的增加过程，这表明在2004年前退耕的土地中以耕地为主，农作物总播种面积受国家扶持农业的政策影响有小幅增加。以上的分析说明：延安地区自1999年实行退耕还林（草）政策以来，土地利用结构调整效果显著。退耕面积从1999年到2002年达到一个高峰值，此后进入相对缓慢的调整期。在退耕地中，不仅有一定数量的、坡度在25°以上的坡耕地（在2004年以后占较大比例），还包括其他一些已经播种的撂荒地和未经开垦的土地，而这部分土地在2002年以前的退耕地中占据了较大的比例。

人均耕地面积与人口和耕地总面积密切相关，基于延安市耕地面积和人口数量的变化特点，延安市人均耕地面积呈现出下降趋势，由 1997 年的 0.16hm²/人降为 2009 年的 0.10hm²/人。人均耕地面积的减少致使农村劳动力剩余，农户家庭农业经营规模变小，规模不经济问题日渐突出，农村土地制度创新成为农村经济发展的必然要求。

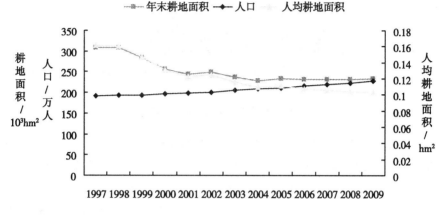

图 4 – 3　1997—2009 年延安市耕地面积变化趋势图

（2）延安市种植业结构的变化

1999 年延安市退耕还林（草）工程实施后，耕地面积与农作物播种面积数量变化加快了种植业结构调整的力度。一个地区农作物播种面积中粮食作物、经济作物和其他作物所占的比例可以反映出这个地区农村的种植业结构状况。由于延安市的经济作物主要为油料、烟叶和瓜菜，因此，文中用油料、烟叶、瓜菜面积之和来代表经济作物面积，通过粮食作物、经济作物和其他作物总面积的变化，以及三者占农作物播种面积的比值来反映退耕还林（草）前后延安市种植业结构的变化情况。

从退耕之前的 1994 年到开始退耕还林（草）的 1999 年，延安市粮食作物总面积有所增加；自 1999 年实行退耕还林（草）政策以来，到 2003 年，延安市粮食作物总面积明显减少（图 4 – 4）。进入 2004 年，粮食作物总面积又有较大的回升。经济作物总面积从 1994 年到 2004 年是逐渐减少的。其他作物面积从 1994 年到退耕前减少，1999 年退耕还林（草）后，表现出与粮食面积、经济作物面积不同的变化趋向。退耕还林（草）后，至 2003 年，在经济作物和粮食作物面积减少的同时，其他作物面积明显上升，2003 年之后，在经济作物和粮食作物面积回升时，其他作物

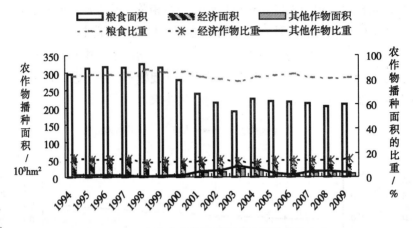

图 4 - 4　延安市农作物播种面积及播种结构变化

面积又反向减少。从减幅上看，在延安市的退耕地中，粮食作物的面积减幅较大，在 2003 年之后有一个小的波动，变为增长型；经济作物总面积减幅较小，但变化较为稳定，基本保持了一个小的减小趋势。

结合图 4 - 4 可以看出，延安市粮食作物播种面积占农作物播种总面积的比重在退耕还林（草）前后一直居首位，在 80% 上下波动。其间，从 1999 年退耕到 2003 年，粮食作物面积所占的比重有所下降，而经济作物和其他作物的比例却有所增加。进入 2004 年后，粮食作物面积的比例又有所增加，而经济作物和其他作物的比例却减少了。这说明粮食生产仍然是延安市种植业中的"重头戏"。自退耕还林（草）以来，延安市种植业结构发生了一定的变化，截至 2003 年，退耕地主要集中在粮食作物上，经济作物的退耕面积较小，其他作物面积未降反增，二者的比例有所增加。其他作物面积的变化主要缘于当地农民在一些生产条件相对较差的未退耕地上种植苜蓿等饲料作物。2003 年以后，延安市退耕地则集中在经济作物和其他作物的耕地上，粮食作物面积的比例有所增加。

延安市种植业结构的调整不仅表现为粮食作物、经济作物、其他作物的播种面积及其比例变化，同时粮食作物内部种植结构也发生了显著的变化（图 4 - 5）。小麦、玉米、豆类、薯类是延安市的主要粮食作物，退耕前后，这四类粮食作物的播种面积及其占粮食作物播种总面积的比重的变化更大。

结合图 4 - 4、图 4 - 5、图 4 - 6、图 4 - 7 可以看出，虽然退耕还林（草）前后延安市经济作物面积的变化较为稳定，但经济作物内部结构调

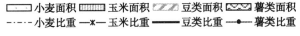

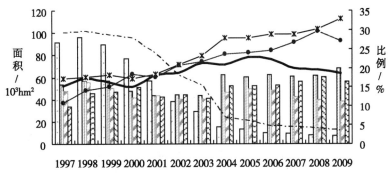

图4-5　延安市粮食作物播种结构变化图

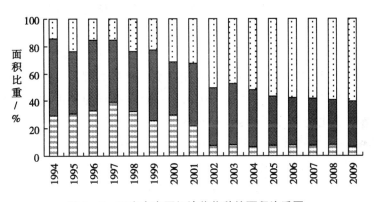

图4-6　延安市主要经济作物种植面积比重图

整却很大。经济作物内部结构调整具体表现为烟叶、油料的种植面积大幅度减少，瓜菜类作物面积增加。在这三类作物中，烟叶面积占三类作物总面积的比重由1994年的29.20%下降到2009年的6.92%，油料由1994年的56.44%调整为2009年的32.82%，与烟叶、油料面积比重的变化趋势相反，1994年—2009年延安市瓜菜种植面积比重由1994年的14.36%扩大为2009年的60.26%。瓜菜种植面积及其比重的增长态势与退耕还林（草）后延安市大力发展大棚菜的思路相吻合。

延安市农作物播种面积和农作物播种结构的变化表明，1997年—2009年，延安市农作物播种面积中，小麦、烟叶、油菜作物的播种面积及播种比例减少，玉米、豆类、薯类、瓜菜类作物的播种面积及比例上

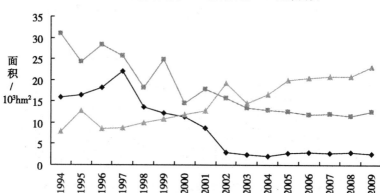

图4-7　延安市经济作物种植面积变化图

升。小麦、烟叶、油菜作物、玉米、豆类、薯类、瓜菜类作物播种面积的变化如图4-8。其中，小麦播种面积急剧下降，变化趋势线方程为：$y = 0.6363x^2 - 17.586x + 124.78$，相关系数 $R^2 = 0.9496$；烟叶播种面积的变化趋势方程为：$y = 0.0663x^2 - 1.2373x + 6.7196$，相关系数 $R^2 = 0.9138$；玉米播种面积占农作物播种面积的比例变化趋势方程为：$y = 0.1752x^2 - 0.065x + 14.709$，相关系数 $R^2 = 0.9214$；豆类播种面积占农作物播种面积的比例变化趋势方程为：$y = 0.0353x^2 + 0.5539x + 12.684$，相关系数 $R^2 = 0.9264$；薯类播种面积占农作物播种面积的比例变化趋势方程为：$y = 1.1557x + 9.4664$，相关系数 $R^2 = 0.9505$；瓜菜类播种面积占农作物播种面积的比例变化趋势方程为：$y = -0.0279x^2 + 1.5909x + 6.7855$，相关系数 $R^2 = 0.9074$。农作物播种面积的变化趋势表明，经济收益较低的传统粮食作物小麦的播种面积减少，收益较高的薯类、豆类、玉米、蔬菜面积总体增加，反映出农村产业结构调整的多元化特点，高效农业已成为延安农村经济发展的重要选择。

二　粮食生产态势的变化

粮食问题关系到国计民生，是国家发展和社会稳定的前提[1][2]。长期

---

① 王大伟、刘彦随、卢艳霞：《农业结构调整对全国粮食安全的影响分析——以粮食主产区为例》，《中国人口·资源与环境》2005年第2期。

② 常庆瑞、孟庆香、刘京、齐雁冰：《黄土丘陵沟壑区土地承载力及提高途径探讨——以延安市为例》，《西北农林科技大学学报》（自然科学版）2002年第6期。

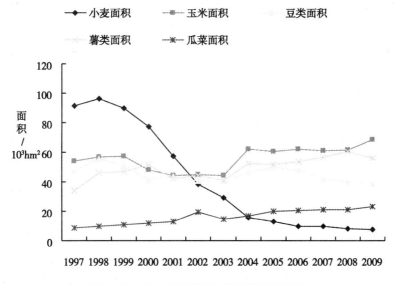

图4－8　延安市主要农作物种植面积变化

以来，在黄土高原地区人们为了获取足够多的粮食以维持生存而人为地毁林开荒，加剧了该区的水土流失，生态环境恶化。因此，满足当地居民的粮食需求是治理水土流失的前提。延安市自1999年大规模的退耕还林（草）工程建设在改善日益恶化的生态环境的同时，也从两方面影响到当地的粮食供给总量：一方面，该工程通过粮食补贴的形式鼓励农户将一部分不适宜耕种的坡耕地转换为林地、草地等，这需要消耗相当的粮食储备；另一方面，由于退耕还林（草）本身会减少耕地总面积，从而将减少粮食供给总量。由于农业发展环境与粮食安全之间呈双向反馈关系，即没有粮食安全，农民势必要继续毁林开荒，从而加重环境恶化，并形成环境对粮食生产影响的恶性循环。因此，稳定粮食生产与供给，确保粮食安全，解决农民的吃饭问题关系到延安市退耕还林（草）工程的持久、稳定。区域粮食安全是国家粮食安全的基础①，延安市粮食生产及粮食安全问题不仅关系到我国的粮食总体安全，而且直接影响我国的生态安全。现代市场经济和运输体系的发展使延安市可以通过市场来调剂当地的粮食供给，但作为土地、光热等农业资源条件较好的地区，延安市应立足于当地解决粮食自给问题，确保延安市粮食安全，以减轻国家的粮食供给压力。

---

①　东梅：《退耕还林对我国宏观粮食安全影响的实证分析》，《中国软科学》2006年第4期。

按照我国传统解释，粮食有广义和狭义之分。狭义的粮食是指谷物类，主要有稻谷、小麦、玉米、大麦、高粱等。广义的粮食是指谷物类、豆类、薯类的集合。在考察延安市粮食问题时，文中采用的是包括豆类、薯类的广义粮食口径。

耕地是粮食生产的自然载体，粮食生产态势与耕地数量的变化密切相关，因此，耕地数量的变化是粮食安全研究评价的出发点。文中对退耕还林（草）以来延安市粮食安全的评价研究是基于耕地这一要素，评价的理论、方法采用最小人均耕地面积与耕地压力指数模型[①]，对延安市自1997—2009 年 13 年间耕地面积、粮食产量、人口数量、最小人均耕地面积和耕地压力指数等数据进行分析，解读延安市粮食安全的状态。

最小人均耕地面积是在一定区域范围内，一定粮食自给水平和耕地生产力条件下，为了满足人口正常生活的粮食消费所需的耕地面积。最小人均耕地面积是粮食自给率、粮食消费水平、耕地生产力水平等因子的函数，函数表达式如下：

$$Smin = \beta \cdot Gr/P \cdot q \cdot k$$

式中：Smin 为最小人均耕地面积（$hm^2/$人）；β 为粮食自给率（%）；Gr 为人均粮食需求量（kg/人）；P 为粮食单产（kg/hm^2），q 为粮食播种面积占农作物总播种面积之比（%）；k 为复种指数（%），它是一年中各个季节的实际总播种面积除以耕地面积求得的。最小人均耕地面积给出了为保障一定区域粮食安全而需保护的耕地数量底线，它可以反映一个地区耕地资源的紧张程度[②]。

耕地压力指数是最小人均耕地面积与实际人均耕地面积之比，即：

$$K = Smin/Sa$$

式中：K 为耕地压力指数；Sa 为实际人均耕地面积（$hm^2/$人），是区域可耕地总面积与人口数量的函数。耕地压力指数可以衡量一个地区耕地资源的稀缺和冲突程度，给出了耕地保护的阈值，可作为耕地保护的调控指标，也是测度粮食安全程度的指标，即当 K = 1 时，表示实际耕地面积等于最小人均耕地面积，即耕地压力平衡；当 K > 1 时，实际人均耕地

---

① 刘彦随：《山地土地类型的结构分析与优化利用——以陕西秦岭山地为例》，《地理学报》2001 年第 4 期。

② 蔡运龙、傅泽强、戴尔阜：《区域最小人均耕地面积与耕地资源调控》，《地理学报》2002 年第 2 期。

面积小于最小人均耕地面积，表明耕地承受巨大的压力，粮食供给小于需求，需防止出现粮食不安全问题。当 K≤1 时，实际人均耕地面积大于最小人均耕地面积，耕地压力较轻，粮食处于安全状态，此时可以适度转移耕地用途以保证生态环境，调整农业种植结构以保证保持耕地的综合生产力①②③④。

1997 年以来，延安市粮食产量波动较大（图 4-9），退耕还林（草）前的 1997 年延安市粮食产量 58.69×10⁴t，退耕还林（草）后的 2009 年延安市粮食产量 77.1×10⁴t，1998 年粮食产量 97.68×10⁴t，为 1997 年

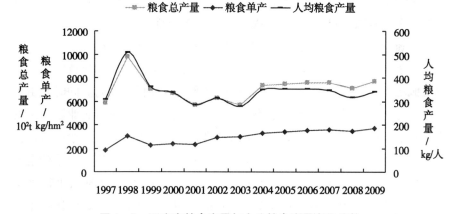

图 4-9 延安市粮食产量与人均粮食产量变化趋势

粮食产量的 1.66 倍，是 1997 年—2009 年期间延安市粮食产量的最高点，该年的粮食产量也是近 60 年来延安市的最高粮食产量。1997 年以来，延安市人口数总体平稳增加，变化幅度不大，因此，在粮食总产量变化背景下，1997 年—2009 年延安市人均粮食产量的波动也较大，人均粮食产量变化趋势与粮食总量变化趋势基本一致，人均粮食产量与粮食总量呈现高度正相关性。1997 年延安市人均粮食产量 306kg/人，1998 年延安市粮食

① 蔡运龙、傅泽强、戴尔阜：《区域最小人均耕地面积与耕地资源调控》，《地理学报》2002 年第 2 期。
② 何毅峰、谢永生、王继军、刘涛、赵连武、李文卓：《吴起县耕地变化与粮食安全问题研究》，《中国农学通报》2008 年第 10 期。
③ 刘贤赵、宿庆：《黄土高原水土流失区生态退耕对粮食安全的影响》，《山地学报》2006 年第 1 期。
④ 李玉平：《基于耕地压力指数的陕西省粮食安全状况研究》，《干旱区地理》2007 年第 4 期。

丰收，人均粮食产量达 507kg/人，为 11 年最高。1999 年—2003 年，延安
市粮食总产量和人均粮食产量都呈下降态势，1999 年粮食产量、人均粮
食产量分别为 70. 25 × 10⁴t、362. 34kg，2003 年粮食产量、人均粮食产量
为 56. 8 × 10⁴t、276kg。2003 年之后，延安市粮食总产量和人均粮食产量
总体增加。2004 年以来，延安市年人均粮食产量稳定在 330kg/人左右。
这主要是由于粮食作物播种面积占农作物播种面积的比重有所增加，粮食
作物播种面积相对稳定，加之科技进步，农业投入的扩大，从而延安市粮
食总产量大幅度增加。

   延安市粮食产量的波动与粮食单产水平及耕地面积，尤其是粮食播种
面积的多少有关（图 4 - 10）。粮食单产是单位面积耕地的生产能力，其
水平的高低与人们对耕地的物质技术投入和农业气候资源相关。在现代农
业生产条件下，由于人们不断追加对土地物质技术投入，如科技服务、农
业机械动力、农药化肥等的投入，粮食单产一般都相应提高。同时，由于
农业生产对气候等自然资源的依赖性，作为典型的旱作雨养农业区，延安
市年降水量的多少也影响着单位面积耕地的粮食产出数量。一般而言，在
粮食播种面积稳定的状态下，降水量多的年份通常是丰粮年，干旱少雨的
年份粮食收成相应减少。从图 3 - 12 可看出，1997 年以来延安市粮食单
产水平总体呈上升态势，但 1998 年的粮食单产却成为延安市退耕还林
（草）前后 11 年间的高点，究其原因与当年丰足的雨水等气候条件有关。

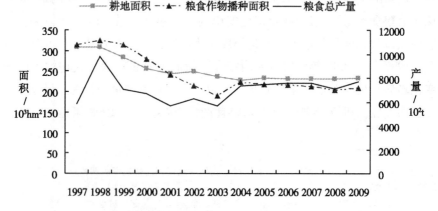

图 4 - 10   延安市粮食产量与耕地面积、粮食播种面积变化态势

   1997 年—2009 年退耕还林（草）前后延安市粮食产量显著变化的主
要诱因在于气候、政策及物质技术投入。1998 年延安市粮食产量的丰收

的主要原因是粮食播种面积有所增加，加之较好气候条件，雨水充足。1998 年后延安市粮食产量持续性迅速下降，2001 年延安市粮食产量仅为 $56.44 \times 10^4 t$，是 11 年间粮食产量最低值。2002 年粮食作物播种面积继续减少（图 4-10），但当年粮食产量波动上升，随即 2003 年粮食产量又下降至 $56.80 \times 10^4 t$。总体上，1999 年至 2003 年是延安市粮食产量持续剧减期，这主要是由于延安市退耕还林（草）政策的实施，导致耕地面积迅速下降，退耕还林（草）粮补政策及经济因素导致农民逐渐减少种粮规模所致。2003 年后我国粮食价格波动使粮食生产及粮食安全问题成为关注的热点，国家对农业尤其是种粮农户的粮食补贴增加，延安市地方政府加大基本农田的建设力度，农户种粮积极性提高，开始扩大种粮面积，粮食总产量增幅较大。2004 年，延安市粮食作物播种面积的增加带来了当年粮食产量的增加。2005—2009 年粮食播种面积虽有所下降，但由于农业科技的进步，良种的选择等因素影响，粮食单产迅速增加，粮食总产量虽有波动，但变化不大，粮食产量稳定在 $76 \times 10^4 t$ 左右。

根据最小人均耕地面积与耕地压力指数模型，结合相关研究结果[1]，文中将延安市年人均粮食需求量设定为 400kg，粮食自给率定为 90%，代入相关数据，计算得出延安市最小人均耕地面积及耕地压力指数 K（表 4-1）。计算结果表明，1997—2009 年，延安市实际人均耕地面积平均为 $0.123hm^2$，最小人均耕地面积平均为 $0.126hm^2$。在这 13 年中，只有 1998、1999 年两年的耕地压力指数 K<1 外，其他 11 年的耕地压力指数均大于 1，耕地压力指数平均值为 1.028。延安市耕地压力指数与人均耕地面积波动较大，这主要与各年粮食单产不稳定、耕地面积的变化及各年粮食播种规模有关。延安市耕地压力指数的波动性变化，自 1998—2001 年连年增加，由 1998 年耕地压力的最低值 0.710 增加到 2003 年的 1.303，达到 13 年来耕地压力最为严重的情况，同期人均粮食由 1998 年的最大值 507kg，下降到 2003 年的最低值 276kg，区域粮食安全问题由供应充足转变为粮食供应出现紧缺。2003—2009 年，耕地压力指数逐渐下降，耕地

---

①　王大伟、刘彦随、卢艳霞：《农业结构调整对全国粮食安全的影响分析——以粮食主产区为例》，《中国人口·资源与环境》2005 年第 2 期。常庆瑞、孟庆香、刘京、齐雁冰：《黄土丘陵沟壑区土地承载力及提高途径探讨——以延安市为例》，《西北农林科技大学学报》（自然科学版）2002 年第 6 期。东梅：《退耕还林对我国宏观粮食安全影响的实证分析》，《中国软科学》2006 年第 4 期。

压力有所缓解，对应粮食安全问题也有所好转，2005 年耕地压力指数为
1.018，2006 年为 1.020，2007 年为 1.039，2009 年为 1.058，耕地压力
指数略高于临界值 1，对应人均粮食也在 360kg 左右波动。总体上，延安
市区域粮食安全问题不容忽视，粮食供需矛盾依然存在。

表 4 - 1 延安市人均耕地面积、耕地压力指数

年份	β /%	Gr /（hm²/人）	P /（公斤/公顷）	q /%	k /%	Smin /公顷	Sa /公顷	K
1997	90	400	1871	83.933	120.878	0.190	0.161	1.176
1998	90	400	3016	88.068	119.183	0.114	0.160	0.710
1999	90	400	2242	85.829	128.323	0.146	0.147	0.994
2000	90	400	2393	86.347	125.665	0.139	0.13	1.063
2001	90	400	2357	81.934	120.110	0.155	0.123	1.264
2002	90	400	2927	80.480	106.971	0.143	0.124	1.152
2003	90	400	2999	78.286	102.168	0.150	0.115	1.303
2004	90	400	3277	81.866	119.205	0.113	0.110	1.027
2005	90	400	3430	83.453	111.350	0.113	0.111	1.018
2006	90	400	3511	84.523	110.351	0.110	0.108	1.020
2007	90	400	3584	81.655	112.360	0.109	0.105	1.039
2008	90	400	3475	80.959	108.935	0.117	0.104	1.129
2009	90	400	3690	81.318	110.058	0.109	0.103	1.058
平均	90	400	2983	82.975	115.043	0.126	0.123	1.028

＊资料来源：基本数据源于延安市农业局。

三 农村就业结构的变化

退耕还林（草）改变了延安市土地利用结构和农村产业结构，农村
劳动力就业结构表现出以农业为主向非农产业转移的特点。退耕还林
（草）后，国家及时兑现退耕农户的钱粮补助，使农户家庭有了可靠的粮
食供给，许多农村剩余劳动力从农业生产中解脱出来，从事非农产业生产
（表 4 - 2）。退耕还林（草）前的 1998 年，全市农村劳动力就业结构中，
农业劳动力占 87.37%，非农业劳动力比重为 12.63%，2009 年，农业劳
动力比重减少到 75.16%，非农业劳动力比重为 24.84%，非农产业劳动
力就业人数占农村劳动力总人数的比重上升。

| 表4-2 | | | | 延安市农村非农业劳动力比重表 | | | （单位:%） |

	1998 年	1999 年	2001 年	2003 年	2005 年	2007 年	2009
延安市	12.63	14.95	18.42	20.32	22.55	22.61	24.84
宝塔区	15.64	17.67	22.82	23.08	29.69	32.08	37.26
延长	12.09	14.63	15.44	11.42	12.80	13.00	13.00
延川	18.05	30.37	38.17	41.23	33.87	36.61	36.24
子长	13.71	19.77	18.12	20.85	22.27	22.29	22.45
安塞	15.38	13.68	19.79	23.17	22.76	25.10	35.55
志丹	13.66	15.13	20.19	27.36	34.17	32.45	34.54
吴起	10.9	11.11	15.84	18.93	22.76	23.19	30.14
甘泉	11.11	12.23	14.46	16.80	20.58	17.93	17.20
富县	8.15	8.55	8.03	11.89	10.86	11.61	12.29
洛川	10.28	10.53	14.96	14.62	18.53	15.98	12.50
宜川	5.51	6.13	11.3	11.78	12.17	13.62	16.84
黄龙	7.14	5.10	6.80	11.22	14.39	13.07	12.40
黄陵	16.3	18.25	20.05	20.53	23.34	18.29	27.57

*资料来源:《延安统计年鉴1998—2009》。

| 表4-3 | | | | 延安市农村劳动力就业结构的变化 | | | （单位:%） |

行业	1998 年	1999 年	2001 年	2003 年	2005 年	2007 年	2009
农业	87.37	85.05	81.58	79.68	77.45	77.39	75.16
工业	1.71	2.24	2.20	2.74	2.73	2.80	3.03
建筑业	1.79	2.22	3.19	3.62	3.60	4.02	5.02
交通运输业	2.15	2.53	3.30	2.97	2.86	3.14	3.25
批零餐饮业	2.61	2.97	3.59	4.06	6.09	6.32	7.05
其他	4.38	4.99	6.13	6.91	7.26	6.33	6.3

*资料来源:《延安统计年鉴1998—2009》。

　　从农村劳动力向非农产业转移的行业看，延安市农村劳动力更多的转向建筑业、交通运输业、贸易餐饮业，这种转移方向与西部大开发对当地的经济带动有关（表4-3）。西部大开发加快了延安市各种基础设施的修建（修路修桥等）、能源的开发和新农村的建设，为农村劳动力提供了大量的非农就业机会，尤其是建筑业和交通运输业方面的就业机会。因此，建筑业和交通运输业成为吸纳农村剩余劳动力的主要部门。在农业内部劳动力就业结构中，由于退耕还林（草）政策下，延安市封山禁牧，变漫山放养羊为舍饲养羊，羊的饲养规模减小，种植业从业人员比例上升，畜牧业从业人员比例下降。

　　由于延安市下辖县（区）社会经济基础、资源环境和退耕还林（草）规模的不同，各县区农村劳动力向非农产业转移的方向、规模也存在明显的差异（图4-11）。其中，宝塔区、延川县、志丹县、吴起县、安塞县农村劳动力向非农产业转移速度明显快于其他县区，宝塔区、延川县、安塞县、志丹县、吴起县、农村非农业从业人员的比重高于延安市平均水平，这些县区均是延安市的主要退耕还林（草）县（区）。

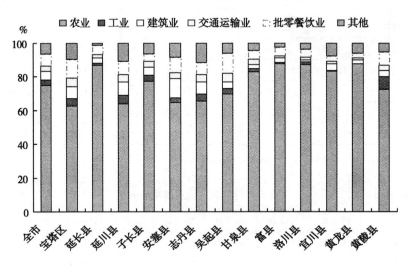

图4-11　2009年延安市各县区农村劳动力就业结构图

四　农业生产资料投入结构的变化

　　退耕还林（草）工程实施后，延安市耕地面积和粮食作物播种面积大幅度减少，并且粮食播种面积的减幅强于耕地面积的减少幅度，粮食作物的产量却没有明显减少，近些年，粮食总产量呈现增长的态势。粮食总产量的这一变化特点主要由粮食作物单产量的大幅度提高引起的。延安市粮食作物单产水平的提高与农户的投资行为是分不开的，退耕后当地农民加大了对土地的投入，土地的生产能力得以迅速提升。图4-12、图4-13显示退耕还林（草）前后延安市化肥、农用塑料薄膜、农村用电量、农业机械总动力的使用量的变化情况。化肥是农业生产中一项至关重要的生产性资源，在粮食增产中起着主要作用①，农用塑料薄膜能够有效提高延安市农作物生产过程中光、热及水资源的使用率，增强农作物对寒、旱等自然灾害的抵御程度，有利于农业生产，这两类农业生产资料在单位耕地面积的使用量较退耕还林（草）前稳步增加。

延安市的退耕地主要集中在坡度大于25°以上的坡耕地，这些土地不仅水土流失严重，而且不利于农业机械的使用。退耕还林（草）后，延安市25°以上的坡耕地转为林草生产用地，全市加大了基本农田建设力度，耕地类型趋向于台地和新平整的坝地，有利于农业机械化程度的提高。同时，由于农民收入水平的提高，农民有一定的经济能力更多地使用农业机械。农业机械的使用、农村基本农田建设和农民生活水平的提高都需要消耗大量的电力资源。因此，退耕还林（草）以来延安市农村用电量、农业机械总动力相对退耕前都增加了许多。

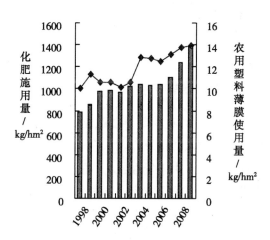

图 4 - 12　延安市农业投入的变化

延安市农业生产资料投入规模的变化表明，粮食产出率低的陡坡耕地的生态退耕，节约了农业生产资料，农村有更多的人、财、物力投入到基本农田建设和农业新技术的应用中，提高了耕地的集约经营水平和农业现

---

① 封志明、张蓬涛、宋玉：《粮食安全：西北地区退耕对粮食生产的可能影响》，《自然资源学报》2002 年第 3 期。

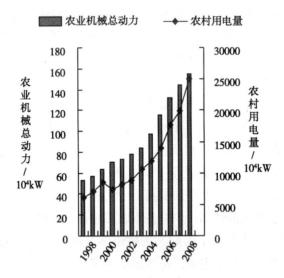

图 4 - 13　延安市农业投入的变化

代化水平。退耕还林（草）工程有助于提高农业现代化水平，有助于农业技术的推广和农作物的耕作方式的转变。退耕还林（草）后，随着对耕地生产资料投入的增多，农民变广种薄收式的传统耕作方式为精耕细作，提高了农作物单产水平和农业生产的效率。

五　农民家庭收入结构的变化

退耕还林（草）改变了农村劳动力就业结构，农村劳动力就业结构的变化必然影响农民的收入结构及收入水平，由此改变农户的家庭收入结构。一般而言，农民的收入由工资性收入、家庭经营性收入、财产性收入和转移性收入构成，其中工资性收入即农民打工的收入，包括农民在非企业组织中劳动得到的收入、在本乡地域内劳动得到的收入、外出从业得到的收入；家庭经营性收入指第一产业纯收入（家庭农业经营性收入）和家庭经营性非农产业纯收入（第二产业纯收入、第三产业纯收入）；财产性收入主要包括农民租、售房屋、土地的收入以及分红等；转移性收入是指国家或地方政府、社会机构提供给农民的各种补贴。从延安市农户的收入构成看，延安市农民的收入主要由家庭经营收入（主要包括种植业、畜牧业、林业的收入和家庭非农产业经营的收入）、退耕补贴（即转移性收入）、外出打工收入（属于工资性收入）三部分构成，城郊附近或油区附近的小部分农民的家庭收入中还包括财产性收入。退耕还林（草）之

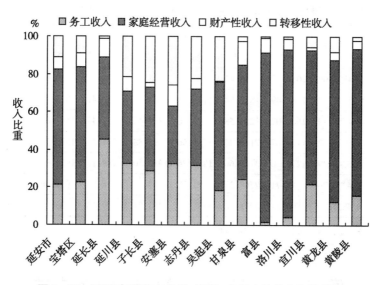

图 4-14　2009 年延安市各县（区）农民人均纯收入构成图

前，国家并未启动西部大开发战略，国家和地方政府对延安市农村、农业的投入相当有限，农民很少有转移性收入，农村从业人员中非农业就业的比例低，农民的工资性收入有限，农民家庭经营性收入，尤其是农业经营性收入是农民主要的收入来源。据延安市统计年鉴，退耕还林（草）前，延安市农民人均纯收入中，农户家庭经营性收入的比例达 75% 以上，其中农业经营性收入为家庭经营性收入的主体，一般占家庭经营性收入的90% 左右。退耕还林（草）后，农民的收入结构调整，家庭经营性收入下降，但不失主体地位，同时，外出务工收入增加，退耕还林（草）补贴成为延安市退耕还林（草）农户新的收入来源，由图 4-14 可以看出延安市农民收入构成特点。2009 年，延安市农民家庭经营性纯收入比重为 64.5%，打工收入比例近 22%，转移性收入 11%。通过对延安市宝塔区、子长县、安塞县、志丹县、吴起县、延川县、富县等 9 个县区退耕农户的入户问卷调查，结果表明由于延安市各县区退耕规模不同，农户人均退耕地数量的差异，农民收入构成的地域差异明显，总体表现为延安市宝塔区以南县区家庭经营性收入比重高、务工收入相对低，宝塔区及其以北各县的务工收入、转移性收入普遍较高。

表4-4　　　　2009年延安市部分县区退耕农民人均现金收入构成　　　（单位：元）

	总收入	工资性收入	家庭经营性收入			财产性收入	转移性收入	
			合计	农业	非农业		合计	退耕补贴
宝塔区	4594.09	2012.18	1748.42	1242.33	506.09	44.5	788.99	579.23
子长县	3415.69	1082.49	1333.54	1146.48	187.06	89.47	910.19	735.79
安塞县	4658.79	1600.09	1203.58	314.16	889.42	311.49	1543.63	1391.78
志丹县	5089.32	1107.07	2146.44	1650.56	495.88	304.1	1531.71	1271.08
吴起县	5740.29	1274.16	3149.66	1219.26	1930.50	289.13	1027.34	732.32
延川县	4279.74	778.71	2568.27	2121.27	447	15.9	916.86	714.58
富　县	5821.30	590.14	4298.68	3541.64	757.04	99.15	833.32	791.77

＊资料来源：国家统计局陕西调查总队。

第三节　退耕还林（草）对延安市农村经济影响的效应评价

一　土地利用结构评价

土地是农业生产的基本载体，农业产业结构的调整首先表现为土地利用结构的变化。黄土高原地区长期不合理的土地利用方式是水土流失的重要原因，因此，遵循土地利用优化配置原则①，调整农村土地利用结构是该区控制水土流失的基本措施。退耕后，延安市农村耕地面积减少，促进了土地利用结构调整。土地利用动态度②可以定量反映出土地利用结构的变化，其表达式如下：

$$K = (U_b - U_a) / U_a \times 1/T \times 100\%$$

式中K为研究时段内某一土地类型的动态度，U_a、U_b分别是研究期初和期末某一种土地利用类型的数量，T为研究时段长。通过计算，从1999年—2009年延安市耕地利用的动态度为-2.27%，果园地动态度为5.21%，瓜菜地动态度为10.21%，小麦地动态度-8.35%，表明果园和

①　刘彦随：《山地土地类型的结构分析与优化利用——以陕西秦岭山地为例》，《地理学报》2001年第4期。
②　王秀兰、包玉海：《土地利用动态度变化研究方法探讨》，《地理科学进展》1999年第1期。

瓜菜地增加明显，耕地面积减少，小麦地减少突出。小麦地的减少与退耕还林（草）的钱粮补贴政策有关。结合延安市退耕实际情况，减少的耕地主要为坡度 >25°的农地，个别县区 >15°的坡耕地一次性全部退耕，减少的耕地集中分布于延安市中、北部的丘陵沟壑区，因此，从同期耕地利用的动态度的绝对值看，小于果园地和瓜菜地。土地利用结构体现了因地制宜原则和市场需求的方向。

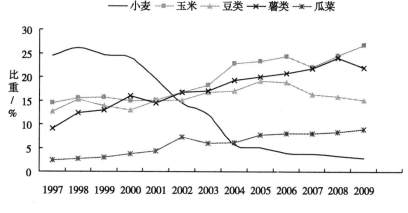

图 4 - 15　主要农作物播种结构比重变化图

在农作物播种面积中，农作物播种结构也发生变化，小麦、玉米、豆类、薯类、蔬菜类所占比例变化如图 4 - 15 所示。其中，小麦播种面积占农作物播种面积的比例急剧下降，变化趋势线方程为：$y = -3.378x + 28.85$，相关系数 $R^2 = 0.9627$；玉米播种面积占农作物播种面积的比例变化趋势方程为：$y = 0.1752x^2 - 0.065x + 14.709$，相关系数 $R^2 = 0.9214$；豆类播种面积占农作物播种面积的比例变化趋势方程为：$y = 0.0353x^2 + 0.5539x + 12.684$，相关系数 $R^2 = 0.9264$；薯类播种面积占农作物播种面积的比例变化趋势方程为：$y = 0.0158x^2 + 0.936x + 12.522$，相关系数 $R^2 = 0.9204$。农作物播种面积比例的变化趋势表明，经济收益较低的传统粮食作物小麦的播种面积减少，收益较高的薯类、豆类、玉米、蔬菜面积总体增加，反映出农村产业结构调整的多元化特点，高效农业已成为延安农村经济发展的重要选择。

二　产业发展的空间格局

在农村产业结构调整中，延安市充分利用各县、乡的农业资源特点，发展林果、草畜、棚栽等特色产业，产业发展的表现出鲜明的地域性。延安宝塔区及其以南形成苹果为主导的林果业，优势明显，是该区农民的主要增收来源；宝塔区以东延河沿岸成为红枣的集中种植区和草畜农业区；宝塔区以北的丘陵沟壑区是以林果业、草畜业为主导产业。在城镇近郊，高效设施农业为城镇提供大量农副产品，棚栽业、城郊养殖业成主导产业。

延安市林果业的发展形成了白于山区吴旗、志丹、安塞仁用杏产业，延长、黄龙、宜川等县花椒产业，延川、延长红枣产业，南部及洛河流域的黄龙、洛川、黄陵、富县核桃、板栗、苹果等特色林果业。

三　产业结构调整的经济效应

坡耕地退耕后，延安市粮食播种面积减少，但粮食总产量从以前正常年份的 $60 \times 10^4 t$ 左右提高到 2009 年的 $77.10 \times 10^4 t$，表明农业综合生产能力提高。从农林牧渔总产值变化情况来看，农林牧渔总产值总体上升（图 4-16）。2009 年，延安市农林牧渔总产值由 1998 年的 349512×10^4 元上升为 964135×10^4 元；农林牧渔总产值的变化趋势方程为：$y = 8443.4x^2 - 54500x + 420287$，相关系数 $R^2 = 0.9797$。

从农林牧渔总产值的构成看，果业、蔬菜和畜牧业成为主要组成部分，1998 年—2009 年，水果、蔬菜和畜牧业三业产值之和占农林牧渔总产值的比例依次为 37.88%、46.82%、46.78%、48.17%、52.45%、57.08%、58.14%、61.09%、62.55%、65.33%、69.56%、72.10%，基本表现为逐年稳定上升。其中，水果、蔬菜稳定发展，2004 年之后畜牧业发展趋于稳定上升（图 4-17）。水果产值的变化趋势方程为：$y = 0.3638x^2 - 2.1925x + 9.0576$，相关系数 $R^2 = 0.9753$；蔬菜产值的变化趋势方程为：$y = 0.0979x^2 - 0.5725x + 1.8164$，相关系数 $R^2 = 0.9792$，畜牧业产值的变化趋势方程为：$y = 0.1206x^2 - 1.0166x + 8.8436$，相关系数 $R^2 = 0.9395$。

从农民人均收入看，1997 年—2009 年，延安市农民年人均收入依次为 989 元、1356 元、1381 元、1444 元、1483 元、1587 元、1707 元、1957 元、2195 元、2425 元、2845 元、3551 元、4258 元。1997 年—2009 年延安市农民年人均收入逐年增加（图 4-18），变化趋势线方程为：$y = 25.858x^2 - 135.74x + 1411.7$，相关系数 $R^2 = 0.9702$。

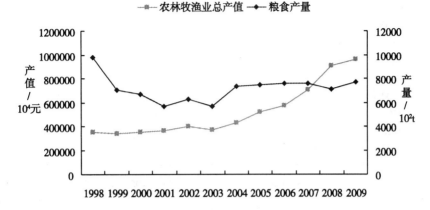

图4-16　延安市农林牧渔总产值及粮食产量变化图

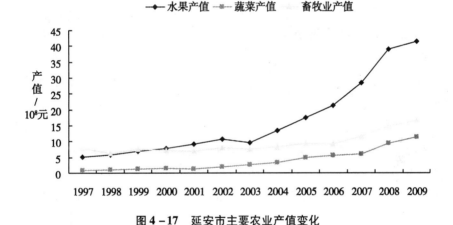

图4-17　延安市主要农业产值变化

四　产业结构调整的生态效应

水土流失是黄土高原面临的主要生态问题，该区生态建设的核心是水土保持[①]。退耕还林（草）以来，延安市合理利用土地资源，调整农村土地利用结构，水土流失严重的 >25°陡坡耕地已全部退耕还林（草），对于15°—25°的坡耕地，通过水平梯田建设等水土保持措施，改善土地的生产条件，提高土地的生产潜力。部分县区坡度 >15°的坡地则一次性全

----

① 王青：《黄土高原丘陵沟壑区农业结构调整的思考》，《中国农业资源与区划》2001年第5期。白志礼、穆养民、李兴鑫：《黄土高原生态环境的特征与建设对策》，《西北农业学报》2003年第3期。

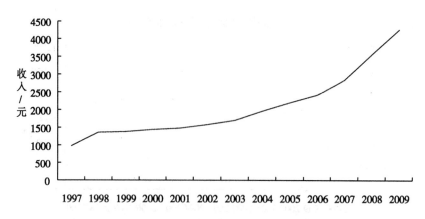

图 4 - 18　延安市农民人均收入变化图

部退耕为林草地。据有关部门测算，2005 年全市主要河流年平均含沙量较工程实施前的 1998 年相比下降了 8 个百分点；土壤侵蚀模数下降了 $500t/km^2 \cdot a$；年径流量增加了 $1000 \times 10^4 m^3$；水土流失综合治理程度由原来的 20.7% 提高到 45%，提高了 24.3 个百分点[①]。十余年来，延安市生态环境明显改善。全市有林地面积增加了 9 个百分点，林草覆盖率由退耕前的 42.9% 提高到 57.9%，提高了 15 个百分点；全市主要河流多年平均含沙量较 1999 年下降了 8 个百分点；年径流量增加了 $1000 \times 10^4 m^3$，水土流失综合治理程度达到 45.5%，比 1999 年前提高了 25 个百分点。据北京林业大学在吴起、安塞两县监测的结果显示，土壤年侵蚀模数由退耕前的每平方公里 $1.53 \times 10^4 t$，下降到目前的 $0.54 \times 10^4 t$，下降了 $1 \times 10^4 t$。现在，延安的山山岭岭，郁郁葱葱，山川大地的基调已经实现了由黄变绿的历史性转变。

第四节　小结

（1）退耕还林（草）工程建设对农村经济的影响机理表明：退耕还林（草）工程建设减少了农耕地数量，改变了农村土地利用结构，加速了农村经济结构调整；退耕还林（草）工程建设促进了农村剩余劳动力转移，改变了农村劳动力就业结构和农民收入结构；退耕还林（草）工

---

① 新华网陕西频道：延安退耕还林面积占陕西近 1/3. http// www. sn. xinhuanet. com，2010年9月4日。

程建设改善了农业生态环境，单位面积耕地投入增多，提高了耕地的产出水平。

（2）延安市退耕还林（草）工程项目实施后，耕地数量的锐减带来土地利用结构的显著改变：①退耕还林（草）以来，延安市的耕地面积与播种总面积从1997年到2009年总体趋势是减少的，该时段内延安市耕地资源的变化呈现出明显的阶段性：第一阶段1997年—1998年，延安市耕地面积相对稳定。1997年耕地面积为309030hm^2，1998年耕地面积为308450hm^2；第二阶段1999年—2004年为耕地面积减少阶段，耕地面积从1999年到2004年持续减少，以1999—2002年的减幅最大，远大于1994年—1998年的减少幅度，此后，耕地面积的减少幅度逐渐变缓，进入了一个相对稳定的减少阶段，延安市耕地面积由1999年的284490hm^{2}下降到2004年的228870hm^2；进入2005年之后为延安市耕地面积相对稳定的第三阶段，该阶段延安市耕地面积略有增加，2005年—2009年延安市耕地面积分别为233670hm^2、231867hm^2、231360hm^2、231160hm^2、233513hm^2，耕地面积总体稳定在231.5×10^3hm^{2}上下。②从作物播种结构看，延安市粮食作物播种面积占农作物播种总面积的比重在退耕还林（草）前后一直居首位；虽然退耕还林（草）前后延安市经济作物面积的变化较为稳定，但经济作物内部结构调整却很大。经济作物内部结构调整具体表现为烟叶、油料的种植面积大幅度减少，瓜菜类作物面积增加。农作物播种面积和农作物播种结构的变化表明，经济收益较低的传统粮食作物小麦的播种面积减少，收益较高的薯类、豆类、玉米、蔬菜面积总体增加，反映出农村产业结构调整的多元化特点，高效农业已成为延安农村经济发展的重要选择。

（3）退耕还林（草）工程对延安市粮食产量的影响表现为：1999年—2003年是延安市粮食产量持续剧减期，这主要是由于延安市退耕还林（草）政策的实施，导致耕地面积迅速下降，退耕还林（草）粮补政策及经济因素导致农民逐渐减少种粮规模所致。2004年，延安市粮食作物播种面积的增加带来了当年粮食产量的增加。2005—2009年粮食播种面积虽有所下降，但由于农业科技的进步，良种的选择等因素影响，粮食单产迅速增加，粮食总产量虽有波动，但变化不大，粮食产量稳定在76×10^4t左右。2001年以后耕地压力指数逐渐下降，近三年耕地压力指数略高于临界值1，耕地压力有所缓解。

（4）退耕还林（草）增加了对土地的投入，改变了延安市农民的就业结构和家庭收入结构。农村劳动力就业结构表现出以农业为主向非农产业转移的特点，宝塔区、延川县、志丹县、吴起县、宜川县农村劳动力向非农产业转移速度明显快于其他县区，宝塔区、延川县、子长县、安塞县、志丹县、吴起县农村非农业从业人员的比重高于延安市平均水平。在农民的收入结构中，家庭经营性收入下降，但不失主体地位，外出务工收入增加，退耕还林（草）补贴是延安市退耕还林（草）农户新的收入来源。

（5）退耕还林（草）工程对农村经济影响的效应表明：土地资源得到合理利用，林果、草畜、棚栽业成为农民收入的主要来源，农业总产值和农民人均收入逐年提高生态环境明显好转。

第五章 退耕还林（草）背景下延安市农村经济可持续发展评价

第一节 延安市农村经济可持续发展研究背景

历史上，延安地区曾经是水草丰美、牛羊成群之地，由于人类活动的干预，林草受到长期乱砍乱伐，人为破坏严重，大量林草地被侵占，植被覆盖率大幅下降，导致土地退化，自然灾害频发，农业生态基础脆弱。严重的水土流失导致土壤肥力持续下降，农业生产能力衰退。加之不合理的种植业与采矿业布局，以及人们对环境保护的意识普遍落后和区域经济发展缓慢等原因，致使延安地区土地沙化、土壤盐碱化和土地污染等问题突出，严重影响区域的可持续发展。

1999 年 8 月 6 日，朱镕基总理在延安考察后，提出了"退耕还林（草）、封山绿化、以粮代赈、个体承包"的政策措施，延安率先在全国实施退耕还林（草）工程，退耕还林（草）工程建设深刻地影响着延安市农村经济的发展。

本书正是基于此背景，选择退耕还林（草）政策实施前的 1998 年和政策实施后的 2000 年、2003 年、2005 年、2007 年和 2009 年，通过构建可持续发展评价指标体系，对延安市农村可持续发展值的时间序列进行分析，明确制约延安市农村经济可持续发展的主导因素，从而有针对性地提出延安市农村经济可持续发展的政策措施，构建延安市农村经济发展模式。

第二节 延安市农村经济可持续发展评价指标体系

一 指标体系构建原则

可持续发展以生态、环境和资源为基础，追求的是人口、生态、环境、资源、经济、社会的相互协调和良性循环。因此，建立的评价指标体系既要反映社会、经济、人口，又要反映生态、环境、资源等系统的发展，还要反映各个系统的协调程度，并且评价指标体系在逻辑上要有一致性、在科学上具备完整性。结合延安市农村经济可持续发展的特点和指标体系设计的目的，研究区可持续发展评价指标体系的构建必须遵从以下原则：

（1）综合性和全面性原则

指标体系必须能够全面地反映研究区域的基本特征，要从不同侧面反映区域的可持续发展程度，体现评价内容的全面性，即要包括经济、社会、资源环境等各个方面。但在全面性的基础上，指标体系要力求简洁，尽量选择有代表性的指标，选取的指标之间的相关性要尽可能小，避免指标间的重叠和简单罗列。

（2）科学性原则

指标体系一定要建立在科学的基础上，保证数据的准确性和处理方法的科学性，并且能够较客观和真实地反映区域发展的内涵，能够较好地度量研究区域可持续发展的程度。在设计指标体系时，要考虑理论上的完备性、科学性和正确性，即指标概念必须明确且具有一定的科学内涵，还要求权重系数的确定以及数据的选取、计算等要以公认的科学理论为依据。

（3）可操作性原则

指标体系作为一个有机整体要反映区域可持续发展的程度，同时要注意实用性和可操作性。指标的选取和设定要具备一定的现实统计基础，充分考虑数据的可获得性，做到每个指标的内涵明确、信息来源可靠、资料易获取、数据采集方便、统计口径一致以及方法易掌握等，确保评价结果的客观性和公正性。

（4）可比性原则

指标的可比性就是指标必须反映被评价对象共同的属性，这种属性的一致性是可比的前提，也是可比的基础。可比性有纵向比较和横向比较，纵向比较指同一对象这个时期与另一个时期相比，此时评价指标体系的建立要具有通用的可比性，条件是指标体系和各项指标、各种参数的内涵和外延保持稳定，用以计算各指标相对值的各个参照值（标准值）不变。横向比较指不同对象之间的比较，找出共同点，按共同点设计指标体系进行评价。本研究根据可比性原则的要求，建立了延安市农村经济评价指标体系，以此对延安市 1998 年—2009 年的农村经济可持续发展程度进行纵向评价。

（5）系统性和层次性相统一的原则

根据区域内各种基本要素的关系，把研究区域可持续发展系统划分为社会、经济、资源环境 3 个子系统，这 3 个子系统是相互联系、相互制约和相对独立的。有的指标之间有横向联系，反映不同侧面的相互制约关系；有的指标有纵向联系，反映不同层次之间的包含关系；同时，同层次指标体系之间尽可能地界限分明，避免相互有内在联系的若干组、若干层次的指标体系，体现很强的系统性。此外，可持续发展指标体系的设计也应注重层次性，由总指标分解成次指标，再由次指标分解成次次级指标，通常分为三个层次，目标层、准则层和指标层，组成树状结构的指标体系。通过各项指标之间的有机联系方式和合理的数量关系，表现出指标体系的整体功能和层次结构，达到系统性和层次性相统一。

二　指标体系的构建

根据可持续发展的定义，可持续性包含了社会、经济、资源环境 3 个系统，因此，可持续发展指标体系也从这三个方面去考虑[1][2][3][4]，并且能够反映出区域内"社会—经济—资源环境"复合系统内三大子系统的发展水平与现状，以及子系统间的协调状态。在众多学者可持续发展评价体系研究的基础上，联系延安市农村经济发展的实际情况，选取了 22 个指标，构建了延安市农村经济可持续发展评价体系（表5－1）。

---

① 崔灵周、曹明明、李占斌、李勉：《黄土高原地区可持续发展指标体系与评价方法设计》，《水土保持通报》2000 年第 3 期。

② 沈镭、成升魁：《青藏高原区域可持续发展指标体系研究初探》，《资源科学》2000 年第 4 期。

③ 毛汉英：《山东省可持续发展指标体系初步研究》，《地理研究》1996 年第 4 期。

④ 冷疏影、刘燕华：《中国脆弱生态区可持续发展指标体系框架设计》，《中国人口·资源与环境》1999 年第 2 期。

表 5 - 1　　　　　　　　　延安市农村经济可持续发展评价体系

目标层	系统层	指标层	计量单位
延安市可持续发展指标体系（A）	社会子系统（B₁）	（C₁）人口密度	人/km²
		（C₂）人口自然增长率	‰
		（C₃）农业机械化水平	kW/hm²
		（C₄）每万人中、小学生在校人数	人
		（C₅）每千人拥有的病床床位数	张
		（C₆）有线电视覆盖率	%
		（C₇）城乡居民收入比	—
	经济子系统（B₂）	（C₈）人均 GDP	元
		（C₉）农民人均纯收入	元
		（C₁₀）农村人均用电量	kW/人
		（C₁₁）耕地粮食单产	kg/hm²
		（C₁₂）第二产业产值比重	%
		（C₁₃）第三产业产值比重	%
		（C₁₄）林牧总产值比重	%
		（C₁₅）城市化水平	%
	资源环境子系统（B₃）	（C₁₆）降水量	mm
		（C₁₇）人均耕地面积	hm²/人
		（C₁₈）森林覆盖率	%
		（C₁₉）农田旱涝保收率	%
		（C₂₀）农药使用强度	kg/hm²
		（C₂₁）化肥使用强度	kg/hm²
		（C₂₂）水保治理率	%

（1）社会指标

社会指标主要从人口发展、生活质量、农业生产条件和社会稳定四个方面去选取指标，其中关于人口的指标有人口密度和自然增长率，主要反映的是人口现状和人口发展能力；农业机械化水平是反映农业生产条件，除上述的指标其他社会指标均反映的是生活质量。社会子系统各指标的具体含义如下：

人口密度是单位平方公里土地面积所承载的人口数量，计量单位是人/km²，对于延安市而言，人口密度越高，对资源和环境的压力就越大，越不利于可持续发展的要求，是逆趋向性指标。

人口自然增长率指的是年内净增加人口数占年初总人口的比重，计量单位是‰，人口自然增长率越大，人口数量就越多，越不利于可持续发展，因此，也是逆趋向性指标。

农业机械化水平是农用机械总动力与耕地面积的比值，计量单位是kW/hm²，它反映的是农业生产的机械化、现代化和集约化程度，农业机械利用水平越高，可持续发展能力越大，是正趋向性指标。

每万人中、小学生在校人数，即中小学在校人数占总人口的比重，计量单位是人，它反映了区域的人口素质和教育水平，为正趋向性指标。

每千人拥有的病床床位数反映了地区医疗的设备状况和保障程度，体现了人民的生活质量水平，是正趋向性指标，计量单位是张。

有线电视覆盖率从侧面反映了地区的生活水平，计量单位是%，覆盖率越高，该地区生活质量越好，是正趋向性指标。

城乡居民收入比是指城镇居民可支配收入与农村居民人均纯收入之比，表明了城镇居民人均可支配收入与农村居民人均纯收入之间的倍数关系，反映了城镇居民与农村居民的贫富差距，是逆趋向性指标。

（2）经济指标

经济指标主要从经济实力、经济结构、经济发展速度等方面去建立指标体系，主要有：

人均 GDP 指每人所创造的国内生产总值，计量单位是元。人均 GDP 客观地表明了一个区域的经济实力，人均 GDP 越大，可持续发展能力越好，是正趋向性指标。

农民人均纯收入反映了研究区域农村的经济实力和发展水平，计量单位是元，是正趋向性指标。

农村人均用电量是农村总的用电量除以农业人口，计量单位是kW/人，表征了农村的经济发展水平，是正趋向性指标。

耕地粮食单产是单位耕地面积粮食的产量，计量单位是 kg/hm²，反映了农村经济实力，产量越多越有利于可持续发展，是正趋向性指标。

第二产业产值比重和第三产业产值比重分别是第二、第三产业产值占国内生产总值的比重，计量单位是%，反映了区域内经济产业结构特征，一般而言，第二产业比重越大，所需的资源越多，对环境的压力也越大，不利于可持续发展，是逆趋向性指标，而第三产业产值比重越大，越有利于发展，是正趋向性指标。

林牧总产值比重指的是林业、牧业的总产值占第一产业产值的比重，单位是%，它说明了延安退耕还林后林业、牧业的产值的变化情况，是正趋向性指标。

城市化水平是用区域内非农业人口占总人口的比重来表示，计量单位是%，一般而言，经济发展水平越高，城市化水平也越高，从侧面反映了经济发展的速度，是正趋向性指标。

（3）资源环境指标

资源环境指标主要从资源和环境两方面去选取指标。关于资源的指标有降水量，人均耕地面积，森林覆盖率和农田旱涝保收率，是从水资源和土地资源两方面选取的指标。而环境指标包括有农药使用强度，化肥使用强度和水保治理率，是从生产活动对环境的污染和人类治理环境两个方面构建指标。各指标的具体含义为：

降水量表征的是天然状态下的给水能力以及水资源的丰缺状况，计量单位是mm，对于延安地区而言，由于其地处大陆的内部，降水量相对较少，且年际年内分配不均，认为降水量越多越好，是正趋向性指标。

人均耕地面积是耕地面积与人口数的比值，是衡量土地资源多少的数量指标，计量单位是 hm^2/人，是正趋向性指标。

森林覆盖率指的是一个地区的森林面积占土地总面积的百分比，是反映森林资源的丰富程度和生态平衡状况的重要指标，是正趋向性指标，计量单位是%。

农田旱涝保收率是农田旱涝保收面积占耕地面积的比重，计量单位是%，它是表征耕地基础设施建设质量及配套完善性的一个重要指标，该指标越高，耕地资源的质量越好，是正趋向性指标。

农药使用强度和化肥使用强度是指单位耕地面积的农药和化肥使用量，计量单位都是 kg/hm^2，表示的是农业生产对环境的压力，其数值越大，对环境的压力也越大，是逆趋向性指标。

水保治理率是累计水保治理面积与水土流失面积的比例，计量单位是%，反映了水土流失治理力度，是正趋向性指标。

第三节　基于层次分析法的延安市农村
经济可持续发展评价

一　评价数据来源

延安市农村经济可持续发展评价所用数据均来源于 1998 年、2000 年、2003 年、2005 年、2007 年和 2009 年《延安统计年鉴》以及 1999 年、2001 年、2004 年、2006 年、2008 年和 2010 年《陕西统计年鉴》、《中国统计年鉴》。

二　基于 AHP 的延安市农村经济可持续发展评价模型的建立

层次分析法（Analytical Hierarchy Process，AHP）是美国运筹学家匹茨堡大学教授 A. L. Saaty 于 20 世纪 70 年代提出的一种定性与定量相结合的决策分析方法。它是将决策问题按总目标、各层子目标、评价准则直至具体的备择方案的顺序分解为不同的层次结构，然后用求解判断矩阵特征向量的办法，求得每一层次的各元素对上一层次某元素的优先权重，最后再用加权求和的方法递阶归并各备择方案对总目标的最终权重，此最终权重最大者即为最优方案。这种方法的特点是：思路简单、层次结构分明、便于计算、易于被人们接受。用上述方法本书确定延安市农村经济可持续发展评价体系各指标层的指标权重，具体步骤如下所示：

（1）建立层次模型结构

延安市农村经济可持续发展评价模型包括三个层次：目标层、系统层和指标层。

①目标层（A）：延安市农村经济可持续发展评价指标体系。

②系统层（B）：包括社会子系统（B_1）、经济子系统（B_2）和资源环境子系统（B_3）。

③指标层（C）：包括有分别隶属社会、经济、资源环境三个子系统的 22 个评价指标。

（2）构造判断矩阵

通过对某层次中各元素的相对重要性作出比较判断，即针对上一层次某一元素，该层次中与之有关的元素两两比较，并将比较结果按一定的比率标度定量化，可构成判断矩阵。判断矩阵是层次分析法的基础，其元素的值反映了人们对各因素相对重要性的估计，是 AHP 的一个关键步骤。

　　所谓标度就是人们根据对客观事物的观察和认识，在特定的范围内对事物的某种特性所规定的对比准则。在层次分析法中，Saaty 采用了一种间接的方式，将有关子系统或者指标项在评价某一现象时所起作用的程度进行两两比较，其结果用一种特殊的标度方法表示出来，这就是层次分析法所应用的 1—9 之间的整数及其倒数比例的标度（表 5-2）。

表 5-2　　　　　　　　　　判断矩阵的 1—9 比例标度及含义

标度	含义
1	同样重要：表示两元素相比，具有同样重要性
3	稍微重要：表示两元素相比，前者比后者稍微重要
5	明显重要：表示两元素相比，前者比后者明显重要
7	强烈重要：表示两元素相比，前者比后者强烈重要
9	极端重要：表示两元素相比，前者比后者绝对重要
2、4、6、8	上述相邻的判断中间值：表示需要在上述两个标度间的折中定量标度
1—9 的倒数	满足正反性：若元素 i 和元素 j 的重要性之比为 a_{ij}，那么元素 j 和元素 i 的重要性之比为 $1/a_{ij}$

　　（3）计算评价指标的权重

　　本书采用方根法计算 AHP 决策分析方法中的最大特征值 λ_{max} 及其相应的标准化特征向量 W_i，计算得到的标准化特征向量 W_i 就是指标相对于上一层的单权重。方根法的具体计算步骤如下：

　　① 计算判断矩阵每一行元素的乘积

$$M_i = \prod_{j=1}^{n} b_{ij} \qquad (i = 1, 2, \cdots, n)$$

　　② 计算 M_i 的 n 次方根

$$\overline{W}_i = \sqrt[n]{M_i} \qquad (i = 1, 2, \cdots, n)$$

　　③ 将向量 $\overline{W} = [\overline{W}_1, \overline{W}_2, \cdots, \overline{W}_n]^T$ 归一化

$$W_i = \overline{W}_i / \sum_{i=1}^{n} \overline{W}_i \qquad (i = 1, 2, \cdots, n)$$

则 $W = [W_1, W_2, \cdots, W_n]^T$ 即是所求的特征向量。

　　④ 计算最大特征值

$$\lambda_{\max} = \sum_{i=1}^{n} \frac{(AW)_i}{nW_i}$$

其中 $(AW)_i$ 为向量 AW 的第 i 个分量。

（4）一致性检验

为了评价每一对比较矩阵计算结果的一致性，需要进行一致性检验。为此，需要分别计算以下指标：

①一致性指标 CI 的计算公式为：

$$CI = \frac{\lambda_{\max} - n}{n - 1}$$

式中：CI 为一致性指标，$\lambda_{\max}$ 为特征值，n 为样本数。当 CI = 0 时，即 $\lambda_{\max} = n$ 时，判断矩阵具有完全一致性；反之，CI 值越大，则判断矩阵一致性越差。

②随机一致性比例

一般而言，1 或 2 阶判断矩阵总是具有完全一致性，对于 2 阶以上的判断矩阵，其一致性指标 CI 与同阶的平均随机一致性指标 RI 之比，称为判断矩阵的随机一致性比例，记为 CR。即

$$CR = \frac{CI}{RI}$$

其中，RI 为同阶的平均随机一致性指标（表 5 - 3）。

表 5 - 3　　　　　　　　　　　　平均随机一致性指标

阶数	1	2	3	4	5	6	7	8	9	10	11	12	13	14	15
RI	0	0	0.58	0.90	1.12	1.24	1.32	1.41	1.45	1.49	1.52	1.54	1.56	1.58	1.59

当 CR < 0.10 时，认为判断矩阵具有令人满意的一致性；否则，当 CR ≥ 0.10 时，就需要调整判断矩阵，直到满意为止。需要说明的是，层次分析法中，每一个判断矩阵都必须经过一致性检验，以保证最终评价结果的正确。

经过（1）—（4）步骤的计算，最后得到延安市农村经济可持续发展评价模型及各层次的指标权重，如表 5 - 4、表 5 - 5、表 5 - 6、表 5 - 7、表 5 - 8 所示。

表 5 - 4　　　　　　　　A - B 判断矩阵及各子系统的权重

延安市农村经济可持续发展评价（A）	社会子系统（B₁）	经济子系统（B₂）	资源环境子系统（B₃）	Wᵢ
社会子系统（B₁）	1	1/2	1/3	0.1634
经济子系统（B₂）	2	1	1/2	0.2970
资源环境子系统（B₃）	3	2	1	0.5396

CR = 0.0088 < 0.1，通过一致性检验。

表 5 - 5　　　　　　　　B₁ - C 判断矩阵及各指标的权重

社会子系统（B₁）	人口密度（C₁）	人口自然增长率（C₂）	农业机械化水平（C₃）	每万人中、小学生在校人数（C₄）	每千人拥有的病床位数（C₅）	有线电视覆盖率（C₆）	城乡居民收入比（C₇）	Wᵢ
人口密度（C₁）	1	1	2	3	3	3	2	0.2409
人口自然增长率（C₂）	1	1	2	3	3	3	2	0.2409
农业机械化水平（C₃）	1/2	1/2	1	2	3	1/3	1/3	0.0956
每万人中、小学生在校人数（C₄）	1/3	1/3	1/2	1	1	1/2	1/3	0.0632
每千人拥有的病床床位数（C₅）	1/3	1/3	1/3	1	1	1/2	1/3	0.0597
有线电视覆盖率（C₆）	1/3	1/3	3	2	2	1	1/3	0.1099
城乡居民收入比（C₇）	1/2	1/2	3	3	3	3	1	0.1897

CR = 0.0528 < 0.1，通过一致性检验。

表 5 - 6　　　　　　　　B₂ - C 判断矩阵及各指标的权重

经济子系统（B₂）	人均GDP（C₈）	农民人均纯收入（C₉）	农民人均用电量（C₁₀）	耕地粮食单产（C₁₁）	第二产业产值比重（C₁₂）	第三产业产值比重（C₁₃）	林牧总产值比重（C₁₄）	城市化水平（C₁₅）	Wᵢ
人均GDP（C₈）	1	2	2	2	3	2	1	3	0.2128
农民人均纯收入（C₉）	1/2	1	1	1/3	1/2	1/3	2	2	0.0869
农民人均用电量（C₁₀）	1/2	1	1	1/3	1/3	1/3	2	2	0.0947

续表

经济子系统（B₂）	人均GDP（C₈）	农民人均纯收入（C₉）	农民人均用电量（C₁₀）	耕地粮食单产（C₁₁）	第二产业产值比重（C₁₂）	第三产业产值比重（C₁₃）	林牧总产值比重（C₁₄）	城市化水平（C₁₅）	Wi
耕地粮食单产（C₁₁）	1/2	3	1	1	1/2	1/2	1	2	0.1103
第二产业产值比重（C₁₂）	1/3	2	3	2	1	1	3	3	0.1789
第三产业产值比重（C₁₃）	1/2	3	3	2	1	1	2	2	0.1789
林牧总产值比重（C₁₄）	1	1/2	1/2	1	1/3	1/2	1	1/2	0.0705
城市化水平（C₁₅）	1/3	1/2	1/2	1/2	1/3	1/2	2	1	0.0670

CR = 0.0735 < 0.1，通过一致性检验。

通过表5-4至表5-8得知，对于延安市农村经济可持续发展体系而言，资源环境子系统对其影响最大，权重为0.5396；其次为经济子系统，对其影响最小的是社会子系统，权重仅为0.1634。这主要是因为延安市地处黄土高原丘陵沟壑区，水土流失极为严重，生态环境脆弱，资源环境对于可持续发展的制约最大。

表5-7　　　　　　　　B₃-C 判断矩阵及各指标的权重

资源环境子系统（B3）	降水量（C₁₆）	人均耕地面积（C₁₇）	森林覆盖率（C₁₈）	农田旱涝保收率（C₁₉）	农药使用强度（C₂₀₁）	化肥使用强度（C₂₁）	水保治理率（C₂₂）	Wi
降水量（C₁₆）	1	1	2	1/2	4	3	1/6	0.1246
人均耕地面积（C₁₇）	1	1	2	1/3	4	3	1/4	0.1246
森林覆盖率（C₁₈）	1/2	1/2	1	1/2	4	3	1/3	0.1022
农田旱涝保收率（C₁₉）	2	3	2	1	3	2	1/3	0.1778
农药使用强度（C₂₀）	1/4	1/4	1/4	1/3	1	1/3	1/5	0.0362
化肥使用强度（C₂₁）	1/3	1/3	1/3	1/2	3	1	1/4	0.0613
水保治理率（C₂₂）	6	4	3	3	5	4	1	0.3733

CR = 0.0743 < 0.1，通过一致性检验。

表 5-8   延安市农村经济可持续发展评价体系指标权重

社会子系统（B_1）		经济子系统（B_2）		资源环境子系统（B_3）	
指标名称	权重	指标名称	权重	指标名称	权重
（C_1）人口密度	0.0394	（C_8）人均 GDP	0.0632	（C_{16}）降水量	0.0673
（C_2）人口自然增长率	0.0394	（C_9）农民人均纯收入	0.0258	（C_{17}）人均耕地面积	0.0673
（C_3）农业机械化水平	0.0156	（C_{10}）农村人均用电量	0.0281	（C_{18}）森林覆盖率	0.0552
（C_4）每万人中、小学生在校人数	0.0103	（C_{11}）耕地粮食单产	0.0328	（C_{19}）农田旱涝保收率	0.0959
（C_5）每千人拥有的病床床位数	0.0098	（C_{12}）第二产业产值比重	0.0531	（C_{20}）农药使用强度	0.0195
（C_6）有线电视覆盖率	0.0180	（C_{13}）第三产业产值比重	0.0531	（C_{21}）化肥使用强度	0.0331
（C_7）城乡居民收入比	0.0310	（C_{14}）林牧总产值比重	0.0209	（C_{22}）水保治理率	0.2014
		（C_{15}）城市化水平	0.0199		

从系统层的三个子系统分析，对于社会子系统而言，对其影响最大的是人口密度和人口自然增长率，权重值均为 0.0394，其次是城乡居民收入比，而对其影响最小的指标是每千人拥有的病床床位数，权重仅为 0.0098，可见，控制人口增长、合理布局人口分布对于延安市农村经济可持续发展具有重要的影响。对于经济子系统而言，人均 GDP、二三产业比重是制约延安市农村经济可持续发展的主要经济因素。对于资源环境子系统而言，可持续发展最大制约因素是水保治理率，权重值高达 0.2014，这是因为对于延安市这样的生态脆弱区，在资源环境系统中，水资源和土地资源的优化配置利用是十分重要的。其次为农田旱涝保收率，权重值为 0.0959，降水量、人均耕地面积和森林覆盖率对于资源环境的可持续影响也较大，权重值分别为 0.0673，0.0673 和 0.0552。而对其影响最小的是农药使用强度。

从指标层分析，在 22 个指标中，对延安市农村经济可持续发展影响最大的因素分别为水保治理率、农田旱涝保收率、降水量、人均耕地面积和人均 GDP，可见，要实现延安市农村经济的可持续发展，必须要进一步提高水保治理率、加大水土保持的力度，优化水土资源配置，提高农田旱涝保收率，巩固退耕还林（草）成果，在生态环境可持续的基础上提高区域农村经济发展水平，切实提高延安农民的收入。

三　评价指标标准值的确定

标准值是各指标所处的可持续发展状态与不可持续状态的临界阈值，选取时应从区域的具体情况出发，尽量做到科学准确、简便易行，能够尽量地定量化，能够反映区域的环境特点、社会经济的可持续发展的要求，因此，选取时应遵循可计量化、地域性和实用性等原则[①]。

可持续发展评价各指标标准值的选取可以从以下方面选择：（1）国家、行业、国际的标准，如农药安全使用标准（GB 4285—89）；（2）背景与本底值，可以用所在待评价区域生态环境的背景值或本底值作为评价标准，也可以选择生态环境破坏或受损前的生态环境系统作为评价标准值；（3）类比标准，可选择与研究区自然条件以及生态系统条件相似的其他区域可持续发展的要求，或者是现状的发展水平作为标准值，这类指标需根据评价内容和要求科学地选择；（4）制定目前的生态效应程度，可选择通过当地或相似自然条件下科学研究已判定的保障可持续发展的生态环境要求、污染物排放标准，也可选取当地经济发展规划所要达到的目标作为标准。

可持续发展标准值的确定是一项具有探索性的工作，选取时应在查阅相关资料的基础上，从研究区域的特点出发，选取适合评价该区域可持续发展程度的标准值。基于上述标准值选取的原则和选取的来源，确定延安市农村经济可持续发展评价指标的标准值（表5-9）。

表5-9　　　　　延安市农村经济可持续发展评价指标的标准值

指标名称	标准值	指标名称	标准值
（C_1）人口密度	128.78	（C_{12}）第二产业产值比重	46.3
（C_2）人口自然增长率	4	（C_{13}）第三产业产值比重	45
（C_3）农业机械化水平	6.30	（C_{14}）林牧总产值比重	64.02
（C_4）每万人中、小学生在校人数	1480	（C_{15}）城市化水平	60
（C_5）每千人拥有的病床床位数	9	（C_{16}）降水量	650
（C_6）有线电视覆盖率	100	（C_{17}）人均耕地面积	0.08
（C_7）城乡居民收入比	3.3：1	（C_{18}）森林覆盖率	40
（C_8）人均GDP	22000	（C_{19}）农田旱涝保收率	1.33
（C_9）农民人均纯收入	5000	（C_{20}）农药使用强度	0.13
（C_{10}）农村人均用电量	757.37	（C_{21}）化肥使用强度	255
（C_{11}）耕地粮食单产	4120.44	（C_{22}）水保治理率	100

---

① 毛汉英：《山东省可持续发展指标体系初步研究》，《地理研究》1996年第4期。

四 延安市农村经济可持续发展评价综合值的计算

（1）单项指标可持续发展指数的计算

各指标作为评价可持续发展的因子，根据其特性分为两种类型：一类是正趋向性指标，即指标的数值越大越有利于可持续发展；另一类是逆趋向性指标，即指标的数值越大越不利于可持续发展。指标的趋向性不同，其可持续发展指数的计算方法也不同，结合各指标所取的标准值，建立计算各指标可持续发展指数的数学模型。

假设 $x_i(i = 1, 2, \cdots, n)$ 为第 i 个指标的实际值，$z_i(i = 1, 2, \cdots, n)$ 为第 i 个指标的标准值，$S(x_i)$ 为可持续发展指数，具体的数学计算公式为：

①对于正向趋向性指标：当 $x_i \geq z_i$ 时，$S(x_i) = 1$；当 $x_i < z_i$ 时，$S(x_i) = x_i/z_i$。

②对于逆向趋向性指标：当 $x_i \leq z_i$ 时，$S(x_i) = 1$；当 $x_i > z_i$ 时，$S(x_i) = z_i/x_i$。

（2）可持续发展综合值的计算

① 单项指标可持续发展值的计算公式为：

$$I_i = S(x_i) \times W_i \qquad (i = 1, 2, \cdots, n)$$

式中：I_i 为第 i 个指标的可持续发展值，$S(x_i)$ 为第 i 个指标的可持续发展指数，W_i 为第 i 个指标的权重。

② 可持续发展综合值的计算公式为：

$$S = \sum_{i=1}^{n} I_i \qquad (i = 1, 2, \cdots, n)$$

式中：S 为评价区域的可持续发展综合值，I_i 为第 i 个指标的可持续发展值，n 为所选的评价指标的个数。

第四节 延安市农村经济可持续发展评价结果与分析

一 延安市农村经济可持续发展单项指标分析

根据可持续发展指数和单项指标可持续发展值的计算公式，计算得到1998年、2000年、2003年、2005年、2007年和2009年延安市农村社会、经济和资源环境子系统中各个指标的可持续发展值，结果如表 5 - 10

所示。

表5-10　　　延安市农村经济可持续发展单项指标可持续发展值

指标名称		年份					
		1998	2000	2003	2005	2007	2009
社会子系统（B₁）	人口密度	0.0394	0.0394	0.0394	0.0394	0.0394	0.0394
	人口自然增长率	0.0266	0.0352	0.0295	0.0368	0.0304	0.0340
	农业机械化水平	0.0043	0.0056	0.0081	0.0103	0.0141	0.0156
	每万人中、小学生在校人数	0.0103	0.0103	0.0103	0.0103	0.0103	0.0103
	每千人拥有的病床床位数	0.0028	0.0029	0.0029	0.0033	0.0036	0.0039
	有线电视覆盖率	0.0146	0.0164	0.0167	0.0171	0.0174	0.0177
	城乡居民收入比	0.0310	0.0291	0.0291	0.0301	0.0297	0.0286
经济子系统（B₂）	人均GDP	0.0125	0.0192	0.0309	0.0541	0.0632	0.0632
	农民人均纯收入	0.0070	0.0075	0.0088	0.0113	0.0147	0.0220
	农村人均用电量	0.0015	0.0020	0.0021	0.0028	0.0041	0.0066
	耕地粮食单产	0.0240	0.0190	0.0239	0.0273	0.0285	0.0294
	第二产业产值比重	0.0531	0.0486	0.0399	0.0319	0.0303	0.0347
	第三产业产值比重	0.0229	0.0214	0.0190	0.0118	0.0095	0.0168
	林牧总产值比重	0.0085	0.0097	0.0118	0.0125	0.0091	0.0089
	城市化水平	0.0067	0.0069	0.0081	0.0086	0.0089	0.0127
资源环境子系统（B₃）	降水量	0.0611	0.0442	0.0673	0.0457	0.0543	0.0544
	人均耕地面积	0.0673	0.0673	0.0673	0.0673	0.0673	0.0673
	森林覆盖率	0.0007	0.0084	0.0223	0.0273	0.0287	0.0321
	农田旱涝保收率	0.0042	0.0033	0.0054	0.0053	0.0057	0.0049
	农药使用强度	0.0016	0.0011	0.0007	0.0006	0.0006	0.0006
	化肥使用强度	0.0107	0.0096	0.0082	0.0082	0.0077	0.0061
	水保治理率	0.1185	0.1101	0.1291	0.1312	0.1354	0.1350

由表5-10可知，在22个指标中，水保治理率对延安市农村经济可持续发展贡献值最大，其次是人均耕地面积和降水量。2005年之后，人均GDP对可持续发展的贡献率也较高。而对可持续发展影响较小的指标有每千人拥有的病床床位数、农药使用强度、化肥使用强度以及农村人均用电量。

从时间演变来看，22个指标大体上呈现增长的良性发展趋势（除林牧业总产值比重、农药使用强度和化肥使用强度之外），说明延安市农村经济可持续发展能力在逐年提高。其中，人均 GDP 的可持续发展值由 1998 年的 0.0125 增加到 2009 年的 0.0632，增加了 0.0507，充分体现出在过去的 11 年间，延安市整体经济发展水平有了显著的提高，具有以工哺农的基础。其次森林覆盖率的可持续发展值变化也较大，由 1998 年的 0.0007 增长到 2009 年的 0.0321，增长了 0.0314，这一数据反映出延安市农村经济可持续发展在很大程度上受到森林覆盖率的影响，也揭示了退耕还林（草）对于延安市农村经济可持续发展的影响之大。

以下分别从社会子系统、经济子系统和资源环境子系统三个方面分析1998—2009 年延安市各个单项指标的可持续发展变化情况。

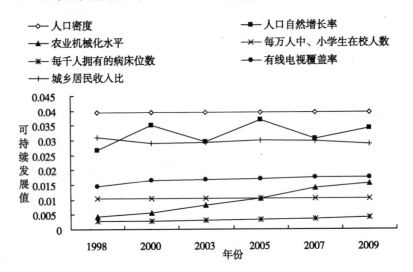

图 5 - 1　1998—2009 年延安市农村经济的社会子系统可持续发展情况

从图 5 - 1 可知，社会子系统方面，除城乡居民收入的可持续发展值呈现负增长外，人口密度、人口自然增长率、农业机械化水平、每万人中、小学生在校人数、每千人拥有的病床床位数和有线电视覆盖率的可持续发展值均呈增长趋势。其中农业机械化水平可持续发展值增长最快，由 1998 年的 0.0043 到 2009 年的 0.0156，增加了 0.0113。人口自然增长率的可持续发展值在 1998—2009 年间呈现出波动性增长，这主要与这期间人口自然增长率的波动变化有很大关系。这些指标可持续发展值的增长，说明 10 年来，延安市在控制人口增长和计划生育，发展义务教育，完善社会保障体系和基础设施建设，提高农业耕地的有效灌溉___很大的努力，也收获了很大的成效。但是，在社会子系统中，___入比的可持续发展值却由 1998 年的 0.0310 下降到 2009 年的 0.0___主要是由于在快速发展经济和城市化的同时，由于自然环境和社会条件___制约，造成城镇居民和农村居民的收入差距扩大，因此降低城乡居民收入比对于延安市可持续发展是十分必要和迫切的。

在经济子系统方面（图 5-2），除第二、三产业比重的可持续发展值下降外，各个指标的可持续发展值大体上呈上升趋势。其中，人均 GDP 的可持续发展值由 1998 年的 0.0125 增加到 2009 年的 0.0632，增长了 0.0507，并且随着时间的推移，人均 GDP 对于可持续的影响也在逐渐增大，是所有经济指标中可持续发展值增长最快的一项，也是 2005 年之后对区域可持续发展影响最大的一项。农民人均纯收入的可持续发展值由 1998 年的 0.0070 增长到 2009 年的 0.0220，增加了 0.0150，表明人均 GDP 提高的同时，农民的纯收入也有所增加，但增长速度却慢于人均 GDP 增长速度，这就说明农民增收任务依然艰巨，延安市应发挥其财政支农作用，加大以工哺农力度，改善农村居民的生产生活条件，实现农村经济快速发展。城市化水平的可持续值发展由 1998 年的 0.0067 增加到 2009 年的 0.0127，增长了 0.0061，这反映出 1998—2009 年，延安市经济

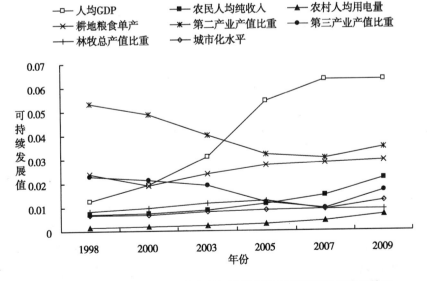

图 5-2 1998—2009 年延安市农村经济的经济子系统可持续发展情况

发展水平有了显著的提高，并且对于区域可持续发展起着积极作用。耕地粮食单产的可持续发展值由 1998 年的 0.0240 到 2009 年的 0.0294，提高了 0.0054，说明科学技术在提高农业产值方面起到了至关重要的作用。农村人均用电量的可持续发展值也由 1998 年的 0.0015 转变为 2009 年的 0.0066，增长了 0.0051，提高明显，这反映出近年来，各级政府对"三农"问题的关注，以及近年来财政支农力度的加大，改善了农村水、路、电等生产、生活基础设施，农民生活水平提高，现代农业机械的使用增多。在经济子系统中，第二产业比重和第三产业比重的可持续发展值均呈下降发展，分别降低 0.0184 和 0.0060，这反映出在第二、三产业发展过程中注重经济发展，而忽视与资源、环境的可持续协调发展，使得近几年来二者可持续发展值呈现出降低的趋势。

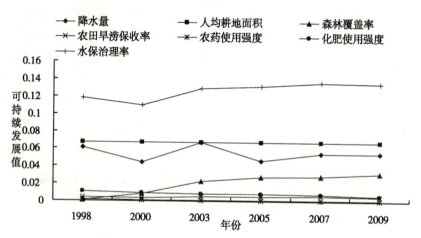

图 5-3　1998—2009 年延安市农村经济的资源环境子系统可持续发展情况

由图 5-3 可知，在资源环境子系统方面，除降水量、农药使用强度和化肥使用强度的可持续发展值外，其他指标的可持续发展值均呈增长态势。森林覆盖率的可持续发展值变化最大，由 1998 年的 0.0007 增长到 2009 年的 0.0321，增长了 0.0314，说明延安市农村经济可持续发展在很大程度上受到森林覆盖率的影响，也从侧面反映出退耕还林（草）对延安市可持续发展具有重大的影响。其次是水保治理率，水保治理率的可持续发展值由 1998 年的 0.1185 增长到 2009 年的 0.1350，说明延安市对环境保护的投资力度不断加大。此外，农药使用强度和化肥使用强度的可持续发展值都呈下降趋势，说明现阶段延安市农业发展中农药和化肥使用仍然呈增长趋势，农药和化肥对于环境可持续发展的抑制作用依然很显著，因此发展生态循环农业，生产有机农产品就成为延安市农村经济可持续发展的重要内容。

二　延安市农村经济可持续发展综合值分析

根据上述计算结果和可持续发展综合值的计算公式，分别对延安市1998 年、2000 年、2003 年、2005 年、2007 年和 2009 年的农村经济可持续发展综合值进行测算，结果如表 5 - 11。

从时间序列来考虑，延安市农村经济三大系统层的可持续发展态势在11 年间均有所好转，可持续发展能力在逐年提高。其中社会系统的可持续发展值由 1998 年的 0.1290 变化为 2009 年的 0.1495，经济系统的可持续发展值由 1998 年的 0.1361 变化为 2009 年的 0.1943，资源环境系统的可持续发展值由 1998 年的 0.2642 变为 2009 年的 0.3004。延安市农村经济可持续发展综合值总体也呈上升趋势，由 1998 年的 0.5293 变为 2009年的 0.6442。

表 5 - 11　　　　　　延安市农村经济可持续发展综合值

年份	社会子系统	经济子系统	资源环境子系统	可持续发展综合值
1998	0.1290	0.1361	0.2642	0.5293
2000	0.1388	0.1344	0.2441	0.5173
2003	0.1361	0.1445	0.3002	0.5808
2005	0.1473	0.1603	0.2856	0.5933
2007	0.1449	0.1682	0.2997	0.6128
2009	0.1495	0.1943	0.3004	0.6442

三　延安市农村经济可持续发展能力分析

可持续发展综合值只能从数值上衡量区域的可持续发展能力，其数值越大，可持续发展的能力也就越大，但并不能描述区域可持续发展程度处于什么样的状态，这就需要把定量化的数值和定性描述结合起来，划分相应的等级，以此描述系统可持续发展的程度。因此，本书参考其他学者的研究，结合延安市农村经济可持续发展的现状和特点，建立了延安市农村经济可持续发展能力分级标准（表5-12）。

表5-12　　　　　　延安市农村经济可持续发展能力分级标准

可持续发展综合值	表征状态
<0.25	可持续发展能力极低
0.25—0.45	可持续发展能力较低
0.45—0.65	可持续发展能力一般
0.65—0.85	可持续发展能力较高
≥0.85	可持续发展能力极高

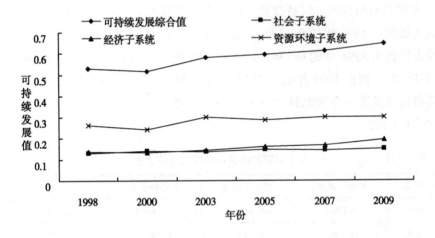

图5-4　1998—2009年延安市农村经济综合可持续发展情况

结合图5-4和表5-12分析可知，延安市综合可持续发展能力总体呈上升趋势，可持续发展状态在逐步好转，但都位于可持续发展能力一般等级中。在1998—2009年间，2000年延安市农村经济可持续发展能力最低，可持续发展值仅为0.5173，处于可持续发展能力一般中的低水平状态，到2009年，延安市可持续发展值上升为0.6442，可持续发展能力处于一般中的高水平状态。分析其主要原因如下：

第一，延安市近年来经济的快速发展，国内生产总值和人均国民生产总值不断提高，地方财政实力增强，社会保障体系不断完善，城乡人民生活水得以提高。2009年，延安市三次产业比例为7.6：70.8：21.6，国内生产总值7282620万元，占全省的8.80%，比上年增长12.2%，高于全国3.1个百分点，低于全省1.4个百分点，工业总产值占全省的

11.80%，全社会固定资产投资占全省8.51%，人均国内生产总值33899元，为全省的155.99%，财政总收入263.14亿元，较2008年增长32.41%，地方财政收入90.47亿元，较2008年增长13.01%，地方财政收入占全省的12.33%。

第二，退耕还林（草）工程的实施后，延安市生态建设成效显著。退耕至今，延安市全市绿化率由37%提高到46%，有林地面积增加了9个百分点，林草覆盖率由退耕前1999年的42.9%提高到57.9%，提高了15个百分点，降雨量由"九五"期间的平均480mm多增加到"十一五"期间的500mm以上，扬尘天气由年均5—6天减少到3天。全市主要河流多年平均含沙量较1999年下降了8个百分点；年径流量增加了$1000 \times 10^4 m^3$万立方米；水土流失综合治理程度达到45.5%，比1999年前提高了25个百分点。据北京林业大学在吴起、安塞两县监测的结果显示，土壤年侵蚀模数由退耕前的$1.53 \times 10^4 t/km^2$，下降到目前的$0.54 \times 10^4 t/km^2$，下降了$1 \times 10^4 t$。目前陕北黄土高原区年均输入黄河泥沙量由原来的8.3亿吨减少到4亿吨。卫星遥感监测显示，2009年和2000年相比，陕西省的绿色版图已经向北推进了400公里。同时，土壤的保肥、保水、保土能力大大增强，黄土高原重点治理区基本实现了泥土不下山、洪水不出沟，干旱、洪水等自然灾害大幅度减少，一些多年罕见的野生动物又频繁出现[1]。

第五节　小结

（1）对于延安市农村经济可持续发展体系而言，系统层面上，资源环境子系统对其影响最大，其次为经济子系统，对其影响最小的是社会子系统；指标层面上，水保治理率对其影响最大，其次是人均耕地面积、降水量和人均GDP。而农药使用强度对可持续发展影响较小。

（2）从时间序列来考虑，延安市农村经济三大系统层的可持续发展态势在11年间均有所好转，可持续发展能力在逐年提高。其中社会系统的可持续发展值由1998年的0.1290变化为2009年的0.1495，经济系统的可持续发展值由1998年的0.1361变化为2009年的0.1943，资源环境

---

① 李奇睿、王继军：《退耕还林工程实施后安塞县商品型生态农业建设成效》，《干旱地区农业研究》2011年第1期。

系统的可持续发展值由 1998 年的 0.2642 变为 2009 年的 0.3004。延安市农村经济可持续发展综合值总体也呈上升趋势，由 1998 年的 0.5293 变为 2009 年的 0.6442。

（3）延安市农村经济可持续性发展总体势头较好，但可持续发展能力仍属于一般水平，在可持续发展的进程中仍然存在一些问题，例如，城镇居民收入差距、人均水资源匮乏、化肥和农药使用强度过高等问题，还需要控制人口增长，从资源环境、社会科技、经济等方面构建保障体系，来促进区域的全面可持续发展。

第六章 退耕还林（草）背景下延安市农村生态经济区划分

延安市位处黄河中游陕北黄土高原丘陵沟壑区①，是我国第一批退耕还林（草）工程建设区，也是全国唯一的退耕还林（草）工程建设试点市，所辖的 13 个县（区）都是退耕还林（草）试点县。延安市在退耕还林工程建设中，通过调整农业用地结构、发展生态农业来实现生态重建②，退耕区农村生态经济的发展成为退耕还林（草）工程建设中的焦点问题。由于延安市各县区自然、社会、经济条件的地域差异，各县区农村生态经济发展定位不尽相同。合理认识和评价延安市农村生态经济发展的空间差异，进行延安市农村生态经济区划分，是延安市区域发展的现实选择和生态经济协调发展的依据。通过延安市农村生态经济区划分，可以揭示延安市不同区域的生态与自然环境条件差异性及其经济发展中的主要矛盾和潜力，从宏观和战略的高度，明确各区之间经济发展的合理分工协作、生产专业化发展方向以及各区资源开发和建设的重点、程序、途径、措施及效益，为因地制宜发展延安农村经济提供参考依据。

第一节 延安市农村生态经济区划分的理论基础和原则

一 理论基础

（1）生态经济区划的内涵

---

① 陕西师范大学地理系：《陕西省延安地区地理志》，陕西人民出版社 1983 年版。徐建华、吕光圻、张胜利：《黄河中游多沙粗沙区区域界定及产沙输沙规律研究》，黄河水利出版社 2000 年版。中国科学院黄土高原综合科学考察队：《黄土高原地区综合治理开发分区研究》，中国经济出版社 1990 年版。甘枝茂主编：《黄土高原地貌与土壤侵蚀研究》，陕西人民出版社 1989 年版。

② 王青：《黄土高原丘陵沟壑区农业结构调整的思考》，《中国农业资源与区划》2001 年第 5 期。景可：《加快黄土高原生态环境建设的战略思考》，《水土保持通报》2001 年第 1 期。

　　生态经济区划就是运用生态经济学观点，从区域生态、社会经济的发展现状分析入手，根据区域自然生态因素和社会经济因素的特点及其内在联系所构成的空间状态的相似性和差异性，总结自然、经济的地域分异规律，划分融合生态和经济要素的生态经济地域单元①，明确不同类型的生态经济单元在区域发展中的功能。通过对研究区生态、经济要素的空间状态及其内在联系的分析，阐明不同生态经济区的生态特征和经济发展中存在的问题，探讨生态经济的发展方向、途径和对策，为决策部门调控优化研究区生态效益和经济效益提供依据，满足社会、经济发展和生态环境保护的需要，协调区域经济发展与生态环境保护及自然资源利用的关系，实现区域社会经济的持续发展。

　　从本质上来说，生态经济区划属于利于实现自然生态系统与人类经济系统功能协调演进的综合区划，是以自然区划、经济区划、农业区划、生态区划、环境区划以及林业畜牧业等其他专项区划为基础，借鉴这些专项区划的原理与方法，但又有别于它们。生态经济区划需要将以前注重单项的或部门的专项区划相互结合，在研究中强调生态与经济的相互耦合，因此属于区划研究中的较高层次，层次性更强，综合程度更高，对于区域可持续发展更具有指导性，并可增强区域可持续发展研究的操作性。对于区域发展而言，生态经济区划并不是区域发展的目的，而是制定区域发展战略的基础。因此生态经济区划不仅仅是研究如何区划，还包括区域生态经济因子辨识，优化开发策略、功能定位及运行管理等。

　　（2）地域分异理论

　　地域分异规律不仅是自然区划、生态区划的理论基础，同时也是生态经济区划的理论基础和主要遵循的原则。在生态经济区划工作的进行中，依据地域分异规律对研究区进行定性描述是十分必要的，在实际工作中也是切实可行的。

　　自然生态环境是人类生存和发展的重要条件，各组分及其相互作用形成的自然综合体之间的相互分化和由此产生的差异，形成了自然界的地域分异规律。自然地域分异研究强调综合观点，因为任何一个地域都是一个复杂的自然综合体，其形成都包括地带性因素和非地带性要素、现代因素

---

　　① 徐中民、张志强、程国栋：《当代生态经济的综合研究综述》，《地球科学进展》2000年第6期。Day, J. C. , "Zoning-lessons from the Great Barrier Reef Marine Park", *Ocean & Coastal Management*, Vol. 45, No. 2 - 3, 2002.

和历史因素、内生因素和外生因素，尤其是受非地带性因素的影响而形成了结构和特点上的地域差异。同时，人类生产活动的方式、方向和程度及其对自然生态环境的影响也因地而异，以致引起了不同地域生态经济系统发展路径的差异。区域生态经济综合体的生态经济特征与功能的差异性是进行区划的基础。生态经济区划是以地表"自然—社会—经济"地域体系的空间规律和有序性为依据，通过分析不同区域单元之间的生态功能和生态需求的差异性和同类生态区的相似性，通过合并或划分的方法，形成生态经济区划。

二　区划原则

延安市农村生态经济区划是延安市区域发展的应用基础研究，作为一种特定的目的性区划，应客观反映农村生态经济发展的状况、特点和要求，才能为区域发展实践提供科学的依据。由于延安市区域发展的生态性、综合性、地域性等特点，进行区划时应遵循以下原则：

（1）行政区域完整性和地域连续性原则

由于人类的社会经济活动受到行政区划的强烈影响和制约，同时为了使指标体系内的数据更具有可获取性，区划成果更好地服务于实践，保证各分区的行政区域完整是非常必要的。延安市农村生态经济区划是基于县（区）级农村生态经济单元发展状态的分析评价，对延安市县（区）级农村生态经济单元进行的归类，保证县（区）级行政区域完整性是区域协调发展的基本要求。

地域连续性原则又称区域共轭性原则，是指进行区划的区域单位必须保持空间连续性和不可重复性。即任何一个区域永远是个体的，不能存在彼此分离的部分，两个自然特征类似但彼此隔离的区域，也不能划到同一区域中。生态区划方案要使同类型区在地域上相对集中连片，以保证区域生态经济的发展与调控。

（2）社会经济发展相似性与差异性原则

相似性是指同一经济区的不同组成对象在自然、地理、资源、社会、经济与环境等方面相似，即具有一定的共性。这是不同对象能够划归同一经济区的基础与桥梁，是产生区内在凝聚力的基础。差异性是指不同经济区之间的特征性的差别，它强调了各经济区的不同重点，也指出了各经济区之间相互协作的方向，即各经济区之间可利用优势互补原则实现资源的有效配置和经济建设目标。

　　农村生态经济系统是人们通过对自然生态系统长期开发、利用的结果，它是由社会、生态和经济子系统组成的整体，具有一定的地域差异性和区内相似性。延安市位处黄土高原丘陵沟壑区，由于区内自然地理条件的地带性差异，以及小地形、小气候的影响，延安市在生态治理和区域经济发展过程中形成了具有地域特色的生态经济区。因此，在进行延安市农村生态经济分区研究时，要充分尊重自然生态环境的差异性规律，保持生态经济区内在资源、经济等方面组合特征的相似性。

　　（3）综合性与主导因素相结合原则

　　生态经济系统的形成与发展是多因素综合作用的结果，由于各因素作用的强弱不同，在该过程中，有些因素起主要支配作用，成为主导因素。进行生态经济区划时，要明确经济发展中的主导因素，通过对主导因素及其相关因素进行综合分析，才能正确揭示地域分异规律，分区结果才会具有实践意义。由于生态经济区划属区域综合范畴，延安市生态环境问题的产生和治理，既受自然条件制约，又在很大程度上受社会经济因素影响，在对延安市进行农村生态经济区划时，既要综合考虑生态和经济两大系统的耦合关系，又要在此基础上抓住主导性要素，确保区域划分的整体性、综合性，体现区域独有的特征和功能。

　　（4）区域发展方向一致性原则

　　生态经济区是建立在对区域自然、社会、经济资源综合开发利用的基础上，区内自然条件，如土地、地貌、气候等对农林牧业生产有极大的影响和制约，直接影响农林牧业生产发展、技术措施的适应性和效益，使区域发展呈现出一定的方向和特点。确定区域发展方向是区划研究的重要内容，在农村生态经济区划中，要充分考虑区域在资源总体价值、开发顺序、综合利用、治理保护，以及经济特征和经济效益上的相似性，保证同一类型分区单元中具有相当的产业发展水平，以便于分区配套措施的制定和实施，提高区划的可操作性。

　　（5）定性与定量相结合原则

　　农村经济系统是一个复杂的动态系统，分区的过程要尽可能对系统定量化。然而，由于客观原因，数据不可能面面俱到地表达出一个单元的所有特征，因此区划应用定性分析对定量结果进行适当修正。

第二节　延安市农村生态经济分区的方法及步骤

一　分区方法

农村生态经济系统是由社会、生态和经济子系统组成复杂的统一整体，该系统的运行涉及不同层面的众多指标，这些指标之间相互影响，包含的信息有一部分可能是重复的，影响分区结果的合理性。因此，为了消除各指标的相互影响对生态经济分区结果的影响，选用多元统计分析法中的主成分分析法和聚类分析法对延安市农村生态经济进行区划研究[①]。

主成分分析是设法将原来众多具有一定相关性的因子（比如 P 个指标），重新组合成一组新的互相无关的综合指标来代替原来的指标。通常数学上的处理就是将原来 P 个指标作线性组合，作为新的综合指标。最经典的做法就是用 F_1（选取的第一个线性组合，即第一个综合指标）的方差来表达，即 $Var（F_1）$ 越大，表示 F_1 包含的信息越多。因此在所有的线性组合中选取的 F_1 应该是方差最大的，故称 F_1 为第一主成分。如果第一主成分不足以代表原来 P 个指标的信息，再考虑选取 F_2 即选第二个线性组合，为了有效地反映原来的信息，F_1 已有的信息就不需要再出现在 F_2 中，用数学语言表达就是要求 $Cov（F_1，F_2）=0$，则称 F_2 为第二主成分，依此类推可以构造出第三、第四，……，第 m 个主成分。

主成分分析数学模型：

$$F_1 = a_{11}ZX_1 + a_{21}ZX_2 + \cdots + a_{p1}ZXp$$

$$F_2 = a_{12}ZX_1 + a_{22}ZX_2 + \cdots + a_{p2}ZXp$$

……

$$Fm = a_{1m}ZX_1 + a_{2m}ZX_2 + \cdots + a_{pm}ZXp$$

其中 a_{1i}，a_{2i}，…，a_{pi}（$i=1$，…，m）为 X 的协方差阵 Σ 的特征值各对应的特征向量，ZX_1、ZX_2，…，ZXp 是原始变量经过标准化处理的值。因为在实际应用中，往往存在指标的量纲不同，所以在计算之前先消除量纲的影响，而将原始数据标准化。

$$A = （a_{ij}）_{p \times m} = （a_1，a_{2,} \cdots，a_m），Ra_i = \lambda_i a_i，R 为相关系数矩阵，$$

---

①　徐建华：《现代地理学中的数学方法》，高等教育出版社 2002 年版。

λ_i、a_i 是相应的特征值和单位特征向量，$\lambda_1 \geqslant \lambda_2 \geqslant \cdots \geqslant \lambda_p \geqslant 0$。

二　分区步骤

生态经济系统的运行涉及不同层面众多指标相互影响，主成分分析法通过数据降维处理①，提取影响生态经济发展的主要因素，对生态经济发展进行状态评价和类型分区。运用主成分分析法和聚类分析法对延安市农村生态经济分区研究的主要步骤如下：

（1）根据研究问题选取指标与数据。生态经济区是多因素协调运转的结果，在区划中必然涉及多项指标，建立合理的指标体系是区划的关键所在，影响到区划结果的准确性。区划指标的选择要依据区域特色，并考虑到实际情况和国民经济统计资料数据获取的可能，使选取的指标具有代表性、系统性与可操作性。

（2）进行指标数据标准化。由于生态经济发展涉及社会、生态、经济等众多层面，不同指标数据的量纲、数量级和变幅有较大差异，为了消除指标间的量纲、数量级或数据变化的差异带来的影响，采用标准差方法对收集到的样本数据进行标准化处理，以消除量纲，为下一步分析做准备。

（3）进行指标因子之间的相关性判定，计算相关系数。

（4）计算指标因子的特征值和特征向量，计算主成分贡献率，确定主成分个数。主成分个数提取原则为主成分对应的特征值大于1，提取累计贡献率大于85%的前 m 个主成分。特征值在某种程度上可以被看成是表示主成分影响力度大小的指标，如果特征值小于1，说明该主成分的解释力度还不如直接引入一个原变量的平均解释力度大，因此一般可以用特征值大于1作为纳入标准。

（5）确定主成分表达式，计算主成分得分。

根据主成分分析数学模型，计算主成分得分。主成分得分表达式如下：

$$F_1 = a_{11}ZX_1 + a_{21}ZX_2 + \cdots + a_{p1}ZX_p$$
$$F_2 = a_{12}ZX_1 + a_{22}ZX_2 + \cdots + a_{p2}ZX_p$$
$$\cdots\cdots$$

---

① 徐梦洁、赵其国：《区域农业可持续发展研究》，《资源开发与市场》1999 年第 4 期。

$$Fm = a_{1m}ZX_1 + a_{2m}ZX_2 + \cdots + a_{pm}ZXp$$

（6）确定主成分权重，计算综合主成分值并进行评价与研究。以每个主成分所对应的特征值占所提取主成分总的特征值之和的比例作为权重 Wm 计算主成分综合评价得分值。

权重 Wm 的数学表达式为：

$$Wm = \lambda_m / (\lambda_1 + \lambda_2 + \cdots + \lambda_m)$$

主成分综合评价得分模型为：

$$F = W_1F_1 + W_2F_2 + \cdots + W_mF_m$$

（7）进行生态经济分区，确定分区方案。在主成分分析的基础上，选择分析所得的 m 个主成分作为聚类指标，进行分层聚类。结合聚类结果和延安区域发展的实践，确定延安市农村生态经济区划方案。

第三节 延安市农村生态经济区划指标体系的构建

一 构建原则

（1）科学性原则。指标体系的建立要以一定的科学理论为依据，并尽可能全面反映区域经济差异，不可以偏概全。

（2）实用性原则和可操作性原则。指标的建立要为实证分析服务，能为决策提供依据，而且指标含义要明确，具有一定的现实统计基础，可进行计算分析。

（3）可比性原则。即指标体系应符合纵向可比和横向可比的原则，要求指标数据的选取和计算采用通行的口径。

（4）可量化原则。即所选择的指标应能够量化。

（5）简化原则。即指标要有代表性和典型性，要避免含义相同或相近的指标重复出现，做到简明概括，以尽可能少的指标覆盖尽可能多的信息[1]。

二 指标选取

生态经济发展涉及经济、社会、资源环境等多个层面，遵循指标的选取原

---

[1] 徐梦洁、赵其国：《区域农业可持续发展研究》，《资源开发与市场》1999 年第 4 期。

则，从相关层面进行区划指标的遴选，力求较全面地反映延安市农村经济发展的状态。根据已有学者的研究成果①②③④⑤⑥⑦，文中把区划指标体系划分为三个子系统：

（1）资源子系统指标：反映所研究的自然生态和环境质量等方面的信息。

（2）社会子系统指标：反映社会的特征、功能和结构，以及人文状态等方面的信息。

（3）经济子系统：反映区域经济发展现状和潜力。这里既有反映经济总体特征的数量指标，也包含反映区域经济平均水平或相对水平的质量指标。

文中各指标采用延安市截至 2009 年的统计数据，数据来源主要为《延安市统计年鉴1997—2009》和延安市农业局内部资料，这些数据基本能够反映延安市生态经济发展的基本情况。

第四节 延安市农村生态经济区划过程及结果

根据延安市农村生态经济区划分方法和已构建的区划指标体系，借助统计软件 SPSS13.0 对延安市农村生态经济区进行研究、划分。

一 生态经济发展的主成分分析

首先利用标准差法对延安市农村生态经济区划指标进行标准化，利用标准化后的指标因子计算相关系数矩阵（表 6-1），进行延安市农村生态经济因子的相关性分析。从相关系数矩阵表 6-1 可以看出，各因子间都有程度不等的相关性，其中，X6 与 X16，X6 与 X11，X8 与 X9，X11 与

---

① 徐建华：《现代地理学中的数学方法》，高等教育出版社 2002 年版。

② 杨树珍：《中国经济区划研究》，中国展望出版社 1990 年版。

③ 郭振淮：《经济区与经济区划》，中国物价出版社 1998 年版。

④ 傅伯杰、刘国华、陈利顶、马克明、李俊然：《中国生态区划方案》，《生态学报》2001年第 1 期。

⑤ 景可：《黄土高原生态经济区划研究》，《中国水土保持》2006 年第 12 期。

⑥ 杨爱民、王礼先、王玉杰：《三峡库区农业生态经济分区的研究》，《生态学报》2001 年第 4 期。

⑦ 熊鹰、王克林、蒋凌燕：《湖南省生态经济分区及其发展研究》，《经济地理》2003 年第 6 期。

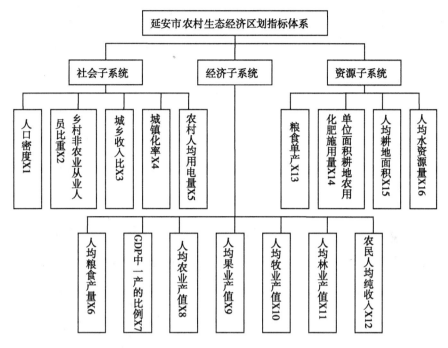

图6-1　延安市农村生态经济区划指标体系

X16，X8与X14，X9与X14，X13与X14之间存在较高的正相关，X3与X8，X3与X12，X2与X3，X3与X13，X3与X14之间的负相关性明显。

　　根据主成分提取原则，主成分个数为因子对应的特征值大于1，并且因子的累积贡献率在85%以上的前m个因子，文中提取前4个因子作为对延安市农村生态经济区划的主成分进行分析（表6-2），得到主成分载荷矩阵（表6-3）。用所提取的四个主成分代替原有的16个初始变量，可以概括初始变量所包含信息的88.123%。为了说明这四个主成分反映原始指标信息量的程度，使用最大方差法方法对因子载荷矩阵进行正交旋转变化，得到旋转后的因子载荷矩阵（表6-4），并根据系数由大到小排列，经过旋转的载荷系数已经明显地两极分化，明确了主成分所表征的指标因子。从表6-2、表6-3和表6-4可以看出，主成分1拥有初始变量所包含全部信息的39.156%，主成分2能够反映全部信息的30.809%，主成分3和主成分4分别拥有全部信息的9.457%和8.702%，说明相对于主成分3、主成分4而言，主成分1和主成分2尤为重要。在农民人均纯收入X12、人均农业产值X8、城乡收入比X3、人均果业产值X9、农村

表 6 - 1　　延安市农村生态经济区划指标的相关系数矩阵

	X1	X2	X3	X4	X5	X6	X7	X8	X9	X10	X11	X12	X13	X14	X15	X16
X1	1.000	0.425	0.298	0.306	0.046	-0.455	-0.498	0.011	0.314	-0.359	-0.477	-0.006	-0.335	-0.085	-0.528	-0.687
X2	0.425	1.000	0.544	0.209	-0.289	-0.305	-0.694	-0.576	-0.426	0.043	-0.295	-0.313	-0.719	-0.653	0.112	-0.298
X3	0.298	0.544	1.000	0.086	-0.602	-0.441	-0.418	-0.801	-0.605	-0.030	-0.307	-0.813	-0.785	-0.794	0.085	-0.389
X4	0.306	0.209	0.086	1	0.422	0.102	-0.148	-0.267	-0.123	-0.159	-0.071	0.007	0.011	-0.033	-0.309	-0.044
X5	0.046	-0.289	-0.602	0.422	1	-0.116	-0.086	0.521	0.575	-0.191	-0.317	0.765	0.319	0.515	-0.618	-0.147
X6	-0.455	-0.305	-0.441	0.102	-0.116	1	0.577	0.162	-0.158	0.459	0.957	0.060	0.667	0.343	0.677	0.929
X7	-0.498	-0.694	-0.418	-0.148	-0.086	0.577	1.000	0.300	0.143	-0.121	0.631	-0.059	0.732	0.630	0.193	0.629
X8	0.011	-0.576	-0.801	-0.267	0.521	0.162	0.300	1.000	0.911	-0.046	0.103	0.767	0.708	0.874	-0.304	0.071
X9	0.314	-0.426	-0.605	-0.123	0.575	-0.158	0.143	0.911	1.000	-0.365	-0.207	0.667	0.494	0.807	-0.616	-0.261
X10	-0.359	0.043	-0.030	-0.159	-0.191	0.459	-0.121	-0.046	-0.365	1.000	0.405	0.068	0.147	-0.196	0.606	0.426
X11	-0.477	-0.295	-0.307	-0.071	-0.317	0.957	0.631	0.103	-0.207	0.405	1.000	-0.118	0.582	0.284	0.773	0.925
X12	-0.006	-0.313	-0.813	0.007	0.765	0.060	-0.059	0.767	0.667	0.068	-0.118	1.000	0.439	0.573	-0.333	-0.013
X13	-0.335	-0.719	-0.785	0.011	0.319	0.667	0.732	0.708	0.494	0.147	0.582	0.439	1.000	0.860	0.028	0.555
X14	-0.085	-0.653	-0.794	-0.033	0.515	0.343	0.630	0.874	0.807	-0.196	0.284	0.573	0.860	1.000	-0.299	0.276
X15	-0.528	0.112	0.085	-0.309	-0.618	0.677	0.193	-0.304	-0.616	0.606	0.773	-0.333	0.028	-0.299	1.000	0.753
X16	-0.687	-0.298	-0.389	-0.044	-0.147	0.929	0.629	0.071	-0.261	0.426	0.925	-0.013	0.555	0.276	0.753	1.000

人均用电量 X5、单位面积耕地农用化肥施用量 X14、粮食单产 X13 这些指标上，主成分 1 有较高的（正、负）载荷系数；在指标人均水资源量 X16、人均粮食产量 X6、人均林业产值 X11、人均耕地面积 X15、人均牧业产值 X10、人口密度 X1 上，主成分 2 的载荷系数较大；主成分在指标生产总值中一产的比重 X7、乡村非农业从业人员比重上 X2 的载荷系数相对较高；在城镇化率 X4 上，主成分 4 的载荷系数最大。结合延安市农村生态经济发展现状，根据上述分析可知，主成分 1 是反映延安市农村生态经济系统中经济子系统方面指标的综合因子，主成分 2 是表征资源环境子系统方面指标的因子，主成分 3 和主成分 4 则反映了社会子系统方面的指标。

表 6 - 2　　　　延安市农村生态经济区划的主成分提取分析表

	Initial Eigenvalues			Extraction Sums of Squared Loadings			Rotation Sums of Squared Loadings		
	Total	% of Variance	Cumul-ative %	Total	% of Variance	Cumul-ative %	Total	% of Variance	Cumul-ative %
1	6. 265	39. 156	39. 156	6. 265	39. 156	39. 156	5. 051	31. 572	31. 572
2	4. 929	30. 809	69. 964	4. 929	30. 809	69. 964	4. 926	30. 790	62. 362
3	1. 513	9. 457	79. 421	1. 513	9. 457	79. 421	2. 625	16. 406	78. 767
4	1. 392	8. 702	88. 123	1. 392	8. 702	88. 123	1. 497	9. 355	88. 123
5	0. 912	5. 701	93. 824						
6	0. 495	3. 095	96. 919						
7	0. 202	1. 264	98. 183						
8	0. 148	0. 925	99. 107						
9	0. 076	0. 474	99. 581						
10	0. 052	0. 324	99. 905						
11	0. 014	0. 085	99. 990						
12	0. 002	0. 010	100. 00						
13	0. 00	0. 00	100. 00						
14	0. 00	0. 00	100. 00						
15	0. 00	0. 00	100. 00						
16	0. 00	0. 00	100. 00						

表 6 - 3 延安市农村生态经济区划的主成分载荷矩阵

	Component			
	1	2	3	4
X13	0.946	0.038	- 0.013	0.147
X14	0.889	- 0.344	- 0.140	0.132
X3	- 0.886	0.226	- 0.209	0.13
X8	0.792	- 0.479	- 0.045	- 0.285
X2	- 0.751	0.066	0.362	- 0.025
X7	0.706	0.322	- 0.488	0.329
X12	0.585	- 0.540	0.443	- 0.318
X15	0.066	0.937	0.101	- 0.235
X11	0.565	0.759	0.037	0.142
X9	0.554	- 0.752	- 0.150	- 0.114
X16	0.595	0.750	0.146	0.111
X5	0.409	- 0.675	0.457	0.135
X6	0.638	0.665	0.252	0.195
X1	- 0.420	- 0.570	0.056	0.194
X10	0.110	0.547	0.492	- 0.471
X4	- 0.119	- 0.163	0.556	0.793

表 6 - 4 延安市农村生态经济区划的主成分旋转载荷矩阵

	Component			
	1	2	3	4
X12	0.946	- 0.024	- 0.188	0.030
X8	0.900	- 0.021	0.277	- 0.229
X3	- 0.871	- 0.301	- 0.220	- 0.002
X9	0.797	- 0.399	0.322	- 0.102
X5	0.776	- 0.235	- 0.056	0.435
X14	0.757	0.090	0.602	0.039
X13	0.627	0.470	0.547	0.070
X16	0.042	0.942	0.243	0.050
X6	0.131	0.919	0.231	0.188
X11	- 0.027	0.901	0.322	0.016

	Component			
	1	2	3	4
X15	− 0. 369	0. 848	− 0. 158	− 0. 261
X10	0. 062	0. 671	− 0. 533	− 0. 19
X1	− 0. 029	− 0. 663	− 0. 148	0. 281
X7	0. 098	0. 443	0. 859	− 0. 071
X2	− 0. 463	− 0. 194	− 0. 639	0. 202
X4	− 0. 030	− 0. 063	− 0. 054	0. 985

二　农村生态经济发展状态综合评价

根据主成分得分的数学表达式及主成分综合评价模型，可以计算出延安市农村生态经济发展状态的综合得分。综合评价的函数值越大，表明延安市农村生态经济发展状态越好，区域生态经济处于良性互动发展。依此方法，也可以对各县区农村生态经济发展状态进行总体评价。

通过对延安市农村生态经济区划的主成分分析，用特征向量和原始指标值经标准化后的数据相乘，就可得出主成分得分式子，其数学表达式如下：

$$F_1 = - 0. 011ZX_1 - 0. 014ZX_2 - 0. 197ZX_3 - 0. 029ZX_4 + 0. 193ZX_5 + 0. 017ZX_6 - 0. 118ZX_7 + 0. 190ZX_8 + 0. 138ZX_9 + 0. 144ZX_{10} - 0. 037ZX_{11} + 0. 281ZX_{12} + 0. 075ZX_{13} + 0. 087ZX_{14} - 0. 030ZX_{15} - 0. 004 ZX_{16}$$

$$F_2 = - 0. 123ZX_1 + 0. 025ZX_2 - 0. 074ZX_3 + 0. 047ZX_4 + 0. 003ZX_5 + 0. 203ZX_6 + 0. 002ZX_7 - 0. 020 ZX_8 - 0. 110ZX_9 + 0. 211ZX_{10} + 0. 173ZX_{11} + 0. 050ZX_{12} + 0. 071ZX_{13} - 0. 022ZX_{14} + 0. 190ZX_{15} + 0. 196ZX_{16}$$

$$F_3 = 0. 011ZX_1 - 0. 238ZX_2 + 0. 076ZX_3 + 0. 016ZX_4 - 0. 134ZX_5 + 0. 002ZX_6 + 0. 404ZX_7 - 0. 020ZX_8 + 0. 073ZX_9 - 0. 393ZX_{10} + 0. 078ZX_{11} - 0. 277ZX_{12} + 0. 133ZX_{13} + 0. 183 ZX_{14} - 0. 127ZX_{15} + 0. 018ZX_{16}$$

$$F_4 = 0. 153ZX_1 + 0. 121ZX_2 + 0ZX_3 + 0. 676ZX_4 + 0. 262ZX_5 + 0. 186ZX_6 + 0. 002ZX_7 - 0. 177ZX_8 - 0. 106ZX_9 - 0. 113ZX_{10} + 0. 074ZX_{11} - 0. 015ZX_{12} + 0. 075ZX_{13} + 0. 030ZX_{14} - 0. 127 ZX_{15} + 0. 095ZX_{16}$$

通过计算，得到延安市各县区农村生态经济发展的主成分 F_1—F_4 的得分（表 6 - 5）。

根据权重公式计算主成分 F_1—F_4 的权重

W = [0.451387　　0.339532　　0.109261　　0.09982]

由主成分综合评价得分模型为 F = $W_1 F_1$ + $W_2 F_2$ + … + $W_m F_m$，计算出延安市农村生态经济发展状态综合得分。同理，可以计算出其他年份延安市各县区农村生态经济发展状态的综合评价得分，结果见表 6 - 6。

表 6 - 5　　　　2009 年延安市各县区农村生态经济发展主成分得分

	F_1	F_2	F_3	F_4
全市	- 0.04747	0.075009	- 0.0671	- 0.0119
宝塔	- 0.30012	- 0.31043	- 0.02857	0.241214
延长	- 0.38972	- 0.26639	0.072124	- 0.0613
延川	- 0.61232	- 0.22435	- 0.02393	- 0.01541
子长	- 0.36668	- 0.12268	- 0.04006	- 0.00026
安塞	0.040841	0.033138	- 0.09183	- 0.10097
志丹	- 0.12786	0.184661	- 0.12837	- 0.0229
吴起	- 0.0376	0.304452	- 0.13893	- 0.10488
甘泉	0.149192	0.185401	- 0.06259	0.023486
富县	0.346588	- 0.20251	0.148555	- 0.02556
洛川	1.136087	- 0.31546	0.011482	- 0.07355
宜川	- 0.35771	- 0.23464	0.202607	- 0.07719
黄龙	0.00585	0.948422	0.174211	0.056965
黄陵	0.560934	- 0.05463	- 0.0266	0.172261

表 6 - 6　　　　延安市农村生态经济发展状态综合评价得分

	1999	2002	2005	2009
全市	- 0.09583	- 0.09729	- 0.15877	- 0.05147
宝塔	- 0.61915	- 0.77615	- 0.23258	- 0.3989
延长	- 0.35275	- 0.2627	- 0.56147	- 0.64529
延川	- 1.07654	- 0.84409	- 0.87419	- 0.87601
子长	- 0.58917	- 0.50057	0.30729	- 0.52969
安塞	0.142324	- 0.05158	- 0.23233	- 0.11883

续表

	1999	2002	2005	2009
志丹	0.164172	− 0.11638	− 0.32603	− 0.09447
吴起	0.566094	0.39419	− 0.04206	0.02305
甘泉	− 0.00073	− 0.08046	0.221895	0.295489
富县	0.348561	0.608485	0.104508	0.267075
洛川	0.65757	0.565295	0.671286	0.758563
宜川	0.002462	0.022119	− 0.49433	− 0.46693
黄龙	1.087636	1.233205	1.290933	1.185448
黄陵	− 0.23464	− 0.09407	0.325849	0.65197

三 农村生态经济区划方案

延安市农村生态经济发展状态的主成分分析结果表明：退耕还林以来延安市农村生态经济发展总体呈现上升趋势，但由于各县区资源基础的差异，主导产业发展程度的不等，以及退耕规模的影响，各县区经济发展形成了较为明显的地域性特点。延安市南部的黄龙、黄陵、洛川、富县、甘泉进行农业生产的资源条件优于北部丘陵区，这些县区农业经济基本都是地方经济的主体，农村主导产业突出：黄龙县的粮食种植、林特产品，洛川、富县、黄陵等以苹果产业化生产为特色的农林果牧高效农业生态体系，甘泉的棚栽业、养殖业都十分突出。这些县区农民的人均纯收入普遍高于其他县区，生态经济已经成为当地农民稳定的收入来源。北部的县区石油资源丰富，但石油开采对转移当地剩余农村劳动力的作用很小，农民的收入主要还是来自于种植业、养殖业和外出做零工，农村经济是以林（草）牧为特色的生产体系。北部县区农业生产活动的资源约束突出：缺水干旱，耕地减少，农村主导产业尚未形成规模，自然灾害频繁多发等。

延安市农村生态经济发展状态的空间差异客观上要求各县区在经济发展中选择不同的发展路径。为了便于从总体上对延安市农村生态经济发展进行分类指导，运用聚类分析方法对延安市进行农村生态经济区划。在区划中，以县区为区划单元，具体就是在主成分分析的基础上，借助SPSS13.0软件，选择主成分分析所得的4个主成分作为聚类指标，采用组间连接法（Between-groups linkage）进行分层聚类，得到聚类分析龙骨图（图6-2），在5.0单位距离上，将延安市农村生态经济区分为5个类型区。

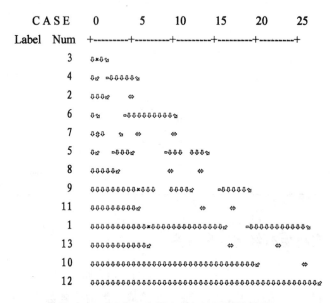

图6-2　延安市农村生态经济区划聚类图

注：1 宝塔，2 延长，3 延川，4 子长，5 安塞，6 志丹，7 吴起，
8 甘泉，9 富县，10 洛川，11 宜川，12 黄龙，13 黄陵

一类区：延长县、延川县、子长县、安塞县、志丹县、吴起县、甘泉县。

二类区：富县、宜川县。

三类区：宝塔区、黄陵县。

四类区：洛川县。

五类区：黄龙县。

根据区划的有关原则，以指标原始数据为依据，充分考虑各县（区）农林牧业生产现状与气候、生物、土地适宜性、今后生产发展方向①，结合延安社会经济发展的现实情况和聚类结果，按主要类型进行分区合并，确定区划方案，最终将延安市划分为三类生态经济区：Ⅰ中部旅游业高效农业生态经济区，Ⅱ北部农林（草）牧能源生态经济区，Ⅲ南部农林果牧生态经济区（图6-3）。

---

① 申保珍、程鸿飞、李丽颖、常永平：《延安绿色革命：退耕还林发展苹果蔬菜产业》，《农民日报》2011年10月18日第4版。

（1）Ⅰ中部旅游业高效农业生态经济区以延安市政府所在地宝塔区为核心，包括甘泉、延长、延川。该区在以小流域为单元进行水土流失综合治理，修建水平梯田、淤地坝的同时，要充分利用宝塔区丰富的红色旅游资源和便捷的城市基础设施，以红色旅游的发展为契机，完善旅游基础设施。通过红色旅游的发展，展示黄土文化和绿色生态农业成果，形成"红、黄、绿"三色旅游繁荣发展的局面，拓展农村经济发展的空间，带动地方经济发展。同时利用临近城郊的地缘优势，发展城郊高效设施农业、食品加工业，实现农民增收，通过城市二、三产业的发展，转移农村剩余劳动力①，带动延川、延长和甘泉农村经济的发展。

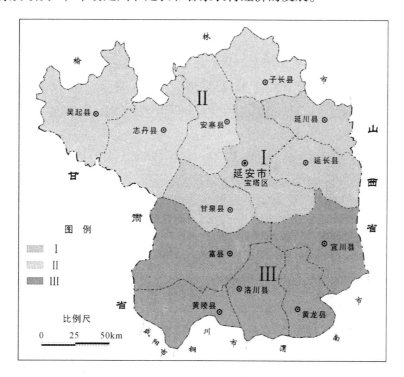

图 6 - 3　延安市农村生态经济区划图

（2）Ⅱ北部农林（草）牧能源经济区包括吴起、志丹、安塞、子长4县。这4县都是延安地区的主要石油开采大县，同时又是退耕大县，地方财政收入较好，具有一定的工业反哺农业农村经济的实力。该区林牧业

① 陈波、支玲、董艳：《我国退耕还林政策实施对农村剩余劳动力转移的影响——以甘肃省定西市安定区为例》，《农村经济》2010年第5期。

发展在农村经济中的比重大，具有生产荞麦、豆类、薯类等杂粮的传统。在发展中，要重视流域生态环境治理，特别要加强石油开采过程中对所破坏的生态的治理。地方政府在财政支出中，应重视对后续产业发展的投入，通过后续产业发展，实现产业替代，确保国家补助到期后，当地农民有自我发展的能力。同时，要加快城镇基础设施的建设，城乡统筹，促进农村经济发展。

（3）Ⅲ南部农林果牧生态经济区。该区由富县、宜川、黄陵、黄龙、洛川组成，林、果、牧农业综合生产条件好于延安市其他的县（区），利于农业综合开发，是温带果品的优生区，林、果产品优势突出。南部塬区果业的发展凸显了水资源不足的问题，在发展中要抓好改土治水，加强灌溉水源工程建设，解决农田、果园灌溉问题，提高农田水利化程度，通过旱作农业技术等，提高农产品产量。该区重点以果业为突破口加快农业产业化，提高农产品的附加值，建立区域林特产品、果品交易市场，加快仓储、物流业的发展，以此为动力加快区域城镇化进程。

第五节　小结

（1）通过对农村生态经济发展状态的主成分分析，延安市经济发展基础和资源环境条件是影响区域经济发展状态的重要主成分，二者分别占有初始变量所包含全部信息的 39.156% 和 30.809%，在主成分综合评价得分模型中，二者的权重分别为 0.451387 和 0.339532。

（2）主成分综合评价结果表明，退耕还林以来延安市农村生态经济发展总体呈现上升态势，但由于各县区资源基础的差异，主导产业发展程度的不等，以及退耕规模的影响，各县区在区域经济发展中形成了较为明显的地域性特点。其中延安市南部的黄龙、黄陵、洛川、富县、甘泉的综合得分较高。

（3）对延安市农村生态经济单元进行聚类分析的结果表明，在 5.0 单位距离上，延安市农村生态经济区被划分为 5 个类型区。结合延安经济发展实践，将延安市划分为三类生态经济区：Ⅰ中部旅游业高效农业生态经济区，Ⅱ北部农林（草）牧能源生态经济区，Ⅲ南部农林果牧生态经济区。

第七章　延安市农村生态经济发展
模式及运行机制

延安市是陕北黄土高原的主体部分，区内地貌以丘陵沟壑为主，水土流失严重，生态环境脆弱，是我国水土流失重点治理区。由于自然社会等多因素的影响，延安市农村经济发展水平总体较低，制约着该区的持续发展，也不利于该区生态环境建设。从延安市生态经济发展的资源环境基础看，以控制水土流失为特征的生态环境治理任务是延安市农村经济发展长期面临的首要问题，延安市必须立足于区域生态建设的背景，发展生态经济。退耕还林（草）以来，延安市以生态经济系统观统领生态建设，坚持生态效益与经济效益相结合的综合治理和资源合理开发利用思路，将生态建设融于农村经济发展中，通过生态经济的发展，实现了生态建设与农村经济发展的良性互动。

第一节　延安市农村生态经济发展的意义和原则

一　关于生态经济

从 20 世纪 60 年代起，发达国家不断加剧的生态退化和环境污染问题，使生态经济学的概念和可持续发展的思想应运而生。生态经济学所关心的问题是当前世界面临的一系列最紧迫的问题，如可持续性、酸雨、全球变暖和物种灭绝等。生态经济作为一种实现可持续发展的经济类型，其内涵应该包括 3 个方面：生态经济作为一种新型的经济类型，首先应该保证经济增长可持续性；经济增长应该在生态系统的承载力范围内，即保证生态环境的可持续性；生态系统和经济系统之间通过物质、能量和信息的流动，转化而构成一个生态经济复合系统，生态经济学正是从这一复合系统的角度来研究和解决当前的生态经济问题。

　　农村生态经济是以生态经济学、可持续发展观等理论为基础，结合农村经济发展的资源环境条件和市场需求而建立的农村经济系统。具体而言，农村生态经济是以生态农业的发展为核心，运用生态学原理及系统工程学方法，联合采用生物治理措施与工程治理措施，对农村生态环境进行治理，进行农业的立体种植与开发，增强农业生产用地的产出能力，调整农林牧等产业结构，促进农村非农产业的发展，实现生态与经济间良性循环，增强生态农业经济系统的稳定性与持续性。农村生态经济是市场经济的重要组成部分，生态经济学的原理、市场经济规律是其发展的理论依据。在农村生态经济发展中，当地的资源优势是发展的基础，农业产业化经营是增加农民经济收入，促进结构调整、劳动力转移，提高生态农业经济系统适应市场能力的重要途径。

二　意义

　　黄土高原的生态治理不是单纯的生态问题[①]，在治理建设中，必须与农村经济的发展结合起来[②]，根据区域生态建设目标要求发展农村经济，通过农村经济的发展来确保生态建设的持久性，生态经济是实现黄土高原地区生态建设与经济发展双重目标的有效途径。延安市位处陕北黄土高原丘陵沟壑区，是黄河中上游水土流失最严重的地区之一[③]，由于自然和历史的原因，该区处于生态脆弱和经济落后中，生态环境较差，农村经济发展水平落后，所辖 13 县区全部为贫困县区，农村贫困人口占乡村总人口的 1/3。长期以来，生态建设与经济发展是延安市区域发展的两难抉择，而生态经济发展模式是将生态效益与经济效益相结合，以区域水土流失和生态环境治理为核心，通过农村产业结构调整，以特色农村产业发展为纽带，以生态恢复和农村经济发展为目标的经济体系。该模式打破了黄土高原地区"脆弱－贫困"的恶性循环[④]，能够在生态重建的过程中实现农民

---

① 王飞、李锐、谢永生：《历史时期黄土高原生态环境建设分析研究》，《水土保持研究》2001 年第 1 期。

② 景可：《加快黄土高原生态环境建设的战略思考》，《水土保持通报》2001 年第 1 期。

③ 徐建华、吕光圻、张胜利：《黄河中游多沙粗沙区区域界定及产沙输沙规律研究》，黄河水利出版社 2000 年版。中国科学院黄土高原综合科学考察队：《黄土高原地区综合治理开发分区研究》，中国经济出版社 1990 年版。

④ 董锁成、吴玉萍、王海英：《黄土高原生态脆弱贫困区生态经济发展模式研究——以甘肃省定西地区为例》，《地理研究》2003 年第 5 期。

增收和农村经济的持续发展，是延安市生态环境建设和农村经济发展的必由之路。延安市生态经济发展的重点在于农业的发展，因此，发展生态农业是延安市生态经济发展的核心问题。

三　原则

结合延安市区域发展的现实条件及生态经济的本质要求，延安市农村生态经济的发展须坚持以下原则：

（1）坚持生态、经济、社会效益相统一的原则

在水土流失严重、生态循环恶化的黄土高原地区，生态农业建设要设计出能改善生态条件与生产条件的资源保护型农林复合生产模式①。对黄土高原农户经济增长和生态环境改善之间的矛盾分析表明，以农村生态经济的可持续发展为目标，本区的综合治理必须坚持生态效益与经济效益相统一，生态治理与经济开发相结合的原则。生态效益和经济效益以及社会效益之间是相辅相成的，其根本利益是一致的。要把解决生态问题和解决经济问题以及解决社会问题兼顾起来，绝对不能顾此失彼。若以经济观点为重而忽视生态效益，就会只顾目前利益，不顾长远利益，只顾局部利益，不顾全局利益，其最终结果势必造成长期经济利益的巨大损失。因此，不能对资源继续采取掠夺式经营，对环境采取以破坏为代价的经济开发。若生态建设脱离了经济的发展，即单纯的防护型治理，或者以防护型为主的治理，群众得不到实惠或得到的实惠很少，就难以调动群众的积极性，使生态建设陷于被动局面，甚至治理的成果也得不到巩固和维护。多年来，黄土高原的治理和水土保持措施的实施发展缓慢，其最主要的原因是水土保持措施与经济发展没有有机地结合起来。发展经济可增强生态建设的内在活力，它既改善了生存环境，又提高了经济收入。在三效益的关系中，生态效益是第一位的，是实现经济、社会效益的前提。延安市农村经济的发展须以控制水土流失为核心，农村经济发展规模必须在自然生态环境可承受的范围，不能超出生态系统所允许的程度。

（2）确保粮食安全原则

延安市农村生态经济发展的目标是为了在对黄土高原生态环境治理、

---

① 安韶山、李壁成、黄懿梅：《宁南半干旱退化山区庭院生态农业模式及效益分析》，《干旱地区农业研究》2004 年第 4 期。

修复的同时，实现区域农村经济的发展。生态经济模式的确定须以区域农民粮食需求的基本满足为前提。粮食问题不仅是黄土高原地区退耕还林（草）工程建设的关键问题，只有满足了退耕农民基本的粮食需求才能避免农民在已退耕地上复垦以求增加粮食收成的可能，而且也是建立农村生态经济模式的基础。在这方面，宁夏2605项目和陕西米脂的2744项目就是例子。虽然现有的退耕还林补偿政策给农民一定的钱粮补助，但由于在退耕还林工程建设中国家政策的调整，农民对未来预期的不确定，粮食问题影响着退耕还林工程建设成果能否持久稳定。不合理的农业耕种是导致黄土高原地区水土流失、生态环境恶化的重要原因之一，商品经济的发展为农民提供了通过市场来调剂粮食的可能，但相对于陕北农民的生活现状和退耕还林补偿政策而言，从长远来看，靠市场解决农户粮食需求的路径缺乏可靠性和持久性。此外，黄土高原地区光热资源丰富，从黄土高原地区农业生产的实践看，通过基本农田建设、加大对土地投入等措施可以提高土地的生产潜力，增加单位面积的粮食产出，实现区内粮食的基本自给。因此，延安市农村生态经济的发展必须考虑到区内的粮食生产与安全问题。

（3）特色产业主导原则

资源环境条件和市场需求是区域经济发展的基础，立足生态资源优势和潜力，培育特色主导产业和优势产品是延安市发展农村生态经济的出发点。延安市南北差异明显，区域内小地形、小气候多，农村经济发展条件的地域差异大，农业资源条件的地域特色明显，决定了延安市在农村经济发展中要突出地区特色与发挥资源优势，选育特色产业，把资源环境优势转变为现实生产力，促进区域农业产业结构优化和农产品结构升级。

（4）生态经济可持续发展的原则

这是一个涉及未来良性发展的动态原则，即要求在生态系统良性循环前提下，随着人类需求的提高或增多，生态型农村经济发展模式能够在一定程度上满足这种增长的需求。该原则并不意味着一个地区的生态型经济发展模式必定能完全地维持或提高该地区任何时期农村人口所应具有的经济收入或生活质量。在规定的经济收入或生活质量条件下，如果该地区农村人口的持续增长超过了它的农村经济发展模式所能达到的生态允许极限，那么应当有一部分人口转移到城市或别的地方生活。这是生态第一位原则和生态经济可持续发展原则共同作用的结果①②。

第二节　延安市农村生态经济发展模式分析

黄土高原地区脆弱的生态环境及其对黄河下游地区社会经济发展构成的严重威胁，决定了它在全国国土总体格局中的功能定位具有强烈的生态环境保护性，控制水土流失是黄土高原地区区域发展的中心问题，黄土高原地区经济发展必须与生态环境治理结合。延安市地处黄土高原丘陵沟壑区，其生态经济的发展具有双重目标：一是控制水土流失，改善区域生态环境；二是发展当地经济，增加农民收入，为退耕还林（草）工程建设提供动力支持。因此，延安市农村生态经济模式本质上是通过对区域资源优势的合理开发利用而实现生态与经济共赢的经济模式。

一　延安市农村生态经济总体模式

延安市农村生态经济发展模式是在生态适宜性基础上，和当地的资源结合起来，充分发挥当地的资源优势，围绕林草植被的恢复和林草资源的合理开发利用，在保证粮食安全的基础上，发展高效种植业及以畜牧业、林果业为主体的畜牧产业链和林果产业链，形成由种植业、畜牧业、林果业及其他产业组成的各具特色的产业体系（图7-1）。

从特色产业的分布看，延安市林果业的地域特色明显，形成了以洛川、富县、黄陵为中心，辐射黄龙、宜川、宝塔等周边县区部分乡镇的苹果生产基地；以黄龙、宜川、延长等县为中心，辐射周边县区部分乡镇的核桃、花椒等干果生产基地；以志丹、吴起、安塞为中心，辐射周边县区部分乡镇的山杏、山桃、杏仁生产基地；以延川为中心，辐射周边地区部分乡镇的红枣生产基地。草畜业主要集中在吴起、安塞、志丹、宝塔、延长、延川、甘泉等县区，形成以舍饲养牛、养羊、养猪等为主的饲草和畜禽生产基地。棚栽业主要集中在甘泉、安塞、宝塔、延川、子长等延安市区周边县区，形成以大棚栽植、养殖等为主的蔬菜、瓜果生产基地。薯类等杂粮的生产一直是延安的传统项目，形成了以子长、延川、宝塔等为中心，辐射北部各县区的薯类生产基地，以包括甘泉县在内的北部八县区为

---

① 张壬午、计文瑛：《论生态模式设计》，《生态农业研究》1997年第3期。

② 李全胜：《我国生态农业建设的理论基础》，《生态农业研究》1999年第4期。

主体的小杂粮生产基地。

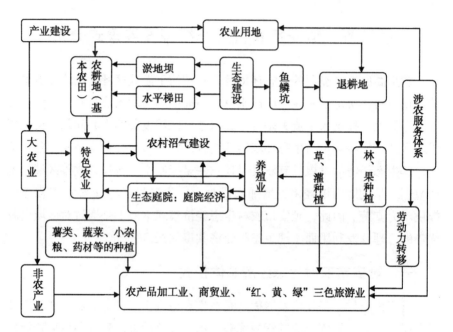

图7-1　延安市农村生态经济总体模式构架图

在基地生产的基础上，围绕农产品加工和流通体系的建设，延长生态产业链，实现农民增收。在生态经济发展中，延安市着力建设"八大加工中心"：（1）洛川苹果及相关用品加工中心。加工项目由目前的果汁、果醋、纸箱、果网、果袋、反光膜等，将进一步拓展到果酱、果脯、饮料、农地膜、农机具等。（2）宜川干果加工中心。产品主要为花椒、核桃等。（3）吴起肉食品加工中心。产品主要是羊、牛、猪、禽等畜禽肉食品及相关毛纺品和皮革制品。（4）志丹杏产品加工中心。产品主要是杏脯、杏仁等。（5）延川枣产品加工中心。产品主要是红枣、枣饮料等。（6）子长薯类加工中心。产品主要是粉条、淀粉、薯条和薯片等。（7）宝塔小杂粮加工中心。产品主要是糜子、小米、荞麦等的深加工。现有的吴起荞麦系列、志丹糜子系列等加工项目，都应考虑适当南迁，向中心市区靠拢。（8）甘泉豆制品加工中心。产品主要是豆制品系列，包括豆腐、豆浆、豆腐干、豆奶粉等。结合区域农产品生产基地和加工中心的分布及社会经济基础，开发建设洛川苹果批发市场、黄龙干果批发市场、吴起羊、牛肉系列批发市场和宝塔农产品批发市场。

通过生态产业基地、区域农产品加工中心和流通市场的建设，带动延安市农村生态经济和非农产业发展，提高农业经营水平。结合生态建设成果和特色农业，延安市可以红色旅游为基础，发展生态旅游，解决农村剩余劳动力的就业，促进其他服务性行业的发展。

二　延安市农村生态经济模式的空间差异

退耕还林以来延安市生态经济发展总体呈现上升趋势，但由于各县区资源基础的差异，主导产业发展程度的不等，以及退耕规模的影响，各县区经济发展形成了较为明显的地域性特点。受自然地带性差异及局部小地形、小气候的影响，延安市降雨量由东南向西北递减，反映在农业产业选择上，东南部可林可牧，生态承载能力大，而西北部宜以牧为主，可选择性较差，生态承载能力也相对较小。这种差异性决定了延安市不同地域必须立足于当地的自然条件和资源环境基础，选择和确立适宜于本区域的生态经济模式。

总体来看，延安市南部的黄龙、黄陵、洛川、富县、甘泉等县进行农业生产的资源条件优于北部丘陵区，这些县区农业经济基本都是地方经济的主体，农村主导产业突出：黄龙县的粮食种植、林特产品，洛川、富县、黄陵等以苹果产业化生产为特色的农林果牧高效农业生态体系，甘泉的棚栽业、养殖业都十分突出。这些县区农民的人均纯收入普遍高于其他县区，生态经济已经成为当地农民稳定的收入来源。北部的县区石油资源丰富，但石油开采对转移当地剩余农村劳动力的作用很小，农民的收入主要还是来自于种植业、养殖业和外出做工，农村经济是以林（草）牧为特色的生产体系。北部县区农业生产活动的资源约束突出：缺水干旱，耕地减少，农村特色产业尚未形成规模，自然灾害频繁多发等。

结合延安市生态经济发展状态的空间差异客观上要求各县区在经济发展中选择不同的发展路径。

由于延安市各县（区）农林牧业生产现状与气候 – 生物 – 土地适宜性、今后生产发展方向的空间差异性，延安市农村生态经济发展模式也存在较为明显的地域差异性。

（1）延安市中部旅游业高效农业生态经济模式。延安市中部以市政府所在地宝塔区为核心，包括甘泉、延长、延川在内，该区以旅游业高效农业生态经济模式为发展方向。该区在以小流域为单元进行水土流失综合治理，修建水平梯田、淤地坝的同时，依托宝塔区丰富的红色旅游资源和便捷的城市基础设施，以红色旅游的发展为契机，完善旅游基础设施，发展旅游业，展示黄土文化和绿色生态农业成果，形成"红、黄、绿"三色旅游繁荣发展的局面，拓展农村经济发展的空间，带动地方经济发展。延安旅游业在发展中可以通过向社会资本开放的方式，集中民间资本投入到旅游产业体系的开发中，进一步完善旅游基础设施，同时加强从业人员的培训、管理，提高延安旅游接待能力和服务质量。该区是延安市社会经济发展的中心，利用临近城郊的地缘优势，通过城市二、三产业的发展，转移农村剩余劳动力，发展商品性农业生产。该区主要发展畜禽养殖、果菜种植等城郊高效设施农业、食品加工业，并通过示范园引导，龙头企业带动等模式，以"龙头企业＋基地＋农户和公司＋农民专业合作社＋农户"、"企业＋基地＋合作社＋农户＋市场"等形式，发展特色农业，并以特色产业基地为依托，发展观光农业，高效农业，如宝塔区的花卉种植，延川的设施农业，甘泉的棚菜种植和以豆制品为优势的食品加工。

（2）延安市北部农林（草）牧型生态农业模式。北部包括吴起、志丹、安塞、子长4县，这4县都是延安地区的主要石油开采大县，同时又是退耕大县，地方财政收入较好，具有一定的工业反哺农业农村经济的实力，地方政府在财政支出中重视对后续产业发展的投入，对农村特色产业发展、农村基础设施建设等予以补贴。该区农林牧业发展在农村经济中占的比重大，具有生产荞麦、豆类、薯类等杂粮的传统。在地势低平、水源条件好的区域发展大棚种植业。加强牧草基地建设，稳定牧业生产。利用区域财政好的有利条件，建立农业产业发展基金，为今后区域农业农村经济的发展奠定基础。同时重视对退耕林（草）地的抚育管理，巩固退耕成果。重点发展以羊、牛加工为主的畜牧业产业化，特色小杂粮的生产，薯类的加工及贸易。

（3）延安市南部农林果牧高效型综合农业生态经济模式。该区包括富县、宜川、黄陵、黄龙、洛川，林、果、牧农业综合生产条件好于延安市其他的县（区），利于农业综合开发，是温带果品的优生区，林、果产品优势突出。通过以苹果为主的果业产业化、农业综合开发推进农村经济发展，进行标准化生产、管理、经营，提高农业产出效益。南部塬区果业的发展凸显了水资源不足的问题，在发展中主要是抓好改土治水，加强灌溉水源工程建设，解决农田、果园灌溉问题，提高农田水利化程度，通过旱作农业技术等，提高农产品产量。在保护和利用现有林草资源的同时，加强人工植树种草，大力推广节灌、田间覆盖为中心的农业高产稳产技术，提高作物单产水平。通过饲料、饲草的生产发展以牛、生猪、羊为主的养殖业，形成育种、培肥、屠宰、储藏、加工、销售为一体的畜牧业产业链。通过"畜-沼-果（菜）"能源生态模式，发展有机果业，提升果品质量，促进农民增收。该区重点以果业为突破口加快农业产业化，提高农产品的附加值，建立区域林特产品、果品交易市场，带动了仓储、物流、中介服务业的发展。

第三节　延安市吴起模式的实证分析

一　吴起概况

延安市吴起县位于陕西省延安地区西北部，西北邻定边县，东南接志丹县，东北靠靖边县，西南毗邻甘肃华池县。吴起县地貌属黄土高原梁状丘陵沟壑区，海拔在 1233—1809m 之间。境内有无定河与北洛河两大流域，地形主体结构可概括为"八川二涧两大山区"。吴起属半干旱温带大陆性季风气候，春季干旱多风，夏季旱涝相间，秋季温凉湿润，冬季寒冷干燥，年平均气温 7.8℃，极端最高气温 37.1℃，极端最低气温 -25.1℃。年平均降雨量483.4mm。年平均无霜期146d。2009 年末总人口 134371 人，非农业人口 30843 人，人口密度32.76 人/km²，已远远超出 1978 年联合国规定的干旱、半干旱地区临界人口密度 7 人/km² 和 20 人/km² 的标准，人口超载严重，负荷过大。长期以来，当地群众依山而居，倒山种地，自然灾害频繁，农村经济陷入"越垦越穷，越穷越垦"的恶性循环，群众的生产生活极为困难，曾是国家扶贫开发工作重点县和黄河中上游地区水土流失最为严重的县份之一。

1998 年 5 月，吴起县作出实施封山禁牧、大力发展舍饲养羊的决定，率先启动了山川秀美工程建设，成为全国退耕还林第一县，确立了"建设集约高效农业、保护效益型林业、发展商品致富型畜牧业"为特征的生态型特色农业发展战略，

农业和农村经济进入新的发展阶段。1999 年将坡度在 25 度以上的 10.33×10⁴hm² 坡耕地全部退耕还林还草，一次退耕到位，90% 的坡耕地得到治理，成为全国一次性退耕面积最大的县，被国家林业局命名为

"全国退耕还林示范县"。截至 2009 年，吴起县累计完成国家计划内退耕面积 $12.19 \times 10^4 hm^2$，全县林草覆盖率已由 1997 年的 19.2% 提高到 65%，宜治理水土流失面积的综合治理度达到 97.4%，县域森林覆盖率达到 38.7%，城镇绿化覆盖率达到 42.5%，土壤年侵蚀模数由 1997 年的每平方公里 $1.53 \times 10^4 t$ 下降到目前的 $0.5 \times 10^4 t$ 以下，土壤侵蚀量减少 80%，年降雨量已由 1997 年的 478.3mm 增至 582mm，五级以上的大风已由 1997 年之前的年均 19 次降为 5 次。2004 年在 GPS 卫星遥感图上就已清晰地显现出吴起的绿色轮廓。

近年来，随着吴起县以石油开采为主的工业的发展，工业经济成为吴起经济的主体和该县以工哺农的资金来源，石油工业的发展奠定了工业反哺农业的基础，石油工业为财政提供的收入占地方财政总收入的 84% 以上，为吴起县农业和农村经济的可持续发展奠定了基础。2009 年，农民人均纯收入 4415 元，较 2005 年增长 22.00%，完成地区生产总值 28.3×10^8 元，县财政总收入 27.32×10^8 元，其中地方财政收入 14.01×10^8 元，跨入西部百强县。

二　吴起生态经济发展模式评析

吴起县农业和农村经济的发展面临生态重建和稳定提高农民生活水平的两难抉择，退耕还林（草）工程实施后，吴起县将生态建设与农村经济发展统一于生态农业发展体系中，立足于生态建设发展农村经济，实现了生态重建与农村经济的良性互动，为退耕还林（草）区农业、农村经济的可持续发展提供了思路。

结合生态建设要求，以生态修复和农民增收为目标，吴起县通过特色生态农业的发展，实现了农村产业结构调整，农民的收入逐年提高，生态环境不断改善（表 7-1）。在地方政府的大力引导扶持下，吴起形成以高效、特色农业为主导的生态经济模式（图 7-2），在空间地域上表现为黄土梁状丘陵区林草牧工商结合模式、川台涧坝区种养加结合模式、日光温室模式和庭院经济模式，形成了草畜业、林果业、棚栽业等特色产业，并扶持圆方集团、延河草业、紫瑞草业、华锦园等农产品加工龙头企业的发展，以农业产业化促进农村经济的发展，初步形成了"公司+基地+农户"、"营销经纪人+基地+农户"的农村产业发展模式。

由于吴起地处黄土丘陵沟壑区，村落散布，农村主体劳动力资源科学文化素质偏低，发展产业的主动性弱，农村特色产业的发展规模小、水平低，基地不能稳定持续发展，制约了农村产业的发展。目前，吴起农村缺乏农协等农民组织来推进产业基地的发展壮大，农村产业的发展基本是由地方政府引领推进的。因此，吴起在农村产业发展中，应重视农协的发展，以农协带动基地发展，保障农民的利益，提高农民发展产业的主动性，形成"公司＋农协＋基地＋农户"、"营销经纪人＋农协＋基地＋农户"的产业发展模式。

表 7 – 1　　　　　　　　吴起县退耕还林前后生态效益比较

	林草覆盖率/%	森林覆盖率/%	土壤侵蚀模数/t/km²	年均 5 级以上大风/次	暴雨、冰雹、霜冻等自然灾害减少/%
1997	19.2	13.2	15280	19	0
2004	62.9	38.2	5400	5	70

资料来源：吴起县退耕还林工程管理办公室。

吴起县地处陕北黄土丘陵沟壑区北部，气候温凉，无霜期短，冬季干燥少雪，日照充足，具备发展沼气能源。为解决退耕后农民的"灶口"问题，改善农村人居环境，提高农民的生活质量，吴起县通过以沼气为主的能源建设项目，在农家庭院推行"四位一体"温棚为纽带的庭院立体经济模式，构建生态庭院。通过发展"四位一体"生态型温棚（农村微生物能源生产生活耦合：家禽、家畜 – 厕所 – 沼气 – 蔬菜）的建设，实现物质多级循环利用：利用沼渣、沼液进行温棚果、菜、苗木栽培，改善土壤结构，提高农作物品质和产量，发展有机农业；沼气成为农户的基本生活能源，解决了退耕后农民的做饭用柴问题和部分偏远村组的日常照明，房舍整洁，改变了农村脏、乱的旧貌，农民的基本生活条件更加便利。

通过退耕还林工程的实施，吴起县的生态面貌发生了大改观，极大地促进了当地旅游业的发展。在旅游业发展中，吴起县紧紧围绕打造红色游、绿色游、民俗游三条旅游线路，加大旅游开发力度，加快景区景点建设，先后全面开发了中央红军长征胜利纪念园、退耕还林森林公园、铁边城古城，以及周湾、长城水库，提升南沟、袁沟、王湾等一批生态农庄和农家乐。旅游经济的发展，带动了吴起交通、餐饮、商贸、服务等其他三产快速发展，促进了农村劳动力的转移。

总体看，吴起生态经济模式是在地方政府的大力引导、扶持下发展形

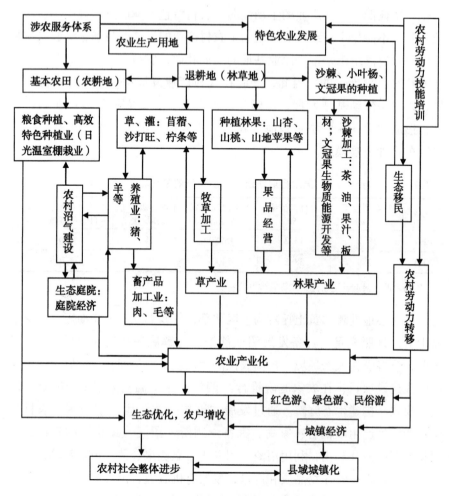

图 7 - 2　吴起县农村生态经济模式

成的，以"林果业、草畜业、高效种植业"为区域特色的生态农业体系，突出了生态效益与经济效益的统一。政府结合农业资源条件和市场需求，制定产业发展重点、目标，并投入专项资金用于产业发展和农业基础设施建设，扶持涉农龙头企业的发展，推进农业产业化进程。

三　吴起模式的启示

（1）结合生态建设，调整农村产业结构

陕北黄土丘陵沟壑区是我国重点水土流失治理区域，该区农业结构调整必须与改善生态环境相结合，才能保证农业的可持续发展。山变绿、民变富是生态环境建设两个最基本的目标，山绿是基础，民富是根本，产业的发展是实现民富的主要途径。吴起县结合当地区域生态环境特点及生态重建要求，遵循市场经济规律和生态经济学原理、循环经济理论，发展生态农业，调整农村产业结构，多渠道地选育农业优势产业，规模化经营，以"生态建设产业化、产业建设生态化"为发展思路，通过牧草基地、山杏沙棘基地、文冠果基地、肉用绵羊基地等建设，扶持圆方集团、延河草业等龙头企业，实现专业化经营、规模化生产，引导培育后续产业，拉长产业化链条，实现农民增收。

（2）加大科教投入，重视对农民的教育培训

科技投入是实现传统农业向现代农业转变的重要因素，农业结构调整、农作物单产提高、农作物品质改善都有赖于农业科技。陕北黄土丘陵沟壑区人口密度已远远超出 1978 年联合国规定的干旱、半干旱地区临界人口密度标准，人口超载严重，负荷过大，人地矛盾突出。该区生态建设目标定位明确，后备耕地资源极为有限，自然灾害频繁，同时，随着社会经济的发展，城乡建设用地的扩张，人均耕地面积只会减少，农业的发展只有靠农业科技的利用来推进。农业科技只有通过农技人员的推广和农民的有效利用才能转化为生产力，因此，建立完善的农技推广网络，加强对农民实用技术的培训力度是提高农业科技利用率的途径。

从吴起农户文化程度的调查结果看，农民文化素质偏低，女性农民尤为突出，不利于农业技术的吸收利用和农村后继劳动力资源的成长，阻碍着农村产业结构调整。要实现农村产业的可持续发展，必须重视对农村劳动力资源的教育培训，重视对女农民的培训，让农民成为农业科技利用的有效主体。吴起县自退耕还林工程实施以来，先后与北京林业大学专家合作，由北林大牵头，10 所大专院校为退耕还林技术支撑单位。通过专家、学者讲课，选派技术骨干进修等多层次培训办法，培训科技队伍，以产业化发展思路，加强林草结构、畜种改良，提高农民对林草、畜群的科学抚育管护水平。

2008 年以来，吴起县实施免费人人技能工程，每年都拿出 1000×10^4 万用于实施人人技能工程培训，对全县所有没有升入高中的初中毕业生、没有考入大学的高中毕业生和农村社会青年进行免费培训，大家可以选择自己喜欢的专业到县人人技能工程办公室去报名，并由县上统一组织到 10 多所学校进行不同的专业技能培训。通过人人技能工程，农民也免费

学到了各种职业技能，提高了致富能力，拓宽了增收渠道。

（3）加强农田基本建设和保护

土地是农业生产的基本载体，其数量和质量制约着农业的发展，影响粮食问题的解决，而粮食问题直接关系到退耕还林工程的成败和退耕还林成果的巩固。据有关学者多年的实践研究，若陕北人均有 0.13—0.20hm² 措施配套的高标准基本农田，加上科学种田，粮食问题则可以解决①。陕北黄土丘陵沟壑区在退耕后，农民人均耕地资源有限（吴起农民人均耕地为 0.133—0.2hm²），多以旱地为主，农业生产靠天吃饭现象普遍存在。因此，加强农田基本建设，提高土地生产力是该区农业发展的重要问题。同时，由于农村经济社会发展，农村中非生产性用地增多，农田保护是农村产业发展长期面临的艰巨任务。

土地资源是农业生产和发展农村经济必需的不可再生资源，土地的稀缺性在吴起生态工程建设和农村经济的发展中日益突显。吴起县位处半干旱黄土丘陵沟壑区，人口密度 32.2 人/km²，已远远超出 1978 年联合国规定的干旱、半干旱地区临界人口密度 7 人/km² 和 20 人/km² 的标准，人口超载严重，负荷过大。退耕还林以来，农民人均耕地资源锐减，农民为增加收入，出现了毁林（草）复耕的倾向，生态建设和农村经济发展的压力大。吴起县政府虽出台了基本农田建设的相关扶持政策，加大小于 15°荒、废地的整理、利用，但由于工农业的发展、人口的增加，人多地少的矛盾依然长期存在。

图 7-2 表明，吴起县农民占有的耕地分为基本农田（人均 0.133—0.2hm²）和退耕地两部分。为确保粮食安全，退耕后全县保留耕地 2 × 10⁴hm²（缓坡、川台坝地），发展高效设施农业。2007 年前，在国家没有配套的基本农田建设项目时，县财政拨出专款鼓励农民兴修基本农田（2004 年兴修一亩高标准农田县财政补助 300 元），为农民提供地膜等农资，改善农业生产条件，提高种植业的收益。

（4）建立保障机制，加大政府引导扶持力度

为改善生态环境，发展农业，实现农民增收，吴起县自 1998 年以来建立了组织保障机制、个体承包机制、钱粮兑现机制、政策扶持机制、技术承包机制、服务保障机制、林草管护机制、奖惩激励机制，多

---

① 陶然、徐志刚、徐晋涛：《退耕还林，粮食政策与可持续发展》，《中国社会科学》2004 年第 6 期。

方确保退耕还林工程建设，发展特色农业。与以上 8 种机制配套，县财政每年都拿出一定资金，从技术、信息、土地、良种、基础设施等方面为农民提供服务，扶持龙头企业、专业村、示范典型、专业大户的发展。在以蔬菜为主的棚栽业发展中，吴起县按照"8 + 2 + 5"的补助政策（日光温室棚每亩补助 8000 元，配套水利设施费 2000 元，补贴自动卷帘机费 5000 元）给予补贴，同时，搞好水电路等基础设施建设，全面做好农业技术服务，使每户菜农至少有一人能够熟练掌握关键生产技术，为产业发展提供支撑。

第四节　延安市设施农业发展的甘泉纪丰模式

一　延安市设施农业发展概况

延安市地处北纬 35°—37°，东经 107°—110°，年日照总时数 2300—2570h，特别是 10 月—翌年 4 月，日照时数 1050—1170h，日照百分率 63%。全市有水库 94 座，总容量 $5.6 \times 10^8 m^3$。洛河、延河、清涧河、沮河、葫芦河、仕望河等于支河流域地表水较为丰富，地下水的开采利用也有很大潜力。适宜建棚的川、台、塌地面积 $2.37 \times 10^4 hm^2$。与北部榆林、内蒙古高寒地区相比，冬春温度相对较高，土层深厚，土质适中保水性能好；与关中、陕南地区相比，冬春阴雨天少，光照充足，果菜类蔬菜冬春易获高产。丰富的自然资源为设施农业建设提供了基本保证。早在 1992 年鲁陕干部交流时，安塞、甘泉等县就从山东省寿光市引进了设施蔬菜。2001 年，以设施蔬菜为主的棚栽业被列为延安市农业三大主导产业。

延安把发展设施蔬菜作为巩固退耕还林成果、有效改变广种薄收传统农业生产方式的重要产业，提出"绿色产业富民战略"，设施蔬菜成为发展现代农业的重点。近年来，延安市按照日光温室、拱棚、露地菜"三菜并举"的方针，大力发展蔬菜产业，以蔬菜为主的棚栽业成为全市继苹果业之后的又一高效农业产业，在绿色产业富民中发挥了积极作用。截至 2009 年底，全市瓜菜种植面积达 $2.32 \times 10^4 hm^2$（其中日光温室达 0.59 $\times 10^4 hm^2$，拱棚 $0.33 \times 10^4 hm^2$），全年瓜菜总产值 13.2×10^8 亿元（其中蔬菜总产值 10.57×10^8 元）。已形成蔬菜专业村 232 个，涉及 12 个县区，

80 个乡镇，22655 户，专业村农民蔬菜收入达 2600 多元。获得省农业厅无公害蔬菜示范基地认定面积 $1.2 \times 10^4 hm^2$，获得农业部绿色蔬菜生产基地认定面积 $1133hm^2$，安塞、甘泉等 8 个县区被陕西省农业厅确定为全省百万亩设施蔬菜生产基地县。2011 年 6 月，陕西省延安被农业部正式认定为全国唯一的国家现代农业示范区的地级市，并将示范区定位为"引领西北黄土高原现代生态农业发展的典型和样板"。

在设施农业发展中，延安市甘泉县按照"以粮养畜、以畜促菜、菜畜富民"和"一乡一特，一村一品，三菜并举，三茬并进"的发展思路，扎实推进"一村一品"专业村、专业户建设，通过实施科技带动、龙头带动、示范带动、品牌带动，大力发展以日光温室为主的设施蔬菜业和以标准化生产为主的畜禽养殖业，通过有效地引进和培育农业产业化龙头企业，先后建成了纪丰农业、劳山鸡业、丰裕种猪等产业龙头和佳喜、兴桥、田园等农民专业合作社组织，"企业 + 合作社 + 农户"的产业化模式全面铺开，促进了产业优化升级，初步建立并形成了洛河沿岸绿色蔬菜产业和特色养殖产业开发带，走出了一条龙头企业引领、"一村一品"布局、"菜 – 畜 – 沼"结合、标准化、专业化、产业化经营的现代循环农业发展路子。甘泉县已成为陕西省设施蔬菜示范县、陕西省百万亩设施蔬菜工程建设示范县、延安蔬菜最佳优生区之一，蔬菜产值占该县农业总产值的 40% 以上。昔日三季无鲜菜的甘泉，如今已成为西北地区新兴的无公害蔬菜生产基地。截止到目前，全县已建成省级蔬菜一村一品示范村 22 个，建成了桥镇无刺黄瓜、下寺湾番茄、高哨辣椒、城关黄瓜、道镇西甜瓜、东沟小番茄 6 个一乡一特专业化蔬菜生产基地。通过多年发展，甘泉县已经初步形成农业产业化经营和统筹城乡发展的"纪丰模式"。

二　甘泉纪丰模式的特色

（1）甘泉概况

甘泉县地处延安市中部，因县城南神林山麓有美水泉而得名，素称"美水之乡"。甘泉县东邻延安市宝塔区，西接志丹县，北连安塞县，南毗富县，2009 年全县总人口 8.46×10^4 人，其中非农业人口 2.42×10^4 人，位处黄土高原梁状丘陵沟壑区，地势由西北向东南倾斜，平均海拔 1005 米，境内有大小河流 15 条，其中最大河流洛河过境流长 95km。该县属高原大陆性季风半湿润气候，四季冷暖干湿分明，春季多风，夏季多雨，秋季湿润，冬寒少雨，年平均气温 8.6℃，极端最高气温 36.8℃，极端最低气温 -26.1℃，年平均降雨量 561mm，年平均无霜期 148d。甘泉是一片红色的土地，这里是中央红军和红二十五军、陕北红军的胜利会师地，是毛泽东著名的雪地讲话的诞生地，是"劳山战役"的纪念地。甘泉的桥镇、下寺湾、高哨等很多地方，都留下了毛泽东、周恩来、张闻天、彭德怀等老一辈无产阶段革命家的光辉足迹。

甘泉县地处子午岭天然林保护区，有天然次生林 $12.53 \times 10^4 hm^2$。天然林保护工程和退耕还林工程实施以来，全县累计完成人工造林 $2.32 \times 10^4 hm^2$，其中退耕还林面积 $1.85 \times 10^4 hm^2$，森林覆盖率达到 57.5%，高于全市平均水平 21 个百分点。2004 年甘泉劳山森林公园被命名为国家级森林公园，园内森林覆盖率达到 89%，享有"陕北第一园"之美誉。境内水资源丰富，洛河两岸川、台地近 $0.67 \times 10^4 hm^2$，农业生产条件得天独厚，素有"天下洛河富甘泉"之称。

（2）纪丰模式的产生

纪丰模式是延安市设施农业发展的典型模式之一，该模式是延安纪丰农业开发有限责任公司在地方政府扶持下，通过自身企业化建设、企业化管理，大力发展菜、畜、沼三位一体化的现代循环农业，走"企业＋合作社＋基地＋农户＋市场"的营销模式，为菜农提供工厂化优质种苗、指导疫病防治、回收蔬菜加工包装、创品牌销售一条龙发展的新型模式。

2009 年，延安市甘泉县被陕西省确定为全省设施蔬菜示范县后，甘泉县委、县政府创新机制，将龙头企业带动和县级示范园建设相结合，引领和带动了全县设施循环农业的快速发展。通过项目整合，甘泉县把示范县日光温室基地、大棚示范基地、全省工厂化育苗中心、畜禽养殖基地、气调库储藏基地、科教培训基地、建沼基地等项目合并实施，形成农业产业优化循环农业示范基地，项目建名"甘泉现代农业示范园"。甘泉现代农业示范园按照市场经济要求进行建设和管理，由延安纪丰实业集团投资建设，企业投资占 75%，省市县财政补助 25%，并由该集团注册的延安纪丰农业开发有限责任公司进行企业化经营管理。示范园位于甘泉道镇寺沟河村，占地 $21hm^2$，总投资 3850×10^4 元，于 2009 年 9 月下旬动工建设。一期工程建有日光温室 $8hm^2$、塑料大棚 $10.67hm^2$、连栋温棚 2 座 $4400m^2$；二期工程于 2010 年建成一座 3000t 气调库，1500t 蔬菜加工厂，

1000m² 农业科技培训及产品检测综合楼和 16000 m² 畜禽养殖场、一个 300 头基础母猪和年出栏 5000 头育肥猪的标准化养猪场①，配套 2 座大型沼气系统，现已投入运行；三期工程计划建设 1 万 m² 蔬菜批发市场，预计在 2012 年内完成。

甘泉现代农业示范园全面推行纪丰农业的"菜、畜、沼"循环农业有机蔬菜生产模式、"大棚菜、拱棚菜、露地菜"三菜并举模式、"企业＋基地＋合作社＋农户＋市场"产业化运作模式，这三大模式被陕西省农业厅确定为"纪丰模式"，在全省予以推广。示范园在运营中发挥着新技术的试验示范基地、现代农业科技培训基地、生态农业循环展示基地、工厂化育苗繁育基地、绿色有机蔬菜生产基地的作用，同时，示范园着力打造甘泉蔬菜产业龙头企业、蔬菜品牌载体，发挥农业龙头企业带动作用，实现农业增产、农民增收。

（3）纪丰模式运行特色

甘泉现代农业示范园在政府引入的延安纪丰农业开发有限责任公司的企业化经营管理下，将现代农业经营理念、生产标准等引入园区的生产建设，使示范园成了新技术的试验示范基地、现代农业科技培训基地、生态农业循环展示基地、工厂化育苗繁育基地、绿色有机蔬菜生产基地，带动了地方现代循环农业的发展，被确定为第七批全国农业标准化示范项目。示范园在运营中，通过土地流转，利用高科技，采用卷帘自动化、温湿度遥控化、生产管理电子监控化、连栋温室调控智能化等管理手段，规范生产技术，生产有机农产品，发展生态循环农业。

土地是农业生产经营的基础，纪丰农业公司在充分尊重群众意愿的基础上，采取以粮食折算现金的租地模式，解决了示范园建设用地问题。纪丰农业公司每年以每亩 700 斤玉米产量折算现金支付农民租地款，每年 6 月底前一次性付清当年的土地租赁款，每隔 5 年由企业和土地出租方协商调整一次玉米平均价格，租地期限为 20 年，并明确了国家有关示范园用地的政策性补贴以及政策调整带来的土地直接收益归出租土地的农民，从根本上维护了出租土地农民的利益。在园区建设中，纪丰公司租用了甘泉县道镇寺沟河村和富县茶坊镇黄甫店村农耕地 21hm²，涉及两个县 2 镇 3 村 6 个村民小组 126 户群众，实现了跨县、跨乡镇有序流转土地的新突

---

① 申保珍、程鸿飞、李丽颖、常永平：《延安绿色革命：退耕还林发展苹果蔬菜产业》，《农民日报》，2011 年 10 月 18 日第 4 版。

破。在这种企业化运作租种流转农民土地方式的影响带动下，甘泉县先后在劳山乡杨庄科村村流转土地 6.4hm²，建成了劳山鸡业公司加工生产基地；在道镇纸坊村流转土地 13.33hm²、南义沟村流转土地 8.53hm²，分别建成了 13.33hm² 日光温室蔬菜和 8.53hm² 大棚蔬菜生产示范基地。土地流转后，农民从耕地上解放出来，放手从事劳务、商业等其他行业，进而实现再就业，有效增加了农民收入。

循环农业是现代农业的重要组成部分，发展循环农业是推进生态农业和绿色经济、提高农业综合生产能力的必然要求。纪丰公司推行"建沼、养畜、促菜"的循环农业发展模式，现代农业示范园一期工程建成标准化日光温室 8hm²，大棚 10.67hm²，智能连栋温室 4400m²；二期工程建成一座 3000t 气调库、一个 300 头基础母猪和年出栏 5000 头育肥猪的标准化养殖场，配套建成 2 座大型沼气系统。按照循环农业的生产要求，甘泉现代农业示范园通过"畜 - 沼 - 菜"的有效链接，将畜类粪便经过沼气池充分发酵，产生的沼气用于示范园照明、做饭、取暖，沼液、沼渣用于绿色有机蔬菜生产，不仅增加了蔬菜产量，更提升了蔬菜品质。

农业产业化是现代农业的重要特征，龙头企业、农民专业合作社组织是推进农业产业化的重要力量。在农业产业化进程中，龙头企业、农民专业合作社组织通过"企业 + 合作社 + 基地 + 农户"的经营机制，把千家万户分散的农民组织起来，面向市场，进行规模化、标准化生产，提高农业的收益。延安纪丰农业公司以示范园为平台，推行"一家一户为基础，千家万户成规模，区域布局作基地，龙头组织拓市场"的新型农业生产经营模式。纪丰公司通过工厂化育苗中心与农民专业合作社和农户实现有效链接，根据全县日光温室蔬菜生产的实际需求，与合作社、菜农开展订单生产，统一向菜农繁育优质菜苗，并统一开展生产技术指导服务、统一收购蔬菜产品进行市场营销，解决了甘泉蔬菜的品质不一、价格不高的问题，实现优质优价。甘泉是蔬菜生产大县，菜农传统上是自家分户育菜苗，品种不统一，土肥生产技术没有标准，菜苗容易生病，蔬菜品质参差不一，达不到客商统一收购标准，农民的销售规模有限，挣钱不多。甘泉现代农业示范园建成后，示范园里的育苗中心引进优良菜种进行工厂化育苗，为全县 43 个示范区每年提供 200 万株优质菜苗，全县 2200 多户菜农因此受益，平均每棚增收 30%，至少可增加 1800—2000 元的收入。目前，纪丰农业公司已与县内外 500 余户菜农建立了订单供销合作关系，每年向菜农提供优质菜苗 1000 余万株。为了推广普及新技术、新品种，纪丰公司建立示范种植基地，聘用专业技术人员和农民技术骨干指导生产，全面开展蔬菜种植技术示范工作，带动和引导新技术、新品种在周边菜农生产中的应用和推广，全县蔬菜新品种种植达到 95%。为了提高示范园的现代化、科学化生产管理水平，纪丰农业公司公开招用社会专业人士承担起示范园生产、管理、营销以及全县循环农业的示范、培训、服务、指导等工作，雇佣当地流转土地农民在园区从事生产，成为产业工人。

三　甘泉纪丰模式的启示

甘泉纪丰模式是通过政府扶持，企业化运作，示范园带动的现代农业发展模式。该模式以发展生态循环农业，提供有机农产品为生产目标，将现代化农业经营理念、生产管理手段、生产技术标准引入园区生产经营，在农业耕地流转和产业生产、经营、管理方面上进行了探索和实践，有效带动了甘泉设施农业的发展，对于黄土高原地区现代农业的发展具有借鉴意义。

（1）政府扶持助发展

甘泉纪丰模式的运行表明，政府扶持是示范园成功运行的有力支撑。黄土高原地区社会经济总体发展水平落后，城乡二元结构突出，农村基础设施薄弱，农民文化素质低，商品经济不发达，通过市场集聚生产要素的能力十分有限，发展现代农业面临多重困难。因此，在现代农业发展中，地方政府应在资金、技术、社会化服务体系等方面给以扶持，引导、培育龙头企业，带动农业发展。

（2）土地流转是前提

现代农业是规模经济，传统的以家庭为单位的农业经营模式难以满足其需要，土地的集中成为农业规模经营的必要前提，而土地流转是实现集中的必然选择。纪丰农业公司的企业化的租地模式，解决了示范园建设用地的问题，为园区发展提供了基本前提，并确保了农民的权益，减少了因土地流转引起的纠纷，为园区发展创造了和谐的社会氛围。

（3）龙头带动拓市场

纪丰模式是龙头企业带动的发展模式，在纪丰农业公司的带动下，实现农户和市场的对接，为农产品打开了销路。现代农业是产业化农业，面向市场，分散的农户难以应对变化的市场，在农业生产经营中不能与市场顺利对接，出现农产品销售难等问题。而天生与农业有着联系的农业产业化龙头企业则以其较强的资金实力、企业化的经营管理等，在市场中成长，成为现代农业发展的火车头。因此，发展现代农业，培育龙头企业是关键。

（4）技术指导保收益

纪丰农业公司在对示范园的企业化经营管理下，将现代农业经营理念、生产标准等引入园区的生产建设中，使示范园成了新技术的试验示范基地、现代农业科技培训基地、生态农业循环展示基地、工厂化育苗繁育基地、绿色有机蔬菜生产基地。与合作社、菜农开展订单生产，统一向菜农繁育优质菜苗，并统一开展生产技术指导服务，提高了蔬菜品质，确保了菜农的收益。

第五节　延安市农村生态经济发展模式的运行机制

一　动力机制

农村生态经济模式是由多种要素组成的经济体系，模式的运转需要一定的推拉动力。从政府层面而言，要重视农村生态经济的发展，对于模式的各个组分给予关注，在政策上引导，并提供模式发展所需的物质、技术、制度条件，给模式的运行提供有力的外部环境。从模式内部来看，模式的各个组分是通过生产的主体——农民连接为协调统一的整体，农民对于经济发展的期盼是模式发展的根本动力。由于退耕还林（草）工程建设，退耕农民的耕地面积减少，农业生产活动的空间变小，农民为了获得更多的收入，一般是通过两个途径：一是通过农业内部生产率的提高来实现增收，二是从农业外部得到收入的补充。由于延安市是生态经济双重贫困区，当地工业吸纳农村劳动力能力有限，不能为农民提供可靠而稳定的收入，仍需在农业和农村领域寻找发展的空间，而生态经济模式是建立在对资源合理综合利用的基础之上，能够实现农村经济的稳定发展。各级政府应对此有明确的认识，根据区域特色制定生态经济发展规划，通过生态产业发展示范户引领农民投入到生产过程中。

二　生产要素投入机制

长期以来，由于黄土高原地区水土流失严重，土壤肥力不足，干旱缺水, 农业自然灾害频繁发生, 广种薄收的传统农业生产方式对农业生产过程的投入有限, 难以提高区域的农业生产力, 制约了区域可持续发展。退耕还林 (草) 工程实施后, 当地在生态建设的同时, 加大了对农业生产过程的投入, 充分利用现代农业科技和水保治理措施发展农村生态经济, 在对区域资源综合利用的基础上, 实现了生态与经济的协调发展, 提高了农业综合生产能力。生态经济模式的运转离不开大量的物质、资金、技术投入, 然而, 由于黄土高原地区是贫困人口的集中分布区, 农民的科学文化素质低, 依靠农民自己的力量, 难以完成对生态经济发展过程中的投入, 影响模式的正常运转。因此, 需要建立与该区农村经济社会发展水平匹配的农业投入体系, 以保证退耕区农村经济的发展。结合延安市农村经济发展实践, 国家应结合退耕还林 (草) 工程, 通过多方出资的途径, 建立退耕区农村经济发展基金, 加大对退耕区农田基本建设的投入, 改善农业生产条件。同时, 根据退耕区农业生产的自然条件, 建立农业科技推广体系, 加强对农民进行实用技术的培训。

三　产业发展机制

结合延安市现有的农村生态经济发展模式, 特色产业的发展是模式运行的支撑。凡是特色产业规模大, 产业化水平高的地区, 其农村生态经济运行效益明显, 农民收入普遍高, 生态建设成果易于巩固。因此, 地方政府在农村生态经济发展中, 应重视对主导产业的选育。在主导产业发展的初期, 政府需提供一定的资金、技术、市场条件以扶持产业做大做强。

延安市把发展设施蔬菜作为巩固退耕还林成果、有效改变广种薄收传统农业生产方式的重要产业, 提出 "绿色产业富民战略"。设施蔬菜是一项技术和资金密集型产业, 在山地上建一个五代棚, 需要 8×10^4 元, 如果没有财政和信贷支持, 老百姓建不起。延安市不仅对建棚直补, 而且对采用新技术的也进行补助, 如对推广水肥一体化节水灌溉技术的每亩补贴500 元, 对集中发展设施大棚的, 棚建在哪里, 政府就负责把水、电、路等公共设施建到哪里。延安市各级政府充分发挥财政资金的投入导向作用, 加大对蔬菜产业发展的支持力度, 建立了以财政补贴为引导、群众投资为主体、信贷支持为保障、社会资本广泛参与的多元化投入机制。2006年以来, 延安市县财政每年用于产业发展的直补资金达到 2×10^8 多元,加上配套扶持，每年产业建设方面的资金达到 6×10^8 元以上。

由于黄土高原多数退耕区地方政府财力普遍有限，基础设施薄弱，既没有能力投入大量资金扶持产业发展，也普遍缺乏吸引外来资金的优势，产业发展难度大。对此，退耕区在为国家提供生态产品时，国家不仅要对农民的退耕地进行补偿，更应考虑退耕区的长远发展，通过中央政府有关部门的运作，建立西部退耕区农村产业发展的风险投资基金，参与西部退耕区的产业培育。

四　土地流转机制

现代农业是规模经济，传统的以家庭为单位的农业经营模式难以满足其需要，土地集中成为农业规模经营的必要前提，而土地流转是实现集中的必然选择。在经济落后地区，农民依赖土地维持基本生活，土地是农民的"保命田"[1]，在农民基本生活无法保障的情况下，土地流转难以推进。因此，必须制定系列政策法规，规范土地流转程序，创新土地流转机制，引导和鼓励龙头企业、合作社、生产大户通过土地流转发展农业规模经营，确保农民的权益。由于黄土高原退耕区自然条件和经济发展水平多样性，各地应结合实际制定出台土地流转的政策法规，完善土地评估作价、流转补偿、合同签证、纠纷调解、登记备案等管理制度，建立有序的土地流转市场，规范流转程序，根据依法、自愿、有偿的原则，引导土地有序流转，确保流转双方权益。通过土地流转，转变农业生产经营方式，实现农民持续增收。

第六节　小结

（1）黄土高原的生态治理不是单纯的生态问题，在治理建设中，必须与农村经济的发展结合起来，生态经济是实现黄土高原地区生态建设与经济发展双重目标的有效途径。

（2）延安市在生态经济发展中须坚持以下原则：坚持生态、经济、社会效益相统一的原则；确保粮食安全原则；特色产业主导原则；生态经济可持续发展的原则。

---

[1]　王丹丹、吴普特、赵西宁：《基于参与式方法的陕北山地流转政策调查与分析》，《生态经济》（学术版）2010 年第 1 期。

（3）延安市农村生态经济发展模式是在生态适宜性基础上，和当地的资源结合起来，充分发挥当地的资源优势，围绕林草植被的恢复和林草资源的合理开发利用，在保证粮食安全的基础上，发展高效种植业及以畜牧业、林果业为主体的畜牧产业链和林果产业链，形成由种植业、畜牧业、林果业及其他产业组成的各具特色的产业体系。经济模式具有地域差异性：延安市中部旅游业高效农业生态经济模式，延安市北部农林（草）牧型生态农业模式，延安市南部农林果牧高效型综合农业生态经济模式。

（4）作为生态退耕大县，吴起模式具有以下特点：吴起生态经济模式是在地方政府的大力引导、扶持下发展形成的，以"林果业、草畜业、高效种植业"为区域特色的生态农业体系，突出了生态效益与经济效益的统一。政府结合农业资源条件和市场需求，制定产业发展重点、目标，并投入专项资金用于产业发展和农业基础设施建设，扶持涉农龙头企业的发展，推进农业产业化进程。吴起模式的启示在于：在生态经济发展中，应重视对于生态经济发展中的科技、资金、政策的投入。

（5）以设施蔬菜为主的棚栽业是延安市农业三大主导产业。在设施农业发展中，延安市甘泉县按照"以粮养畜、以畜促菜、菜畜富民"和"一乡一特，一村一品，三菜并举，三茬并进"的发展思路，初步形成农业产业化经营和统筹城乡发展的"纪丰模式"。纪丰模式是延安市设施农业发展的典型模式之一，该模式是延安纪丰农业开发有限责任公司在地方政府扶持下，通过自身企业化建设、企业化管理，以企业化的租地模式解决了示范园建设用地问题，大力发展菜、畜、沼三位一体化的现代循环农业，走"企业＋合作社＋基地＋农户＋市场"的营销模式，为菜农提供工厂化优质种苗、指导疫病防治、回收蔬菜加工包装、创品牌销售一条龙发展的新型模式。

（6）生态经济的运转是建立在相应的动力机制、生产要素投入机制、产业发展机制和土地流转机制之上。①动力机制是指模式的运转需要一定的推拉动力，各级政府应对此有明确的认识，根据区域特色制定生态经济发展规划，通过生态产业发展示范户引领农民投入到生产过程中。②从生产要素投入机制而言，国家应结合退耕还林（草）工程，通过多方出资的途径，建立退耕区农村经济发展基金，加大对退耕区农田基本建设的投入，改善农业生产条件。③退耕还林项目更应考虑退耕区的长远发展，通过中央政府有关部门的运作，建立西部退耕区农村产业发展的风险投资基金，参与西部退耕区的产业培育。④土地流转机制是农业规模经营的必要前提，在经济落后地区，必须制定系列政策法规，规范土地流转程序，保障农民基本生活。

第八章　黄土高原退耕区农村
经济发展路径

　　黄土高原退耕区是我国生态脆弱区，农村经济的发展是退耕还林工程建设的重要内容和稳固退耕成果的有效手段。自1999年退耕至今，黄土高原新增水土流失治理面积 15×10^4 km²，水土流失面积和侵蚀强度呈"双减"态势，土壤侵蚀模数大幅度下降，每年入黄泥沙量减少 3×10^8 t[①]。退耕还林工程建设有效地控制了黄土高原严重的水土流失，重点地区的生态环境和农民生产生活条件得到明显改善。退耕还林工程将大部分退耕农民从赖以生存的土地上解放出来发展特色产业，特色产业引领农村经济发展，农民收入不断提高。同时，农村经济发展也面临着资源、技术等约束，在后续产业发展政策、农村社会保障体系、农村劳动力技能培训体系等方面还不能适应农村经济快速发展的需求。因此，必须面向国家生态建设需求，立足于区域生态建设实践，结合区域特点，综合考虑当前利益和长远利益、整体利益和局部利益，把退耕还林工作与保障粮食安全、调整农业结构、增加农民收入有机结合起来，创新发展机制，发展特色生态产业，推进农村经济的持续发展。

第一节　黄土高原退耕区农村经济发展面临的约束

　　退耕还林（草）工程建设，加快了黄土高原地区传统农业向现代农业的转变，大量劳动力从广种薄收的土地上解放出来，减轻了农民的劳动强度，节约了生产资料。同时，钱粮直补政策直接增加了农民的收入，农村能源建设、基本农田建设等配套项目的实施改善了农村的生产生活条件，极大地推进了农村社会经济的发展。但是，由于黄土高原自然社会经

---

　　① 厉建祝、刘娜微、苑铁军、贡佳萍：《我国西部地区生态状况明显改善》，《中国绿色时报》，2009年11月27日第1版。

济等因素的影响，农村经济发展还面临多重约束，突出表现如下四点：

一　水资源不足

黄土高原地区是我国东西部之间半湿润区向半干旱区过渡地带，年降水量少，为300—600mm，呈现由东南向西北递减的趋势。汛期降雨量占年降水量的70%—80%，且以暴雨形式为主，可利用的降水不足其中的30%；降水年变率大，"十年九旱"，农业生产长期靠天吃饭。该区地表径流量小，人均河川地表径流水量（不含过境水）仅相当于全国平均水平的1/5，耕地亩均径流量不足全国平均水平的1/8，是全国水资源贫乏的地区。由于黄土地貌千沟万壑，地表水利工程难度大、成本高；地下水埋藏深，且不宜大量开发，水资源短缺，影响农业生产。黄土高原地区大部分处于水分补偿失调和土壤强烈干旱区，天然植被主要是以旱生的草本、半灌木和灌木植物为主的植被类型，不易于大面积栽种人工林和种植高耗水植物。否则，随着植被蒸腾量加大，会在1—10 m深度形成干层，土壤干层的形成又限制了植物的进一步生长，阻止了水分下渗对地下水的补给，减少地下径流[①]。退耕还林后，生态林和经济林在该区种植面积的加大，加剧了水资源的短缺，制约了该区现代农业的发展。

二　农业经营所需劳动力不足

发展后续产业事关退耕农户长远生计问题的解决，也是退耕还林（草）成果得以巩固的基础。从收回的921份问卷看（表8-1），农户户主年龄以45岁以上的居多，农户中小学以下文化程度较多，高中以上的偏少，农户家庭规模变小，大多数家庭农业劳动力人数在2人以下，表明中老年人是农村农业经营的主力军，农户文化程度低，农业劳动力数量少，制约了农村家庭经营规模的扩张和经营水平的提高。因此，加大农民的教育培训是黄土高原地区农村经济发展的紧迫任务。目前，由于农业经营收益低，市场变幻莫测，农业经营的风险大，农村中青壮年劳动力从事农业经营的意愿低，农村产业发展后备军不足，影响农业持续发展，因

---

① 王力、邵明安、侯庆春：《延安试区土壤干层现状分析》，《水土保持通报》2000年第3期。黄明斌、李新民、李玉山：《黄土区渭北旱塬苹果基地对区域水循环的影响》，《地理学报》2001年第1期。孙长忠、黄宝龙、陈海滨、刘增文、温仲明：《黄土高原人工植被与其水分环境相互作用关系研究》，《北京林业大学学报》1998年第3期。

此，进行农业规模经营是农业发展的必由之路。

表8-1　　　　　　　　　　退耕农户及其家庭特征

调查内容	特征分类	户数/户	占受查农户总数的比重/%
户主年龄	≤45 岁	263	28.56
户主文化程度	>45 岁	658	71.44
	小学以下	129	14.01
农户家庭规模	小学	259	28.12
家庭农业劳动力人数	初中	392	42.56
	高中及以上	141	15.31
	≤4 人	463	50.27
	>4 人	458	49.73
	≤2 人	690	74.92
	>2 人	231	25.08

＊表中数据源于退耕农户调查问卷整理所得。

三　产业发展资金不足

黄土高原是我国经济和生态的双重贫困区，生态建设和农民增收是该区发展的两大主题。在退耕还林工程实施中，黄土高原退耕区地方政府把农村后续产业的发展作为稳固退耕成果，转移农村富余劳动力，实现农民增收的重要途径。在后续产业发展中，设施农业成为黄土高原农村产业发展的重要选择。设施农业是一项技术和资金密集型产业，没有足够财力的支撑，设施农业也难以形成气候。由于黄土高原地区整体经济水平低，产业发展的原始积累十分有限，农民在产业发展中普遍缺乏启动资金，制约了后续产业发展。对此，各级政府应充分发挥财政资金的投入导向作用，加大对设施农业发展的支持力度。

四　林（草）经营管理政策缺乏效率

封山禁牧是退化草场自然修复的有效措施，退化草场一般在封山当年长草，5 年后长灌，10 年后开始有乔木侵入，植被基本恢复到正常状态。退化的天然草场，经过自然修复 10 年左右的封育后可以适度加以利用。退耕还林后，黄土高原部分县区的畜牧业有了较快发展，但多数地方仍发展缓慢，畜牧业产值不足农业总产值的 1/3，低于全国平均水平①。在退耕区，舍饲养羊一方面面临人工成本和饲草成本上升，饲草不足的发展困境，"偷牧"现象禁而不止，成为一些退耕农户降低养羊成本的措施之一，另一方面，大量天然草场和人工草场的草资源得不到利用，长期处于闲置状态，草地退化在所难免②。

退耕管理条例明确规定了退耕农户对其退耕林地所享有的权益，退耕区也通过集体林权改革、林权证发放等政策确认退耕农户的主体地位，但由于退耕农户对所拥有的林木经营、处置受到相关政策的限制，是严重不完全的林木产权，农户对林木的所有权成为虚无的权利③。在这种制度之下，必将制约退耕农户对林木管护的积极性，影响农户的经济收益。

第二节　黄土高原退耕区农村经济发展理念

一　面向国家生态需求发展理念

黄土高原地区是我国水土流失的重点治理区域，该区的生态治理与恢复都是国家层面的重大战略，关系到黄河中下游地区，以及全国的生态安全。1999 年退耕还林工程启动后，生态建设成为该区长期发展的目标，区域的发展必须置于国家生态需求的背景之下，充分利用国家的相关政策来发展农村经济。在农村经济发展中，首先要考虑退耕成果的长期巩固，加强退耕区农村生态文明建设，对于国家的退耕政策要及时宣传到户，使退耕农户明确认识到国家的生态需求，积极调整生产生活方式，为国家提供生态产品。在退耕区后续产业发展中，地方政府应根据退耕还林后续产业发展的有关政策，结合区域实际，制定农村发展规划，以得到国家的资金支持，使退耕农户获得更多的退耕实惠。

二　生态与经济互动发展理念

黄土高原退耕区农村经济发展不是单纯的经济问题，是生态建设背景

---

① 山仑：《黄土高原：轮封轮牧还是永久禁牧?》，《中国畜牧兽医报》，2011 年 6 月 5 日第 5 版。

② 韩承伯：《禁牧 6 年，陕北部分禁牧区应适度放牧》，《陕西日报》，2009 年 6 月 1 日第 9 版。

③ 王磊：《不完全产权视角下的退耕还林补偿标准及期限研究》，《生态经济》2009 年第 9 期。

下的系统工程，面临着生态建设和经济发展的双重目标。如何实现国家生态建设要"被子"和农民生活要"票子"是退耕区农村经济发展无法回避的问题，我国生态建设的经验表明必须将二者统一于农村经济发展中，实现生态与经济的互动发展：良好的生态为农村经济发展奠定了环境基础，农村经济发展确保生态建设成果的巩固。退耕还林工程是农用土地利用结构的调整，其结果是农户可耕种土地数量的减少和农村劳动力的剩余，只有退耕农户收入增加了、生计解决了，退耕农户才不会毁林复耕。目前，虽然国家对退耕户进行新一轮退耕补助，但相对于经济发展而言，补助标准偏低，退耕农户复耕的风险依然存在。因此，在生态建设的同时，国家和地方政府必须制定相应的农村经济发展规划，尤其是后续产业发展规划，拓展退耕农户的增收空间，通过发展后续产业增加农民收入，确保退耕农户收入的稳定增长。结合黄土高原区域的自然特点，生态经济发展模式是实现退耕区生态与农村经济互动发展的重要渠道。

三　统筹城乡发展理念

长期以来，我国城乡隔离的发展方式加大了城乡差距，制约了农村社会经济发展，影响了社会的整体进步。黄土高原地区自然生态环境脆弱，经济社会整体发展水平落后，城乡差距更为突出，当地农民饮水、出行都存在困难，农村传统的生产、生活方式过度依赖于自然环境，对生态环境的修复极为不利。只有城乡统筹发展，加大财政的支农力度，解决农民出行难、饮水难、教育难、看病难以及农田基础设施薄弱等问题，降低农民的生活和生产经营成本，才能不断缩小城乡差距，提高农村经济社会发展水平，转变农村不合理的生产生活方式，使黄土高原地区脆弱的生态环境得到修复。在退耕还林试点市延安市，地方政府发挥财政优势，通过市、县两级财政，加大对农村饮水、能源建设、农民培训、产业发展、基本农田修建等方面的财政支农力度，推进了当地农村经济发展和生态建设。如延安市吴起县在全力推进城乡一体化进程中，吴起县委、县政府按照因地制宜、科学规划、基础先行、产业配套的原则，全力推进农村新型民居、饮水安全、沼气能源、农村道路、无害化户厕这五项建设，全面提升产业开发水平和劳动者素质。2006—2010 年县财政累计投入专项资金 5.6×10^8 元，使全县 74% 的农户实现了住宽敞房、走平坦路、饮安全水、用洁净能源目标。城镇化率由原来的 18% 提高到了现在的 51%，农村群众享受到了与城市人同等舒适的生活，便捷的服务大大减少了他们生产生活的支出①。

　　由于黄土高原退耕区多数地方政府财力有限，在城乡统筹发展中面临着资金约束，对此，中央和省级政府应采取差别化支农政策，进一步加大对该类型地区的反哺力度。

四　现代农业发展理念

　　退耕还林工程建设将黄土高原地区不适宜耕种的陡坡耕地转为林、草生产用地，退耕农户人均耕地数量锐减，"靠天吃饭，广种薄收"的农业生产方式已经走到了尽头，现代农业成为退耕区农村经济发展的出路和目标。现代农业是相对于传统农业而言，是广泛应用现代科学技术、现代工业提供的生产资料和科学管理方法进行的社会化农业。现代农业不再局限于传统的种植业、养殖业等农业部门，不是单纯的产品生产农业，而是包括了生产资料工业、食品加工业等第二产业和交通运输、技术和信息服务等第三产业的内容，成为一个与发展农业相关、为发展农业服务的产业群体。现代农业除具有农产品的供给功能之外，还具有生活休闲、生态保护、旅游度假、文明传承、教育等多样功能，这些功能正是农业农村经济新的增长点和农村富余劳动力转移的可靠渠道，能够满足人们精神需求。人们通常所言的绿色农业、物理农业、休闲农业、工厂化农业、特色农业、观光农业、立体农业、订单农业都是现代农业不同的类型。黄土高原退耕区应结合区域的特点，因地制宜地发展现代农业。与传统农业相比，现代农业对市场、资金、技术、物质投入、规模等都有较高要求，黄土高原退耕区整体经济发展水平低，市场发育欠完善，在现代农业发展初期很难通过市场实现生产要素的配置，必须重视政府的引导、推进，要求国家和地方政府建立与现代农业相适应的政府宏观调控机制，完善农业支持保护体系，包括农业金融支持政策体系、土地流转机制、社会保障体系、退耕农民的技能培训体系、现代农业示范体系等。

第三节　黄土高原退耕区农村经济发展模式

　　综合分析黄土高原退耕区农村经济发展的成功经验及有关黄土高原

---

　　①　贺星明：《工业反哺农业　提高农民生活水平》，《中国信息报》，2010 年 6 月 28 日第 2 版。

综合治理试验、示范研究成果①②，黄土高原退耕区农村经济发展模式如下：

一　高效型生态农业建设模式

针对距离城镇较近的村庄，利用川道、城郊的区位优势，优化调整产业结构，利用有限土地资源发展高效经济作物，培育集约经营，大幅度提高土地的产出③。充分发挥设施农业和设施畜牧业相结合的能量，多级利用循环系统的功能，利用川、坝、台地发展高效种植业、养殖业，生产高质量、高附加值的蔬菜、鲜果，使生产水平逐步上台阶、成规模，活跃农村经济④。在生态建设中强化山坡地退耕还林还草，在坡地上修建高标准梯田，改善农业生产条件，加快生态环境重建步伐。发展农村非农产业，加快农村剩余劳动力转移。通过高效农业、农村剩余劳动力转移、农村非农产业发展，增加农民收入。在农业种植结构中粮食作物比重下降，果菜等比重大幅上升，形成农工商多种经营的经济格局。

高效型生态农业建设模式是以现代农业生产技术和良种的引用为前提，在提高农业产出、增加农民收入的同时，也加快了现代农业生产技术在农村的推广，推动了农村社会经济的进步。

二　农果复合型生态农业模式

黄土高原地区是温带水果的适生区，该区果品生产具有一定基础，特别是山地苹果的发展拓展了退耕农户的增收渠道。农果复合型生态农业模式主要针对山地耕地面积较大，果业生产有一定基础的村庄。根据目前新修梯田和果园面积增加的趋势，调整农、林、草、果、牧用地比例，以梯田粮食稳产、高产为突破目标，建设基本农田，改革种植制度，推广成熟栽培技术，抓好土壤培肥，提高水分利用率，提高粮食单产，在短时期内粮食实现自给。同时提高果园科学管理水平，优化农果投入比例，使果树

① 刘普灵、王栓全、田均良、梁一民、高可兴：《黄土高原中部丘陵区生态农业建设模式研究》，《水土保持研究》2000年第2期。

② Attwood J. D., et al., "Assessing regional impacts of change: Linking economic and environmental models", *Agricultural System*, Vol. 63, No. 3, 2000.

③ 陕西师范大学地理系：《陕西省延安地区地理志》，陕西人民出版社1983年版。

④ 刘普灵、王栓全、田均良、梁一民、高可兴：《黄土高原中部丘陵区生态农业建设模式研究》，《水土保持研究》2000年第2期。

优质高产，增加农民经济收入，逐步形成以农促果、以果养农的复合农业系统的良性循环，加速山坡地退耕还林（草）进程①。

三　林（草）牧型生态农业模式

林（草）牧型生态农业模式主要适合比较偏远、处在沟掌位置、自然条件差、土地面积较广的村庄②。由于基本农田少，陡坡地多，广种薄收习惯严重，大面积退耕还林还草还有困难，而畜牧业已有一定基础，但又以放牧散养、粗放经营为主，生态农业建设相对于其他区起步艰难。该模式通过基本农田建设，蓄水培肥，调整粮经比例，提高粮食单产，增加农民收入，在实现粮食自给有余的前提下逐步建设高质量人工草场，改变传统放牧为舍饲养殖，进行大型牲畜品种改良试验，充分利用作物秸秆和牧草发展畜牧业③。重点建设人工草地和水源涵养林，加强天然林的封禁自育和保护工作，有计划、分步骤改良畜群结构和放牧方式，提高畜牧业经营水平和产值，增加农民收入，最终实现林牧协调发展。

四　庭院经济模式

庭院经济模式主要针对黄土高原地区庭院占地面积较大，且多闲置浪费，同时庭院水土流失不可忽视而研究设计的。庭院经济包括庭院蔬菜种植、园林花草建设、养殖及农副产品加工、庭院生态设计等内容。庭院经济模式充分利用当地的光热资源，以太阳能为动力，以沼气为纽带，种植业和养殖业结合，通过生物质能转换技术④，进行科学规划，立体种植，循环利用，多层次增加经济收入，改善居住环境。延安市在退耕还林工程建设中，将农村沼气建设与退耕还林工程建设捆绑进行，以解决退耕农户的生活用能问题，该模式在延安市得到了普及。

延安市太阳能资源丰富，月日照百分率都在 40% 以上，月太阳辐射总量平均大于 610 千卡/ cm^2，夏季利用沼气做一天三餐饭和照明，冬季

---

① 刘普灵、王栓全、田均良、梁一民、高可兴：《黄土高原中部丘陵区生态农业建设模式研究》，《水土保持研究》2000 年第 2 期。

② 同上。

③ 同上。

④ 延军平、田祥利、宋保平：《黄土高原生态与经济互动发展实证研究》，《西北大学学报》（自然科学版）2008 年第 4 期。

用沼气来做一餐饭和照明，产生效益明显①。沼气池是该系统模式的核心，起着连接养殖业与种植业、养殖业与加工业、生活用能与生产用肥的纽带作用。太阳能是整个生态共生系统模式的动力，为大棚蔬菜提供良好的保温效果，温室大棚是整个生态经济模式的支柱。通过以沼气为纽带的庭院立体经济模式，充分利用有限的土地资源潜力，发展庭院养殖业、大棚果菜种植，可以增加农户的收入，实现蔬菜淡季不淡、旺季不滥的季节性生产，为当地群众提供丰富的农副产品，改善人们的生活条件。

五　立体开发利用模式

该模式一般以小流域为单元，利用生态系统中不同海拔地带、不同空间环境分组的差异和不同生物种群适应性的特点，在空间立体结构上进行合理布局，发挥生态系统整合效应。立体开发利用模式能够有效控制小流域水土流失，该模式运用系统工程和生态经济学原理，按照"山顶植树造林戴帽子，山坡退耕种草披裉子，山腰兴修梯田系带子，山下覆膜建棚穿裙子，沟底打坝蓄水穿靴子"的治理思路，建立"川地高效粮经作物 - 丘陵缓坡基本农田 - 山腰经济林 - 陡坡生态林草"的立体生态经济系统，强化降水就地拦蓄入渗，配备抗旱集雨节灌工程各项设施，合理调控利用有限的降水资源。

立体开发利用模式是建立在区域生态环境建设已经形成了高效防护林体系基础上，利用区域土壤、光热、水的垂直差异，进行立体布局。通过工程措施、生物措施和农业耕作措施优化配置，因地制宜，坚持综合治理，因害设防，形成一个有机的多功能、多目标的水土保持综合防治体系，有效地治理了水土流失。

六　农林复合型生态农业模式

该模式主要是针对大面积的丘陵沟壑区，既无交通便利条件又无靠近城镇的区位优势，只能在平地和山坡地综合治理与开发利用上下功夫②。这是黄土高原最为普遍和难度最大的区域。在模式的运行中，依据对平地

---

① 延军平、田祥利、宋保平：《黄土高原生态与经济互动发展实证研究》，《西北大学学报》（自然科学版）2008年第4期。

② 刘普灵、王栓全、田均良、梁一民、高可兴：《黄土高原中部丘陵区生态农业建设模式研究》，《水土保持研究》2000年第2期。

和坡地综合治理与开发利用形成的经营方式积累的经验，划分不同坡度的土地利用类型，采取综合开发与治理措施相结合，加大投资治理与开发力度，逐步形成农林果草相结合的生态农业经济体系。

七　农林果牧高效型综合生态农业模式

在黄土高原农业综合生产条件好，农村中各业发展都突出的地区，农林果牧高效型综合生态农业模式是农村生态经济发展的方向。该模式主要是综合考虑实施区的自然、经济特点，将各类型生态农业综合起来，保护和利用现有林草资源，加强人工植树种草，大力推广节灌、田间覆盖为中心的农业高产稳产技术，提高作物单产[①]。通过畜牧业发展，加快沼气化技术为纽带的生态果园建设，最终形成地表植被覆盖良好，有高质量基本农田，有高标准优质生态果园和规模化舍饲畜牧的农林果牧高效综合生态农业体系[②]，从而改变过去盲目发展生产、缺乏统一协调规划管理的无序局面。

八　旅游业带动型模式

黄土高原地区是陕甘宁边区所在地，区内赋存着大量的革命旧址，是发展红色旅游的有利条件。同时，黄土高原地区民俗风情异彩纷呈，退耕还林工程实施后，该区生态环境明显改善，特色产业引人注目，以绿色产业、民俗风情文化资源为依托的旅游业纷纷发展起来，既转移了农村劳动力，又增加了农民收入。如延安市曾经是中共中央所在地，是中国革命的指挥中心和总后方，市内现存350多处革命旧址，历史文化遗迹5808处，是全国保存最完整、面积最大的革命遗址保护群，其中列为国家重点保护的有4处15个革命旧址和纪念地，延安市丰富、独特的旅游资源为发展"红色旅游"提供了得天独厚的条件。旅游业带动型模式以延安市丰富的人文旅游资源和自然资源为载体，与延安市退耕还林（草）工程有机结合，通过退耕还林（草）工程建设，改善延安市旅游业发展的生态环境，展示退耕还林成果和陕北黄土民俗风情特色，发展红（红色旅游）、黄（黄土民俗风情）、绿（生态休闲）三色旅游，转移农村的剩余劳动力。

---

① 刘普灵、王栓全、田均良、梁一民、高可兴：《黄土高原中部丘陵区生态农业建设模式研究》，《水土保持研究》2000年第2期。

② 同上。

九　生态移民模式

对于生活在偏远山区、生活条件差的农民，通过移民的方式，迁到山下集中居住，并为搬迁户提供基本的生活条件。一方面，便于生态建设管理，治理水土流失，恢复已破坏的山区生态环境，另一方面改善农民的生活水平。如延安市黄龙山区、白于山区是重点移出区。近年来，延安市将移民搬迁工作、退耕还林工程建设、新农村建设相结合，进行项目配套，把有关专项资金，如农业综合开发、以工代赈、农电项目、能源项目、扶贫资金、生态建设资金等经费捆绑使用，解决了移民的安置问题。

十　劳务经济增收模式

劳务经济是农村劳动力利用体力和智力以及一定数量资金在家庭以外就业或从事非农产业的经济活动。在黄土高原退耕区，退耕还林工程建设使大量农村劳动力从广种薄收的土地上解放出来，发展劳务经济就成为富余劳动力转移就业和农民增收的重要渠道。地方政府通过加大对农村劳动力务工技能免费培训力度，组织劳动力有序转移、输出，使劳务经济迅速发展成为黄土高原退耕区农村经济发展的有力支撑和退耕农户家庭收入的重要部分。据宁夏固原市劳动就业局提供的数据，实施退耕还林工程以来，全市劳务产业获得了长足发展，2008 年，该市输出人数超过 27 × 10^4 人次，劳务总收入由 2003 年的 6.31 × 10^8 元增至 12.6 × 10^8 元，劳务收入占全市农民年人均纯收入 2614 元的 41.1%，部分乡镇已经占到农民年人均纯收入的一半以上。劳务输出成为名副其实的地方支柱产业。务工人员通过技能培训，提高了就业能力，更容易得到雇主青睐，获取高报酬，为自主创业积累资本，带动所在乡镇、村组、邻里的发展。随着劳务经济的发展，黄土高原退耕区形成了"米脂婆姨"等劳务经济品牌，劳务经济的区域特色明显。

第四节　黄土高原退耕区农村经济发展机制

一　生态建设长效激励机制

自 1999 年退耕还林工程试点启动以来，国家先后颁布了《退耕还林条例》等系列政策性文件和法规，对退耕还林的实施原则、规划和计划编制、造林和管护及检查验收、资金和粮食补助、保障措施、法律责任等作了规定，有力地推进了退耕还林还草工程建设。从现行退耕相关政策看，退耕还林工程管护费用是由地方政府支付，国家未配套工作经费，增加了退耕区的地方财政开支，贫困县区工作经费不足影响到工程管护；2007 年随着全国退耕还林（草）补助逐渐到期，国务院在 2007 年 8 月 9 日出台了《国务院关于完善退耕还林政策的通知》，国家决定继续对退耕农户进行补助，国家对补偿年限的修改是及时、合理的，但仍存在对退耕地的总体补偿不足的问题[①]。由于生产资料价格的普遍上涨，延长期对退耕农户现金补助标准大幅下降 60%[②]，退耕还林补助政策的激励作用逐年减弱，退耕区巩固退耕还林成果的压力逐年增大[③]，退耕土地生产经营管理政策没有适时调整，退耕地林草资源有效利用不足，农户经济收益受损，影响农户对退耕地的管护投入，不能确保退耕林草地的质量；国家对退耕区农村后续产业发展、基本农田建设等方面的投入不足，影响退耕农户增收，退耕农户复耕风险依然存在。这些问题表明必须考虑退耕农户对退耕地经济利益诉求问题，解决生态建设与资源合理利用的关系，从退耕补助标准、补助资金来源、经营管理政策等方面建立生态建设长效激励机制，促进生态建设和农村经济的协调发展，优化配置资源的效率[④]。

二　农村后续产业发展机制

发展后续产业是黄土高原退耕区巩固退耕成果，实现退耕农户持续性增收的重要保障。通过对甘肃、宁夏、陕西、山西黄土高原退耕农户的入户问卷调查显示，目前农村在产业发展中面临的问题集中表现缺少资金、没有技术、缺水干旱、地少等，在农业产业发展中青壮年劳动力大量流失，农村中从事农业产业经营的劳动力多为年龄在 50 岁左右的文化程度偏低（小学以下文化程度）的人群，农业产业化难以推进。国家和地方

---

① 刘震、姚顺波：《黄土高原退耕还林补偿标准及补偿年限的实证分析》，《林业经济问题》（双月刊）2008 年第 1 期。

② 黄东、李保玉、于百川、姜喜麟：《2008 年退耕还林工程县社会经济效益监测报告》，《林业经济》2009 年第 9 期。

③ 谢晨、刘建杰、韩岩、袁梅：《2008 年退耕还林农户社会经济效益监测报告》，《林业经济》2009 年第 9 期。

④ 同上。

政府应针对以上问题，从资金支持、技术提供、农资供给、农田建设、土地流转、劳动力技能培训等方面制定后续产业发展政策体系，在产业发展的初期，政府需提供一定的资金、技术、市场条件以扶持产业做大做强，助力农业增产增效、农民增收。如延安市农村后续产业的发展壮大与地方政府的引导、扶持是分不开的。

由于黄土高原退耕区地方政府财力普遍有限，基础设施薄弱，既没有能力投入大量资金扶持产业发展，也普遍缺乏吸引外来资金的优势，产业发展难度大。对此，退耕区在为国家提供生态产品时，国家不仅要对农民的退耕地进行补偿，更应考虑退耕区的长远发展和农户的经济诉求，加大基本农田建设投入，并在中央财政的支持下，发挥市场机制作用，引入社会资本，设立退耕区农村产业发展的风险投资基金，参与退耕区的产业培育。

三　农村劳动力转移机制

近年来，黄土高原退耕区外出务工人数增加，劳务经济成为退耕农户增收的重要渠道。由于黄土高原退耕区大多处于经济落后地区，农民文化素质不高，外出务工人员缺乏必要的技能培训和管理组织，就业竞争力有限，多以零散务工为主，工作稳定性差，增收潜力不足，务工者权益受损却无从维权，不利于退耕区劳动力的转移。据调查表明，延安市吴起县外出经商务工人数占到农村总劳动力的52.8%。其中外出从业劳动力有一技之长和自己经营实体者占到外出务工人数的46.7%。普通外出务工人员人均收入仅有12220元，有一技之长的外出劳动力人均收入有22757元，从事商业及服务业的外出劳动力人均收入有94584元，有一技之长的外出劳动力收入是普通务工人员收入的1.86倍，而从事商业及服务业的外出劳动力是普通务工人员收入的7.7倍[①]。不难看出人力资本对农民的增收效应，加大人力资本投资对于农村劳动力转移具有重要意义。实践表明，政府主导的劳动力转移培训机制是落后地区发展劳务经济的成功经验。如延安市吴起县委、县政府在科教兴县、人才强县战略导向下，把人力资源开发放在了抓经济发展的重要位置，通过对人的投资，提高其创业能力，增加其劳动收入。2007年秋，吴起率先在西部地区推行了"十二

---

① 贺星明：《工业反哺农业 提高农民生活水平》，《中国信息报》，2010年6月28日第2版。

年"免费教育,同时县财政每年列支 1000×10^4 元对所有未升初、高中毕业生和45岁以下青年农民实施全口径、全覆盖、全免费的职业教育和技能培训,有效提高了农民的致富能力,进一步拓展了农民的增收渠道。

退耕区政府应结合当地农村后续产业发展需求和区内外用工信息,健全劳动力转移培训机制,把对务工人员进行实用技能免费培训长期化、制度化,提高务工者的专业技能,劳动保障部门和公共就业服务机构重点要为务工人员提供就业信息,引导、组织劳务输出,减少农村劳动力的盲目转移,并对务工人员提供法律服务。在国家层面上,发挥中央政府的主导作用,深化体制改革,健全各项制度,应制定明确的退耕区劳动力转移扶持政策,给予资金、项目等支持,为退耕区农村剩余劳动力转移创造宽松环境[1]。

四　农村社会保障机制

农村社会保障是保障农村居民基本民生、维护社会公平正义、促进社会和谐发展、实现城乡统筹发展的重要手段。目前,我国农村初步形成了以农村居民最低生活保障制度、新型合作医疗制度、农村居民医疗救助制度、五保供养制度、自然灾害生活救助制度、新型农村养老保险制度等为主要内容的农村居民社会保障体系,惠及了广大农民,加快了农村社会的转型。从这些制度的具体执行情况看,农村社会保障机制仍有待完善。通过对甘肃、宁夏、山西、陕西4省区黄土高原退耕区退耕农户的入户问卷调查显示,退耕农户对新型合作医疗制度持支持态度,但90%以上的农户认为该制度涉及的药费报销政策存在不足,本地看病与外地看病的报销比例不一致,可报药目的范围窄,当地医疗条件落后,限制了农户对优质医疗资源的享有权限。在所做调查问卷中,退耕区农户的生育意愿与当地经济发展水平成反比,退耕农户虽表现出少生优育的倾向,但养儿防老的观念依然影响农户的生育选择,退耕农户认为养老保险是好事,但现行基础养老标准低,还是要靠子女、靠家庭来养老。在县域经济弱的地区,农村低保人群的认定和农村居民医疗救助方面,人情的影响较大,弱势群体得不到应有的救助。这些制度的不足亟待完善。

---

① 陈波、支玲、董艳:《我国退耕还林政策实施对农村剩余劳动力转移的影响——以甘肃省定西市安定区为例》,《农村经济》2010年第5期。

五　农村土地流转机制

黄土高原退耕区退耕农户人均耕地资源有限，地块分散，以家庭为单位的农业经营方式难以形成规模，抗御市场风险的能力低，增收不稳。发展现代农业，推进农业的产业化、规模化经营，提高农业应对市场风险的能力是农民增收、农业增效的必由之路。农业的规模化经营要求土地由分散转向集中，在农村土地承包权不变的情况下，土地使用权和经营权的流转成为发展现代农业的前提条件。由于黄土高原退耕区自然条件和经济发展水平多样性，各地应结合实际制定出台土地流转的政策法规，完善土地评估作价、流转补偿、合同签证、纠纷调解、登记备案等管理制度，建立有序的土地流转市场，规范流转程序，根据依法、自愿、有偿的原则，引导土地有序流转，确保流转双方权益。通过土地流转，转变农业生产经营方式，实现农民持续增收。延安市在农村土地流转中，按照"稳定承包权、放活经营权"和依法、自愿、有偿的原则，引导和鼓励龙头企业、合作社、生产大户通过土地流转发展设施农业，对流转土地实行统一承包管理、整体规划布局、连片高效开发，农业增产增效明显。

第五节　黄土高原退耕区农村经济发展对策建议

一　适时完善退耕还林管理政策体系

自1999年退耕还林（草）工程实施以来，我国政府先后制定了《关于开展2000年长江上游、黄河上中游地区退耕还林（草）试点示范工作的通知》（林计发［2000］111号）、《退耕还林条例》、《国务院关于完善退耕还林政策的通知》等系列文件与法规，有力地推进了退耕还林工程建设，生态环境明显好转。随着时间的推移，退耕补偿机制、退耕林草地的使用方式等问题都影响着退耕成果的稳固和农村经济发展，如生态林的走向，禁牧政策是否当解等。因此，必须考虑时代背景和退耕农户的经济收益，推进林权制度改革，适时对退耕还林政策进行完善、调整。结合林木的自然生长规律和农户的利益需求，在维护生态安全的前提下，落实农户对林木的实际权益，以商品林的经营思路管理现有的生态林；或者农户将林木权益一次性转让给国家，农户林木权益转让所得作为养老保险资金的来源，建立退耕农户生态养老制度。

二　健全农村社会保障服务体系

农村经济落后，农村社会化体系薄弱长期困扰着农村经济发展。现代农业发展对作物良种、农业生产技术、农民的科学文化素质提出了较高的要求，需要把农业科技成就运用于农业生产，改变农户落后的生产方式。由于农村社会化服务体系发展滞后，不能及时地为农业生产提供信息、资金、技术，农民对现代农业科技的渴求也难以满足，制约了农村经济的发展。因此，必须完善农村社会化服务体系，加快农业科技推广和成果转化，提供优质的农业生产资料、农产品销售渠道、就业信息，切实服务于农民、农村、农业的发展，推进现代农业发展进程。

农村富余劳动力转移是我国农村经济发展面临的难题，黄土高原地区退耕还林（草）工程建设使更多的劳动力从土地上解放出来，加大了黄土高原退耕区农村劳动力转移的难度。这些富余劳动力能否就业、生活有无保障直接影响到退耕成果的稳定，以及和谐社会的构建。黄土高原退耕区多为我国"老、少、边、穷"地区，农民的科学文化素质低，人力资本不足，农民的再就业能力低，生活不能保障，纷纷把土地作为保障生活的最后退路，土地流转意愿不高，制约着现代农业的发展，进而影响农民增收和就业，使农村经济陷入困境。因此，转移农村富余劳动力不仅是退耕还林的需要，也是推进农村土地流转、实现农业规模经营的需要。只有农民的就业能力提高了，农民的社会保障体系健全了，农民才可能从农业农村中转移出来，才能摆脱对土地的依赖，才能建立现代农业经营体系。当前必须提高农村社会保障的覆盖面和保障水平，创新农村社会管理，建立适应农村城镇化、农业现代化发展所需的保障机制，逐步实现城乡居民统一的社会保障体系，实现城乡统筹发展。在农村劳动力流转中，必须重视农民的就业培训，通过培训，提高农民就业技能。由于农民自身经济能力、意识水平的限制，在黄土高原地区农户自我培训有限，需要各级政府结合区域经济发展情况，建立针对农民的就业技能培训机构，为农民提供长期的免费培训。

三　加强农田基础设施建设

退耕还林工程建设将黄土高原地区不适于耕种的陡坡耕地转为生态建

设用地，退耕农户人均耕地数量锐减（延安吴起农民人均耕地为 0.133—0.2hm²）。要在有限的耕地上获取高的产出，必须加大对土地的投入，控制水土流失，提高耕地的保水、保肥、保土能力。由于黄土高原地处干旱、半干旱地区，水资源不足，耕地多以旱地为主，"十年九旱"，农业生产靠天吃饭的现象普遍存在，农业生产力低而不稳。因此，在黄土高原地区，重点是确保农民基本农田的人均拥有量，兴修基本农田，提高土地生产力，推进旱作农业灌溉系统的建设，改变农业靠天吃饭的状况。据有关学者多年的实践研究，若陕北人均有 0.13—0.20hm² 措施配套的高标准基本农田，加上科学种田，粮食问题则可以解决①。因此，加强农田基本建设，提高土地生产力是该区农业发展的重要问题。中央财政和地方各级财政应重视基本农田建设，改善农业建设用水、用电条件，为农民提供必要的农田建设资金，提供地膜等农资，改善农业生产条件，提高种植业的收益。

四　试行封山"放牧"

草地植被是黄土高原地区主要的地带性植被，也是当地发展畜牧业的基础，养羊放羊是当地农户的传统产业。由于不合理的放牧，造成了植被的破坏，加剧了水土的流失。因此，退耕还林以来，为了修复环境，黄土高原地区实行封山禁牧政策，舍饲养羊，让草地休养生息，自然恢复。经过 10 多年的封育，黄土高原地区退化草原得以恢复，可以按照自然利用方式加以合理利用，在畜牧业发展中，通过适度放牧维持天然草地正常生长发育。从黄土高原畜牧业发展的情况看，农村劳动力不足，人工割草、舍饲养羊成本高，大量草资源得不到及时利用，畜牧业发展不稳定。因此，在自然生态得到修复的前提下，应该在遵循自然规律和生态保护的原则下，调整封山禁牧政策，试行封山"放牧"政策，确定放牧区域，以草定畜，划区轮牧，用科学的轮封轮牧替代"偷牧"，实现草资源的合理利用。同时，推进畜牧业产业化，改良畜群品种结构，加强人工草场建设，放牧与舍饲结合，提高畜牧业生产能力。

---

① 陶然、徐志刚、徐晋涛：《退耕还林，粮食政策与可持续发展》，《中国社会科学》2004年第 6 期。

五　严格控制人口增长

黄土高原生态环境脆弱，环境的承载力有限。按照 1978 年联合国规定的干旱、半干旱地区临界人口密度 7 人/km^2 和 20 人/km^2 的标准，目前，黄土高原地区人口密度为 167 人/ km^2，为同期全国平均水平的 122.9%，已远远超出联合国的标准。人口超载严重，负荷过大。从入户问卷调查情况看，目前，农民的生育观念有所转变，家庭规模正在变小，在家庭孩子的数量选择上，年轻农户更倾向于 1—2 个子女，但更多农户倾向于选择男孩。养儿防老观念仍有很大市场，说明需继续完善农村社会保障体系。从问卷调查的统计分析结果看，所调查的宁夏、甘肃、山西、延安的农户中，宁夏、甘肃农户家庭的规模较大，两个以上子女的家庭多于延安、山西的受访农户。因此，严格控制人口增长是黄土高原地区农村经济发展不容忽视的问题，必须常抓不懈。

六　建立政府引导下的黄土高原农村发展基金

经济落后，建设资金不足是黄土高原农村经济发展面临的普遍性问题。在黄土高原地区，除少数资源县区外，区内多数县区二、三产业发展水平低，农业经济是县区经济主体，缺乏以工哺农的能力。地方财政对农村经济发展的支持有限，农村产业发展多处于艰难的起步阶段，需要从农业外部、区域外部得到扶持，助力当地农村经济发展步入正轨。这需要中央政府和省区政府从资金、技术、人力资本等方面给予支持，推动黄土高原地区农村产业的发展和社会进步。针对黄土高原退耕区在产业、农村基础设施、社会公共服务体系等方面发展的需求，在中央政府的引导下，发挥市场筹集要素的功能，建立以中央财政投入为主，社会资本引入（包括营利性资本、公益性资本）相结合的黄土高原农村发展基金，在此基础上，创建退耕区农村产业发展风险投资基金，提高资本运行效率，为农村经济发展提供所需资本。

第六节　小结

（1）由于黄土高原自然社会经济等因素的影响，农村经济发展还面临多重约束，突出表现为水资源不足、农业经营所需劳动力不足、产业发展资金不足、林（草）经营管理政策缺乏效率。

（2）黄土高原地区是我国水土流失的重点治理区域，该区的生态治理与恢复都是国家层面的重大战略。随着新型城镇化的推进和农业现代化的发展，该区在农村经济发展中必须树立面向国家生态需求发展理念、生态与经济互动发展理念、统筹城乡发展理念、现代农业发展理念，实现退耕区生态建设与经济发展的双赢。

（3）综合分析黄土高原退耕区农村经济发展成功经验及有关黄土高原综合治理试验、示范研究成果，黄土高原退耕区农村经济发展模式主要有高效型生态农业建设模式、农果复合型生态农业模式、林（草）牧型生态农业模式、庭院经济模式、立体开发利用模式、农林复合型生态农业模式、农林果牧高效型综合生态农业模式、旅游业带动型模式、生态移民模式、劳务经济增收模式。

（4）在黄土高原退耕区农村经济发展中，必须建立生态建设长效激励机制、农村后续产业发展机制、农村劳动力转移机制、农村社会保障机制、农村土地流转机制等制度体系，助力退耕区农村发展。

（5）结合黄土高原退耕区农村经济发展现状，黄土高原退耕区农村经济发展对策建议主要如下：适时调整、完善退耕还林管理政策体系；健全农村社会服务体系，为农民提供免费实用技能培训；加强农田基础设施建设；封山"放牧"，合理利用草地资源；严格控制人口增长；建立政府引导下的黄土高原农村发展基金等。

附件1 退耕还林（草）背景下农村经济发展农户调查问卷

问卷编号_____ 地址：省（区）：_____ 县：_____ 乡：_____ 村：_____ 村民小组：_____

受访农民姓名：_____性别：_____年龄：_____文化程度：_____；受访农民配偶姓名：_____性别：_____年龄：_____文化程度：_____联系电话：_____

1. 农户家庭成员数_____，子女人数_____人，家庭劳动力总人数_____人。家庭中常年在家_____人，其中从事农业生产有_____人，非农业生产有_____人；常年在外_____人，主要从事_____活动，对应的人数分别是_____。

2. 现有土地_____亩，其中耕地_____亩，退耕地_____亩，退耕地中生态林_____亩，经济林_____亩，草地_____亩。

3. 退耕前农户家庭劳动力_____人，劳动力从业结构（种植业、养殖业、打工、经商、其他）有_____；目前，家庭劳动力人数_____人，劳动力从业结构（种植业、养殖业、打工、经商、其他）有_____。

4. 农户家庭收入主要来源（由主到次排列）：退耕前_____；退耕后_____。

5. 您（是/否）了解退耕还林政策，对该政策持（拥护/反对）态度，原因_____。

6. 退耕还林政策对家庭生产、生活（有/无）影响：有利方面_____；不利方面_____。

7. 您认为目前的退耕补助标准（基本合理/偏低/明显偏低），补助年限（基本合理/偏短/明显偏短）；您认为合理的补助标准应为每亩

_____元，补助年限应为_____年。

8. 退耕初期，退耕补助占家庭收入的比重（较大/较小），约_____成，对家庭的影响（较大/较小）；目前退耕补助占家庭收入的比重（较大/较小），约_____成，对家庭的影响（较大/较小）。目前，若取消退耕补助，您的生产、生活（能/否）维持。

9. 新一轮补助到期后，若国家不再补助，退耕还林成果（能/否）巩固下去，您（是/否）会对已退耕的土地进行复垦（耕）。

10. 除退耕补助外，退耕地（是/否）还有其他收益，每亩退耕地的其他收益为_____元；您认为退耕地应种植（经济林/生态林/草地/其他）；您的住处距退耕地（远/近），您一般是（步行/开车/其他）去退耕地，需要时间_____小时，您认为对退耕地进行管护（是/否）有困难，原因_____。

11. 目前生态林利用方式受到限制，您（愿意/不愿意）将林地流转出去，林地流转的回报形式（现金/养老/其他），金额为_____元。

12. 目前，村里发展的主要产业为：_____，发展产业的人主要是（性别/年龄/文化程度/市民/农民）_____；产业发展面临的困难：_____；当地政府推进产业发展的有效举措有：_____，不足之处_____。

14. 您打工的地点离家（远/近），打工地点一般是（本村/本乡、镇/本县/本市/外省、市、县）。您（是/否）愿意去城里找活干，原因_____；您到城里打工面临的困难主要有：_____。

15. 您（是/否）支持农村社会养老保险制度，原因是_____。目前，农村养老现状是_____。

16. 您（是/否）支持农村合作医疗制度，不足之处_____，您的建议是_____。

17. 在第一个孩子是男孩的前提下，您（是/否）愿意违反计划生育政策多胎生育，原因_____。

表 1　　　　　　　　　　　　农户收入构成表　　　　　　　　　（单位：元）

| | 合计 | 种植业 | | | | 林果 | 草畜 | 打工 | 经商 | 退耕补助 | 养老保险、礼金、农业补贴等 |
		总计	粮食	蔬菜	其他						
1999 年											
2009 年											

注：种植业 \ 林果草 \ 养殖 \ 经商的收入都是没有剔除成本的毛收入。

表 2　　　　　　　　　　　　农户家庭支出构成表　　　　　　　　（单位：元）

	合计	种植	养殖	林果	食品	服装	住房	文教娱乐	交通通信	养老	医疗保健	婚丧人情	农机、家电、汽车	其他
1999 年														
2009 年														

参 考 文 献

一 英文文献

FAO, *Den Burg Manifesto and Agenda on Sustainable Agriculture and Rural Development*, Netherlands: Congress of Agriculture and Envirornnent Den Burg, 1991.

Gordon K. Douglass, *Agricultural Sustainability in a Changing World Order*, Boulder, Colorado: Westview Press, 1984.

Howard T. Odum, *Ecological and General Systems*, Boulder: University of Colorado Press, 1994.

Howard T. Odum, Elisabeth C. Odum, *Modeling for All Scales: An Introduction system Simulation*, San Diego: Academic Press, 2000.

Lester R. Brown, *Building A Sustainable Society*, New York: W. W. Norton & Co, 1981.

NRC U. S., *Alternative Agriculture*, Washington D . C.: National Academy Press. 1989.

Wang Qinming, "Sustainable Agriculture in China's Agenda 21. Reports of the Sustainable Agriculture Working Group" (SAWG) (eds.). *Challenges and Opportunities for Sustainable agriculture in China*, China Environment Science Press, 1998.

WCED, *Our Common Future*, Oxford: Oxford University Press, 1987.

Andy P. Dobson, Bradshaw, A. D., Baker, A. J. M., "Hopes for the future: restoration ecology and conservation biology." *Science*, Vol. 277, No. 5325, 1997.

Attwood J. D., et al., "Assessing regional impacts of change: Linking economic and environmental models", *Agricultural System*, Vol. 63, No. 3, 2000.

Barker J. R., Baumgardner, G. A., Turner, D. P., et al., "Carbon dynamics of the conservation reserve and wetland reserve programs", *Soil and Water Conservation*, Vol. 51, 1996.

Baumgartner Stefan, Dyckhoff Harald, Faber Malte, et al., "The concept of joint production and ecological economics", *Ecological Economics*, Vol. 36, No. 3, 2001.

Caldwell L. K., "Political aspects of ecologically sustainable development." *Environment Conservation*, Vol. 11, No. 4, 1984.

Chamber B. J., Cross R. B., Pakeman R. J., "Recreation Lowland Heath on Ex-arable Land in the Breakland Environmentally Sensitive Area", *Aspects of Applied*

Biology, Vol. 44, 1996.

Changwoo Ahn, William J. Mitsch, "Evaluating the use of recycled coal combustion products in constructed wetlands: an ecologic-economic modeling approach", *Ecological Modelling*, Vol. 150, No. 1, 2002.

Costanza, R., "Visions, Values, valuation, and the need for an ecological economics", *Bioscience*, Vol. 5, No. 6, 2001.

Day, J. C., "Zoning-lessons from the Great Barrier Reef Marine Park", *Ocean & Coastal Management*, Vol. 45, No. 2 – 3, 2002.

Dean A. Bangsund, Nancy M. Hodur, F. Larry Leistritz, "Agricultural and recreational impacts of the conservation reserve program in rural North Dakota, USA." *Environmental Management*, Vol. 71, No. 4, 2004.

Frederick Steiner, "The evolution of federal agricultural land use policy in the United States", *Rural Studies*, Vol. 4, No. 4, 1988.

Gene M. Grossman, Alan B. Krueger, "Economic Growth and the Environment", *Quarterly Journal of Economics*, Vol. 110, No. 2, 1995.

Henry, A. C., D. A. Hosack, C. W. Johnson, et al., "Conservation corridors in the United States: benefits and planning guidelines", *Soil and Water Conservation*, Vol. 54, 1999.

Jeroen C. J. M van den Bergh, Ada Ferrer-i-Carbonell, Giuseppe Munda, "Alternative models of individual behaviour and implications for environmental policy", *Ecological Economics*, Vol. 32, No. 1, 2000.

Jeroen C. J. M. van den Bergh, "Ecological economics: themes, approaches, and differences with environmental economics ", *Regional Environmental Change*, Vol. 2, No. 1, 2001.

Jerry Johnson, Bruce Maxwell, "The role of the Conservation Reserve Program in Controlling rural residential development", *Rural Studies*, Vol. 17, No. 3, 2001.

John C. Woodwell, " A simulation model to illustrate feedbacks among resource consumption, production, and facts of production in ecological-economic system ", *Ecological Modelling*, Vol. 112, No. 2, 1998.

Johnso, D. H., M. D. Schwartz, "The Conservation Reserve Program and Grassland birds", *Conservation Biology*, No. 7, 1993.

J. Saltiel, "Controversy over CRP in Montana: implications for the future", *Soil and Water Conservation*, Vol. 49, 1994.

Li Xiaojian, Jim Peterson, Liu Gangjun, "Assessing regional sustainability: the case of land use and land cover change in the middle Yiluo catchment of the Yellow River Basin", *China Applied Geography*, Vol. 21, No. 1, 2001.

Liu Yansui, Wu Chuanjun, "Sustainable Agricultural Progress and Tasks in Recent Studies in China", *The Journal of Chinese Geography*, Vol. 9, No. 3, 1999.

Malte Faber, Thomas Petersen, Johannes Schiller, "Homo oeconomicus and homo politicus in Ecological Economics", *Ecological Economics*, Vol. 40, No. 3, 2003.

Marc O. Ribaudo, "Targeting the conservation reserve program to maximize water quality benefits", *Land Econnomics*, Vol. 65, No. 4, 1989.

Marc O. Ribaudo, Dana L. Hoag, Mark E. Smith, et al., "Environmental indices and the politics of the Conservation Reserve Program", *Ecological Indicators*, Vol. 1, No. 1, 2001.

Mick Common, Charles Perrings, "Towards an ecological economics of sustainability." *Ecological Economics*, Vol. 6, No. 1, 1992.

Odum, H. T., " Self-organization, transformity and information ", *Science*, Vol. 242, No. 4882, 1988.

Paul B. Siegel, Thomas G. Johnson, "Break-even analysis of the CRP: the Virginia case", *Land Economics*, Vol. 67, No. 4, 1991.

Peter J. Parks, James P. Schorr, "Sustaining Open Space Benefits in the Northwest: An Evaluation of the Conservation Reserve Program", *Environmental Economics and Management*, Vol. 32, No. 1, 1997.

Peter Nijkamp, Jeroen C. J. M. van den Bergh, "Operationalizing sustainable development: dynamic ecological economic models", *Ecological Economics*, Vol. 4, No. 1, 1991.

Pimentel D., Harvey C., Resosudarmo P., Sinclair K., et al., "Environmental and economic costs of soil erosion and conservation benefits", *Science*, Vol. 267, No. 5201, 1995.

P. J. Parks, R. A. Kramer, "A policy simulation of the Wetland Reserve Program", *Environmental Economics and Management*, Vol. 28, No. 2, 1995.

R. J. Beck, S. E. Kraft, J. H. Burde, "Is the conservation of land from agricultural production to a bioreserve boon or bane for economic development?", *Soil and Water Conservation*, Vol. 54, No. 1, 1999.

Robert Costanza, Ralph d'Arge, Rudolf de Groot, et al., "The value of the world's ecosystem services and natural capital", *Nature*, Vol. 387, No. 6630, 1997.

Roy Boyd, Kazim Konyar, Noel D. Uri., "Measuring aggregate impacts: The case of the conservation reserve program", *Agricultural Systems*, Vol. 38, No. 1, 1992.

Sampson R. N., "Forestry opportunities in the United States to mitigate the effects of globe warning", *Water, Air and Soil Pollution*, Vol. 64, No. 1 - 2, 1992.

Shanshin Ton, Howard T. Odum, Joseph J. Delfino, "Ecological-econonmic evaluation of wetland management alternatives", *Ecological Engineering*, Vol. 11, 1998.

Solovjova, N. V., "Synthesis of ecosystemic and ecosreeming modelling in solving problems of ecological safety", *Ecological Modelling*, Vol. 124, No. 1, 1999.

S. R. Crutchfield, "Federal farm policy and water quality", *Soil and Water Conservation*, Vol. 43, 1989.

Stefan Hajkowicz, Andrew Higgins, Craig Miller, et al., "Targeting conservation payment to achieve multiple outcomes", *Biological Conservation*, Vol. 141, No. 9, 2008.

Thomas L. Daniels, "America's Conservation Reserve Program: Rural planning or just another subsidy?" *Rural Studies*, Vol. 4, No. 4, 1988.

Young, P. C., "Data-based mechanistic modelling of environmental, ecological, economic and engineering systems", *Environmental Modelling and Software*, Vol. 13, No. 2, 1998.

二 中文文献

陈德昌主编:《生态经济学》,上海科学技术文献出版社 2003 年版。

陈厚基:《持续农业和农村发展——SARD 的理论与实践》,中国农业科技出版社 1994 版。

[英] 大卫·李嘉图:《政治经济学及赋税原理》,周洁译,华夏出版社 2005 年版。

[德] 约翰·冯·杜能:《孤立国同农业和国民经济的关系》,吴衡康译,商务印书馆 1986 年版。

甘枝茂主编:《黄土高原地貌与土壤侵蚀研究》,陕西人民出版社 1989 年版。

高鸿业:《西方经济学》,中国人民大学出版社 2011 年版。

国家计委、国家科委:《中国 21 世纪议程——中国 21 世纪人口、环境与发展白皮书》,中国环境科学出版社 1994 年版。

郭振淮:《经济区与经济区划》,中国物价出版社 1998 年版。

[美] 莱斯特·R. 布朗:《生态经济:有利于地球的构想》,林自新等译,东方出版社 2002 年版。

蓝盛芳、钦佩、陆宏芳:《生态经济系统能值分析》,化学工业出版社 2002 年版。

李育材:《中国的退耕还林工程》,中国林业出版社 2005 年版。

李世东:《中国退耕还林研究》,科学出版社 2004 年版。

马爱国:《我国的林业政策过程:由单政策过程向多主体政策过程的转变》,中国林业出版社 2003 年版。

毛留喜:《北方农牧交错带土地可持续利用研究》,气象出版社 2002 年版。

[美] 道格拉斯·C. 诺斯:《制度、制度变迁与经济绩效》,刘守英译,上海三联书店 1994 年版。

[美] 保罗·萨缪尔森、威廉·诺德豪斯:《宏观经济学》,萧琛译,人民邮电出版社 2008 年版。

陕西师范大学地理系:《陕西省延安地区地理志》,陕西人民出版社 1983 年版。

陶文达:《发展经济学》,四川人民出版社 1992 年版。

王贵宸、张留征:《农村经济发展模式比较研究》,经济管理出版社 1992 年版。

王松霈:《生态经济学》,陕西人民

教育出版社 2000 年版。

吴传钧：《中国农业与农村经济可持续发展问题》，中国环境科学出版社 2001 年版。

吴易风、刘凤良、吴汉洪：《西方经济学》，中国人民大学出版社 1999 年版。

谢自奋、凌耀初：《中国县域经济发展的理论与实践》，上海社会科学院出版社 1996 年版。

徐建华：《现代地理学中的数学方法》，高等教育出版社 2002 年版。

徐建华、吕光圻、张胜利：《黄河中游多沙粗沙区区域界定及产沙输沙规律研究》，黄河水利出版社 2000 年版。

[英] 亚当·斯密：《国民财富的性质和原因的研究》，郭大力、王亚南译，商务印书馆 2008 年版。

杨树珍：《中国经济区划研究》，中国展望出版社 1990 年版。

中国可持续发展林业战略研究项目组：《中国可持续发展林业战略研究总论》，中国林业出版社 2002 年版。

中国科学院黄土高原综合科学考察队：《黄土高原地区环境治理与资源开发研究》，中国环境科学出版社 1995 年版。

中国科学院黄土高原综合科学考察队：《黄土高原地区综合治理开发分区研究》，中国经济出版社 1990 年版。

朱泽：《中国粮食安全问题》，湖北科学技术出版社 1998 年版。

安韶山、李壁成、黄懿梅：《宁南半干旱退化山区庭院生态农业模式及效益分析》，《干旱地区农业研究》2004 年第 4 期。

白志礼、穆养民、李兴鑫：《黄土高原生态环境的特征与建设对策》，《西北农业学报》2003 年第 3 期。

蔡运龙：《农业与农村可持续发展的地理学研究》，《地球科学进展》1999 年第 6 期。

蔡运龙、傅泽强、戴尔阜：《区域最小人均耕地面积与耕地资源调控》，《地理学报》2002 年第 2 期。

曹世雄、陈军、陈莉、高旺盛：《退耕还林项目对陕北地区自然与社会的影响》，《中国农业科学》2007 年第 5 期。

常庆瑞、孟庆香、刘京、齐雁冰：《黄土丘陵沟壑区土地承载力及提高途径探讨——以延安市为例》，《西北农林科技大学学报》（自然科学版）2002 年第 6 期。

陈波、支玲、董艳：《我国退耕还林政策实施对农村剩余劳动力转移的影响——以甘肃省定西市安定区为例》，《农村经济》2010 年第 5 期。

陈大夫：《美国的西部开发与"退耕还林，退耕还草，农田休耕"》，《林业工作研究》2001 年第 2 期。

陈登、蔡晓玲：《贵州退耕还林与林业产业结构调整对策》，《林业调查规划》2002 年第 3 期。

陈继海：《纽约州历史上的退耕还林》，《云南林业》2001 年第 1 期。

陈源泉、董孝斌、高旺盛：《黄土高原农业生态补偿的探讨》，《农业系统科学与综合研究》2006 年第 2 期。

陈仲新、张新时：《中国生态系统效益的价值》，《科学通报》2000 年第 1 期。

崔灵周、曹明明、李占斌、李勉：

《黄土高原地区可持续发展指标体系与评价方法设计》，《水土保持通报》2000年第3期。

东梅：《退耕还林对我国宏观粮食安全影响的实证分析》，《中国软科学》2006年第4期。

董锁成、吴玉萍、王海英：《黄土高原生态脆弱贫困区生态经济发展模式研究——以甘肃省定西地区为例》，《地理研究》2003年第5期。

段德云：《山区集雨种草圈养畜禽高效生态农业模式及综合配套技术》，《农业科技通讯》2002年第1期。

段红霞、王华东：《县域农业可持续发展评价方法探讨》，《北京师范大学学报》（自然科学版）1996年第4期。

封志明、张蓬涛、宋玉：《粮食安全：西北地区退耕对粮食生产的可能影响》，《自然资源学报》2002年第3期。

傅伯杰、刘国华、陈利顶、马克明、李俊然：《中国生态区划方案》，《生态学报》2001年第1期。

傅泽强、蔡运龙、杨友孝、戴尔阜：《中国粮食安全与耕地资源变化的相关分析》，《自然资源学报》2001年第4期。

郭熙保、黄敬斌：《制度分析与发展经济学的重构》，《财经科学》1999年第2期。

韩文健：《海南热带生态农业模式及其发展前景》，《热带林业》1997年第3期。

何毅峰、谢永生、王继军、刘涛、赵连武、李文卓：《吴起县耕地变化与粮食安全问题研究》，《中国农学通报》2008年第10期。

胡鞍钢、王亚华：《从生态赤字到生态建设：全球化条件下中国资源和环境政策》，《中国软科学》2000年第1期。

胡世雄、靳长兴：《坡面土壤侵蚀临界坡度问题的理论与实验研究》，《地理学报》1999年第4期。

胡晓登、刘娜：《中国生态补偿机制的缺陷与改革》，《贵阳市委党校学报》2011年第3期。

黄秉维、陈传康、蔡运龙等：《区域持续发展的理论基础——陆地科学系统》，《地理学报》1996年第5期。

黄东、李保玉、于百川、姜喜麟：《2008年退耕还林工程县社会经济效益监测报告》，《林业经济》2009年第9期。

黄富祥、康慕谊、张新时：《退耕还林还草过程中的经济补偿问题探讨》，《生态学报》2002年第4期。

黄明斌、李新民、李玉山：《黄土区渭北旱塬苹果基地对区域水循环的影响》，《地理学报》2001年第1期。

季志平、苏印泉、刘建军：《黄土高原的生态恢复与支撑体系初探》，《西北林学院学报》2005年第4期。

蒋和平：《高新技术改造传统农业的运行模式》，《农业现代化研究》2002年第4期。

姜文来、罗其友：《区域农业资源可持续利用系统评价模型》，《经济地理》2000年第3期。

蒋延玲、周广胜：《中国主要森林生态系统公益的评估》，《植物生态学》1999年第5期。

姜志德、王继军、谢永生、卢宗凡：《吴起县退耕还林（草）政策实施情况调查研究》，《水土保持通报》2009年第3期。

景可：《黄土高原生态经济区划研究》，《中国水土保持》2006年第12期。

景可：《加快黄土高原生态环境建设的战略思考》，《水土保持通报》2001年第1期。

冷疏影、刘燕华：《中国脆弱生态区可持续发展指标体系框架设计》，《中国人口·资源与环境》1999年第2期。

李爱年、刘旭芳：《对我国生态补偿的立法构想》，《生态环境》2006年第1期。

李春慧：《持续农业研究的国际动向》，《世界农业》1996年第6期。

李明阳、郑阿宝：《我国公益林生态效益补偿政策与法规问题探讨》，《南京林业大学学报》（人文社会科学版）2003年第2期。

李奇睿、王继军：《退耕还林工程实施后安塞县商品型生态农业建设成效》，《干旱地区农业研究》2011年第1期。

李全胜：《我国生态农业建设的理论基础》，《生态农业研究》1999年第4期。

李世东：《中外退耕还林还草之比较及启示》，《世界林业研究》2002年第2期。

李玉平：《基于耕地压力指数的陕西省粮食安全状况研究》，《干旱区地理》2007年第4期。

李应中：《落实后续产业建设是退耕还林成功的关键》，《中国农业资源与区划》2004年第3期。

李中魁：《黄土高原小流域治理效益评价与系统评估研究》，《生态学报》1998年第3期。

李智广、李锐：《小流域治理综合效益评价方法刍议》，《水土保持通报》1998年第5期。

刘昌明、成立：《黄河干流下游的断流序列分析》，《地理学报》2000年第5期。

刘德纶：《京郊农业产业化经营模式的选择》，《中国农村经济》1998年第6期。

刘黎明、李蕾、赖敏：《西部地区生态退耕的"效益问题"及其评价方法探讨》，《生态环境》2005年第5期。

刘普灵、王栓全、田均良、梁一民、高可兴：《黄土高原中部丘陵区生态农业建设模式研究》，《水土保持研究》2000年第2期。

刘贤赵、宿庆：《黄土高原水土流失区生态退耕对粮食安全的影响》，《山地学报》2006年第1期。

刘晓洪：《关于退耕还林若干重大问题的思考》，《湖北林业科技》2003年第2期。

刘彦随：《山地土地类型的结构分析与优化利用——以陕西秦岭山地为例》，《地理学报》2001年第4期。

刘彦随：《市场经济条件下沿海农业可持续发展模式探讨》，《人文地理》1997年第4期。

刘彦随、靳晓燕、胡业翠：《黄土丘陵沟壑区农村特色生态经济模式探讨——以陕西绥德县为例》，《自然资源学报》2006 年第 5 期。

刘彦随、吴传钧：《农业可持续发展研究进展及其理论》，《经济地理》2000 年第 1 期。

刘彦随、吴传钧、鲁奇：《21 世纪中国农业与农村可持续发展方向和策略》，《地理科学》2002 年第 4 期。

刘震、姚顺波：《黄土高原退耕还林补偿标准及补偿年限的实证分析》，《林业经济问题》（双月刊）2008 年第 1 期。

刘巽浩：《集约持续农业——中国与发展中国家的重要抉择》，《农业现代化研究》1993 年第 5 期。

刘巽浩、高旺盛：《中国农业、农村持续发展与科技对策》，《资源科学》1996 年第 1 期。

龙花楼、李秀彬：《美国土地资源政策演变及启示》，《中国土地科学》2000 年第 3 期。

卢良恕：《论中国现代集约持续农业》，《中国软科学》1995 年第 10 期。

卢良恕：《中国农业加入 WTO 的基础与挑战》，《中国软科学》2000 年第 11 期。

路民生：《甘肃省退耕还林还草调查报告》，《甘肃农业》2002 年第 9 期。

罗荣桂、丁正平：《外部性校正与长江上游退耕还林还草补偿机制》，《武汉理工大学学报》2003 年第 7 期。

罗守贵、曾尊固、王伟伦：《苏南地区可持续农业与农村发展模式探索》，《地理研究》2001 年第 2 期。

毛汉英：《山东省可持续发展指标体系初步研究》，《地理研究》1996 年第 4 期。

毛显强、钟瑜、张胜：《生态补偿的理论探讨》，《中国人口·资源与环境》2002 年第 4 期。

牟子平、雷红梅、骆世明、蔡昆争：《梅县小庄园模式能流分析及综合效益评价》，《山地学报》1999 年第 2 期。

彭盛华、翁立达、赵俊琳：《汉水流域水环境安全管理对策探讨》，《长江流域资源与环境》2001 年第 6 期。

钱征寒、倪晋仁、薛安：《黄河断流严重程度分级与判别方法》，《地理学报》2001 年第 6 期。

秦建明、陈程：《我国退耕还林还草历史发展阶段及其政策演变》，《农业技术经济》2005 年第 1 期。

曲格平：《依法防治水土流失 确保长江流域生态安全》，《中国水土保持》2001 年第 9 期。

沈镭、成升魁：《青藏高原区域可持续发展指标体系研究初探》，《资源科学》2000 年第 4 期。

师文朴、吴天安、张莲英：《对天水市退耕还林（草）实施情况的调查与思考》，《林业资源管理》2002 年第 1 期。

隋春花、蓝盛芳：《广州城市生态系统能值分析研究》，《重庆环境科学》2001 年第 10 期。

宋富强、杨改河、冯永忠：《黄土高原不同生态类型区退耕还林（草）综合效益评价指标体系构建研究》，《干旱地区农业研究》2007 年第 3 期。

孙长忠、黄宝龙、陈海滨、刘增文、温仲明：《黄土高原人工植被与其水分环境相互作用关系研究》，《北京林业大学学报》1998 年第 3 期。

陶然、徐志刚、徐晋涛：《退耕还林，粮食政策与可持续发展》，《中国社会科学》2004 年第 6 期。

唐克丽、张科利、雷阿林：《黄土丘陵区退耕上限坡度的研究论证》，《科学通报》1998 年第 2 期。

任志远：《陕北黄土高原生态安全动态变化定量分析》，《干旱区地理》2005 年第 5 期。

王大伟、刘彦随、卢艳霞：《农业结构调整对全国粮食安全的影响分析——以粮食主产区为例》，《中国人口·资源与环境》2005 年第 2 期。

王丹丹、吴普特、赵西宁：《基于参与式方法的陕北山地流转政策调查与分析》，《生态经济》（学术版）2010 年第 1 期。

王飞、李锐、温仲明：《退耕工程生态环境效益发挥的影响因素调查研究：以安塞县退耕还林（草）试点为例》，《水土保持通报》2002 年第 3 期。

王飞、李锐、谢永生：《历史时期黄土高原生态环境建设分析研究》，《水土保持研究》2001 年第 1 期。

王克林：《我国农业高新技术产业化的若干策略问题》，《中国科学院院刊》1998 年第 6 期。

王磊：《不完全产权视角下的退耕还林补偿标准及期限研究》，《生态经济》2009 年第 9 期。

王力、邵明安、侯庆春：《延安试点区土壤干层现状分析》，《水土保持通报》2000 年第 3 期。

王玲玲、何丙辉、龚清朝、田绍斌、费红：《三峡库区砾石坡耕地农林复合经营效益研究》，《水土保持学报》2002 年第 2 期。

王青：《黄土高原丘陵沟壑区农业结构调整的思考》，《中国农业资源与区划》2001 年第 5 期。

王秀兰、包玉海：《土地利用度动态变化研究方法探讨》，《地理科学进展》1999 年第 1 期。

温仲明、王飞、李锐：《黄土丘陵区退耕还林（草）农户认知调查——以安塞县为例》，《水土保持通报》2003 年第 3 期。

吴钢、魏晶、张萍、赵景柱：《三峡库区农林复合生态系统的效益评价》，《生态学报》2002 年第 2 期。

吴国庆：《区域农业可持续发展的生态安全及其评价研究》，《自然资源学报》2001 年第 3 期。

肖笃宁、陈文波：《论生态安全的基本概念和研究内容》，《应用生态学报》2002 年第 3 期。

谢晨、刘建杰、韩岩、袁梅：《2008 年退耕还林农户社会经济效益监测报告》，《林业经济》2009 年第 9 期。

熊鹰、王克林、蒋凌燕：《湖南省生态经济分区及其发展研究》，《经济地理》2003 年第 6 期。

徐晋涛、陶然、徐志刚：《退耕还林：成本有效性、结构调整效应与经济可持续性——基于西部三省农户调查的实证分析》，《经济学季刊》2004 年第 4 期。

许炯心：《黄土高原生态环境建设的若干问题与研究需求》，《水土保持研究》2000 年第 2 期。

徐梦洁、赵其国：《区域农业可持续发展研究》，《资源开发与市场》1999年第4期。

徐勇、田均良、刘普灵等：《黄土高原坡耕地水土流失地形分异模拟》，《水土保持学报》2005年第5期。

徐勇、许炯心、房金福：《黄土高原中部丘陵区（中尺度）农村经济特征制约因素与发展对策》，《水土保持研究》2000年第2期

徐中民、张志强、程国栋：《当代生态经济的综合研究综述》，《地球科学进展》2000年第6期。

杨艳昭、封志明、张蓬涛：《黄土高原地区的可能退耕规模及其减产效应》，《北京林业大学学报》（社会科学版）2005年第1期。

姚顺波、张雅丽、杨文杰：《陕西退耕还林（草）对策研究》，《林业经济问题》2001年第5期。

延军平：《基于生态购买的西部经济与生态良性互动发展模式研究》，《陕西师范大学学报》（社会哲学版）2006年第4期。

延军平、李怀恩：《陕甘宁老区生态贫水化与生态建设》，《水土保持学报》2003年第1期。

延军平、刘加坤：《陕甘宁老区实施生态购买工程必要性的初步分析》，《西北大学学报》（自然科学版）2002年第6期。

延军平、田祥利、宋保平：《黄土高原生态与经济互动发展实证研究》，《西北大学学报》（自然科学版）2008年第4期。

杨爱民、王礼先、王玉杰：《三峡库区农业生态经济分区的研究》，《生态学报》2001年第4期。

于贵瑞、谢高地、王秋凤等：《西部地区植被恢复重建中几个问题的思考》，《自然资源学报》2002年第2期。

曾尊固、熊宁、沈思保：《较发达地区农业产业化地域模式研究》，《地理研究》2000年第2期。

张厚华、黄占斌：《黄土高原生物气候分区与该区生态系统的恢复》，《干旱区资源与环境》2001年第1期。

张军连、陆诗雷：《退耕还林工程中补贴政策的经济学分析及相关建议》，《林业经济》2002年第7期。

张俊飚、周国洋：《对"一退两还"补偿制度的建立与完善问题的思考》，《林业经济问题》2003年第5期。

张强、杨明洪、潘久艳：《退耕还林（草）地区农户自我发展模式研究》，《生态经济》2005年第10期。

张耀军、成升魁、闵庆文等：《资源型城市生态经济系统的能值分析》，《长江流域资源与环境》2004年第3期。

张壬午、计文瑛：《论生态模式设计》，《生态农业研究》1997年第3期。

张壬午、计文瑛、张彤等：《我国农业可持续发展技术体系的特征与构成分析》，《农业现代化研究》1995年第3期。

张希彪、上官周平：《黄土高原粮食生产潜势及可持续发展途径探讨》，《干旱地区农业研究》2002年第1期。

张志强、徐中民：《中国西部12省（区市）的生态足迹》，《地理学报》

2001 年第 5 期。

赵莹雪：《山区县域农业可持续发展综合评价研究——以五华县为例》，《地理科学》2003 年第 2 期。

支玲：《从中外退耕还林背景看我国以粮代赈目标的多样性》，《林业经济》2001 年第 7 期。

支玲、李怒云、王娟等：《西部退耕还林经济补偿机制研究》，《林业科学》2004 年第 2 期。

钟瑜、张胜、毛显强：《退田还湖生态补偿机制研究——以鄱阳湖区为案例》，《中国人口·资源与环境》2002 年第 4 期。

周海林：《可持续发展评价指标（体系）及其确定方法的探讨》，《中国环境科学》1999 年第 4 期。

周红、缪杰、安和平：《贵州省退耕还林工程试点阶段社会经济效益初步评价》，《林业经济》2003 年第 4 期。

朱芬萌、冯永忠、杨改河《美国退耕还林工程及其启示》，《世界林业研究》2004 年第 3 期。

朱红春、张友顺：《黄土高原坡耕地生态退耕的植被建设研究》，《西北大学学报》（自然科学版）2003 年第 3 期。

朱红春、张友顺：《陕北黄土高原坡耕地生态退耕经济效益评价与分析》，《水土保持研究》2003 年第 2 期。

朱新民、朱斌：《可持续发展的农业与农村现代化》，《农业现代化研究》1998 年第 4 期。

南秋菊：《沽源县退耕还林还草与农业产业结构调整研究》，博士学位论文，首都师范大学，2005。

魏爱青：《新阶段尚义县农业结构调整研究》，博士学位论文，首都师范大学，2006。

山仑：《黄土高原：轮封轮牧还是永久禁牧?》，《中国畜牧兽医报》2011 年 6 月 5 日第 5 版。

国务院：《国务院关于完善退耕还林政策的通知》，（国发〔2007〕25 号）。

韩承伯：《禁牧 6 年，陕北部分禁牧区应适度放牧》，《陕西日报》2009 年 6 月 1 日第 9 版。

贺星明：《工业反哺农业 提高农民生活水平》，《中国信息报》2010 年 6 月 28 日第 2 版。

厉建祝、刘娜微、苑铁军、贡佳萍：《我国西部地区生态状况明显改善》，《中国绿色时报》2009 年 11 月 27 日第 1 版。

申保珍、程鸿飞、李丽颖、常永平：《延安绿色革命：退耕还林发展苹果蔬菜产业》，《农民日报》2011 年 10 月 18 日第 4 版。

新华网陕西频道：《延安退耕还林面积占陕西近 1/3》，http//www.sn.xinhuanet.com，2010 年 9 月 4 日。

后　记

　　黄土高原地区水土流失严重，生态环境脆弱，是我国重点生态治理区。1999 年，国家在四川、陕西、甘肃 3 省开展了退耕还林（草）工程试点，拉开了黄土高原退耕还林（草）工程建设的序幕。退耕至今十年有余，巩固退耕成果是当前退耕还林工作重点，而退耕农户长远生计问题的解决与否直接关系到退耕成果的稳固。因此，退耕区农村经济发展是退耕还林（草）工程建设中的焦点问题。本书正是基于本人主持的国家社会科学基金项目《黄土高原退耕区农村经济发展评价及路径选择》（10BJY065）结项报告而形成的。由于陕西延安市 1999 年在全国率先大规模实施退耕还林（草）工程，并成为全国唯一的退耕还林（草）试点市，全市所辖县区均为退耕还林试点县，在项目研究中以延安市为例进行实证分析，通过对延安农村经济的研究，探寻黄土高原退耕区农村经济发展的对策思路，以期为退耕区生态建设和农村经济发展提供借鉴。

　　国家社会科学基金项目《黄土高原退耕区农村经济发展评价及路径选择》是在课题组成员的合作下，前后历时近两年时间完成并顺利通过专家鉴定得以结项。在退耕农户的入户问卷调查中，得到了陕西师范大学旅游与环境学院及商学院、西北师范大学地理与环境科学学院、太原师范学院城市与旅游学院部分研究生和陕西师范大学部分本科生的帮助，延安市相关县区的地方政府也鼎力支持。本书的出版得到了中国社会科学出版社任明编审的大力支持和中共陕西省委党校的资助。对此，心存感激，一并深表感谢！

　　本书是在国家社会科学基金项目《黄土高原退耕区农村经济发展评价及路径选择》结项报告的基础上完成的，当前黄土高原退耕区农村发展进入新的历史阶段，发展中的新情况新问题在本书中没有针对性研究，加之本人水平所限，并不能研究穷尽发展中的问题，有待后续进一步研究，恳请大家批评指正。

姚　蓉

2014 年 2 月于西安